ÉTIENNE BALIBAR

IMMANUEL WALLERSTEIN

# RAÇA, NAÇÃO, CLASSE

## AS IDENTIDADES AMBÍGUAS

TRADUÇÃO
**WANDA CALDEIRA BRANT**

© Boitempo, 2021
© Éditions La Découverte, Paris, 1988, 2018
Título original *Race, nation, classe. Les identités ambigües*

*Direção-geral* Ivana Jinkings
*Edição* Thais Rimkus
*Tradução* Wanda Caldeira Brant
*Assistência editorial* Pedro Davoglio
*Coordenação de produção* Livia Campos
*Preparação* Ana Cecília Água de Melo
*Revisão* Fabiana Medina
*Capa* Maikon Nery
  sobre foto de Ayanfe Olarinde/Unsplash
*Diagramação* Antonio Kehl

*Equipe de apoio* Alexander Lima, Artur Renzo, Carolina Mercês, Débora Rodrigues, Elaine Ramos, Frederico Indiani, Heleni Andrade, Higor Alves, Ivam Oliveira, Jessica Soares, Kim Doria, Luciana Capelli, Marina Valeriano, Marissol Robles, Marlene Baptista, Maurício Barbosa, Raí Alves

---

CIP-BRASIL. CATALOGAÇÃO NA PUBLICAÇÃO
SINDICATO NACIONAL DOS EDITORES DE LIVROS, RJ

---

B154r

Balibar, Étienne, 1942-
Raça, nação, classe : as identidades ambíguas / Étienne Balibar, Immanuel Wallerstein ; [tradução Wanda Caldeira Brant]. - 1. ed. - São Paulo : Boitempo, 2021.

Tradução de: Race, nation, classe : les identités ambiguës
Inclui bibliografia
ISBN 978-65-5717-052-6

1. Racismo. 2. Nacionalismo. 3. Classes sociais. I. Wallerstein, Immanuel. II. Brant, Wanda Caldeira. III. Título.

21-69220
CDD: 305.5
CDU: 316.482.3

---

Leandra Felix da Cruz Candido - Bibliotecária - CRB-7/6135

*Cet ouvrage a bénéficié du soutien des Programmes d'aides à la publication de l'Institut Français.*
Este livro contou com o apoio à publicação do Institut Français.

É vedada a reprodução de qualquer
parte deste livro sem a expressa autorização da editora.

1ª edição: março de 2021

**BOITEMPO**
Jinkings Editores Associados Ltda.
Rua Pereira Leite, 373
05442-000 São Paulo SP
Tel.: (11) 3875-7250 | 3875-7285
editor@boitempoeditorial.com.br | www.boitempoeditorial.com.br
www.blogdaboitempo.com.br | www.facebook.com/boitempo
www.twitter.com/editoraboitempo | www.youtube.com/tvboitempo

*A nossos amigos*
*Mokhtar Mokhtefi e Élaine Klein*

A nossos leitores brasileiros: Immanuel Wallerstein, que tinha ligações estreitas com o Brasil, seus habitantes, seus militantes, seus intelectuais, e que nunca deixou de reivindicar "o espírito de Porto Alegre", teria ficado muitíssimo feliz com a publicação da tradução brasileira de nosso livro. De minha parte, também considero uma grande honra e uma oportunidade de fazer avançar nossa reflexão comum. *Raça, nação, classe* foi escrito logo após nosso seminário na Maison des Sciences de l'Homme, há bastante tempo, e em um lugar – um país do "Norte global" – cuja história e "composição política" eram muito diferentes das de vocês. Mas foi um livro concebido desde o início numa perspectiva ao mesmo tempo internacionalista e cosmopolita, como uma contribuição à reflexão de "movimentos antissistêmicos" que, por definição, são de âmbito transnacional. É por isso que espero que ele seja recebido hoje de forma crítica, mas também com espírito de discussão e enriquecimento mútuo. Desejo a vocês, queridos amigos brasileiros, boa sorte em meio às duras provas pelas quais estão passando e das quais creio que sairão vitoriosos. Com toda a minha amizade e a minha solidariedade, em memória de Immanuel.

*Étienne Balibar*

# Sumário

Introdução – *Étienne Balibar e Immanuel Wallerstein* ................................................. 11

Prefácio à edição francesa de 2018 – *Entrevista de Étienne Balibar e Immanuel Wallerstein, por Manuela Bojadžijev* ................................................................ 15

Prefácio – *Étienne Balibar* ........................................................................................ 35

Parte I. O racismo universal ..................................................................................... 49
   1  Existe um "neorracismo"? – *Étienne Balibar* ..................................................... 51
   2  As tensões ideológicas do capitalismo: universalismo *versus* racismo e sexismo – *Immanuel Wallerstein* ............................................................... 65
   3  Racismo e nacionalismo – *Étienne Balibar* ....................................................... 75

Parte II. A nação histórica ....................................................................................... 109
   4  A construção do conceito de povo: racismo, nacionalismo, etnicidade – *Immanuel Wallerstein* ................................................................ 111
   5  A forma nação: história e ideologia – *Étienne Balibar* ..................................... 129
   6  As estruturas domésticas e a formação da força de trabalho na economia-mundo capitalista – *Immanuel Wallerstein* ....................................... 151

Parte III. Classes: polarização e sobredeterminação ................................................ 159
   7  Conflito de classes na economia-mundo capitalista – *Immanuel Wallerstein*. 161
   8  Marx e a história: ênfases frutíferas e infrutíferas – *Immanuel Wallerstein* .... 173
   9  O burguês (a burguesia) como conceito e realidade – *Immanuel Wallerstein*. 185
  10  Da luta de classes à luta sem classes? – *Étienne Balibar* .................................. 207

Parte IV. Deslocamentos do conflito social? ............................................................ 239
   11 Conflito social na África negra pós-independência: reconsideração dos conceitos de raça e de grupo de *status* – *Immanuel Wallerstein* ..................... 241
   12 O "racismo de classe" – *Étienne Balibar* ........................................................ 261
   13 Racismo e crise – *Étienne Balibar* .................................................................. 275

Posfácio – *Immanuel Wallerstein* .............................................................................. 287

Referências bibliográficas ........................................................................................... 293

Sobre os autores .......................................................................................................... 303

# Introdução

*Raça, nação, classe* foi publicado na França, em 1988, e traduzido para um grande número de idiomas (alemão, inglês, espanhol, grego, italiano e turco, salvo algum esquecimento)\*. Tivemos a satisfação de vê-lo utilizado, discutido, criticado. A segunda edição francesa, publicada em uma coleção que o coloca à disposição de um novo público, é antes de mais nada uma oportunidade de agradecer o interesse e as sugestões recebidas de leitores do mundo inteiro, especialistas ou não em questões que abordamos de modo deliberadamente experimental, e de dirigir--lhes uma cordial saudação. Mais que um dever, é um prazer.

Nove anos depois da primeira publicação e doze após o início do seminário que lhe deu origem, esperamos agora algo mais: que tenhamos um olhar retrospectivo e crítico a respeito das teses e das análises nele apresentadas. Aqui, a questão é mais delicada. É claro que não queremos nos glorificar por termos antecipado o caráter dramático que as questões de "identidade nacional" adquiriram hoje. Na realidade, não somos de modo algum os únicos a terem feito isso. E o que mais nos impressiona é a amplitude do esforço intelectual que ainda deverá ser feito para termos um meio de agir sobre a história que vivenciamos e a que temos ambição de "fazer". Mas gostaríamos de saber até onde chegamos, dois anos antes da famosa virada do século.

Uma vez que não se trata, aqui, de repetir o que nosso livro já contém nem de refazê-lo de outra maneira, nos contentaremos em indicar quatro orientações

---

\* Nesta edição brasileira, a tradução trabalhou com textos de Immanuel Wallerstein originais em inglês e textos de Étienne Balibar originais em francês. (N. E.)

metodológicas que não vemos motivo para abandonar, quaisquer que sejam as transformações e as correções que a experiência poderia nos levar a fazer e que, em parte, esboçamos em outros lugares.

Em primeiro lugar, a partir de diferentes ângulos, procuramos nos colocar numa perspectiva de *longo prazo* (recorrendo a categorias como "sistema-mundo", "forma nação") não para remeter os problemas atuais a um passado distante (real ou, muitas vezes, mítico), como é a tendência espontânea do nacionalismo, mas para avaliar as estruturas que determinam os conflitos e as crises do atual momento e, consequentemente, a radicalidade das alternativas que provocam.

Em segundo lugar, procuramos não negar as diferenças de culturas, histórias, pertencimentos, submergindo-as no espaço de uma mundialidade homogênea, e sim compreender sua gênese e estudar sua função política ambivalente (devido às utilizações que podem ser feitas delas) e, ao mesmo tempo, variável (de acordo com as novas tendências e as novas relações de força). Trata-se do que nos levaria, por exemplo, hoje, na Europa, a lutar contra as intermináveis consequências da "divisão de campos" (e da desigualdade de desenvolvimento que ela encobre) ou, no Mediterrâneo, sempre à beira de uma resistível "guerra de civilizações", a dar mais atenção ainda à questão das *migrações* e à das *fronteiras*, que se multiplicam, se munem de defesas, se enchem de solidariedade coletiva e, ao mesmo tempo, perdem o essencial de sua função social. Talvez essas sejam as grandes questões em jogo numa prática política democrática hoje e amanhã.

Em terceiro lugar, bem conscientes da amplitude das diferenças entre as situações do "Norte" e as do "Sul" (mas também precisamente da dificuldade de traçar uma fronteira apenas geográfica entre esses dois polos), quisemos salientar que os problemas de identidade e de etnicidade não são privilégio de nenhum deles. Essas diferentes situações pertencem ao mesmo mundo. Na realidade, do mesmo modo que o Norte não entrou em uma era "pós-nacional", o Sul não continuou relegado a uma era "pré-nacional". Mas ambos (e até mesmo um por causa do outro) têm de enfrentar a incompletude e a crise da forma nação da qual o Estado se serviu para sua construção. E esse diagnóstico ainda poderia ter sido reforçado se tivéssemos considerado melhor a dimensão ou a particularidade religiosa das "identidades ambíguas", bastante ausente nos ensaios deste livro.

Enfim, quisemos mostrar, até com o confronto de nossas análises, em parte discordantes, que não acreditamos em explicações exclusivamente "econômicas" (das quais, sem dúvida, se abusou no passado) nem em explicações exclusivamente "ideológicas" (das quais os próprios fenômenos identitários provocam hoje a volta com toda a força, para não dizer uma expansão acelerada). No entanto, o método milagroso não consiste na justaposição eclética de pontos de vista opostos, por exemplo, de leis da acumulação do capital em escala mundial e de uma hermenêutica de símbolos coletivos ou expressões culturais nacionais e religiosas. Só existe uma via de conhecimento, o estudo da singularidade das situações históricas a partir da especificidade de suas contradições e das restrições que as estruturas globais das quais elas fazem parte lhes impõem.

Essas considerações abstratas, sem dúvida, não substituem atualizações. Mas os livros não mudam. Eles duram mais ou menos um longo tempo, o tempo para outras pessoas diferentes de seus autores esgotarem sugestões e garantirem a continuidade do processo iniciado por eles. Pelo menos é o que esperamos que aconteça conosco.

*Étienne Balibar e Immanuel Wallerstein*
Paris/Binghamton, 2 de setembro de 1997

# Prefácio à edição francesa de 2018

Entrevista de Étienne Balibar e Immanuel Wallerstein,
por Manuela Bojadžijev[1]

**Manuela Bojadžijev**: Gostaria que conversássemos sobre três coisas. Em primeiro lugar, quais foram os motivos para organizarem uma série de seminários com a ideia de *Raça, nação, classe: as identidades ambíguas*. A segunda gira em torno das ideias conceituais que dão suporte ao livro, que, por sua vez, se baseia numa análise integral das três construções históricas cruciais "raça", "nação" e "classe". E a terceira questão é sobre a receptividade do livro até hoje, considerando seu impacto político e o êxito de sua publicação.

Assim, o que motivou a série de seminários que vocês organizaram em Paris na década de 1980? Até que ponto eles foram planejados de acordo com uma cronologia e uma metodologia e como decidiram que essas três categorias centrais seriam os focos principais? De que maneira as discussões suscitadas nos seminários entraram no livro e como surgiu o formato caracterizado pelo diálogo entre autores?

**Immanuel Wallerstein**: Nós nos conhecemos em uma conferência organizada em Nova Délhi, em 1981. Ficamos amigos e, um dia, durante o almoço, decidimos

---

[1] Esta entrevista foi gravada (em inglês) na Maison des Sciences de l'Homme (Paris) durante preparação do colóquio Dangerous Conjunctures: Resituating Balibar/Wallerstein's *Race, Nation, Class*, que ocorreu nos dias 15, 16 e 17 de março de 2018, na Haus der Kulturen der Welt, em Berlim. A partir de então, foi publicada no livro que acompanhou esse colóquio: Manuela Bojadžijev e Katrin Klingan (orgs.), *Balibar/Wallerstein's Race, Nation, Class. Rereading a Dialogue for Our Times* (Berlim/Hamburgo, Argument/Haus der Kulturen der Welt, 2018). [A tradução deste texto foi feita com base na entrevista original em inglês, exceto as notas de rodapé, que só constam da edição francesa. – N. T.]

fazer esse tipo de seminário. Inicialmente, tínhamos planejado seminários durante um único ano, os quais, voltados para discussões sobre o racismo e a etnicidade, foram um grande sucesso – as pessoas compareceram e se mostraram interessadas. Então, fizemos outros nos dois anos seguintes. Basicamente, a ideia era ter discussões extensas que, a cada sessão, se conduziam a partir de um texto preparado, antes, por um dos participantes. Isso funcionou muito bem, era precisamente o ponto de partida, o momento em que as pessoas levantavam questões acerca do que pareciam ideias tradicionais sobre "classe", "raça", e assim por diante. Era o momento certo para esses debates. No entanto, feito isso, a ideia original, imagino, era publicar um livro como resultado dos seminários de cada ano, mas a qualidade dos textos era desigual, e, por isso, nem sempre era possível garantir que os autores os submetessem a tempo. Por essa razão nos ocorreu esquecermos os dos outros e escrevermos os nossos próprios, mesmo porque também tínhamos escrito textos para os seminários. O livro reúne, então, a discussão de nós dois a propósito do problema intelectual colocado pela relação que "raça" tem com "nação" e que "nação" tem com "classe". Penso que foi assim que aconteceu.

**Étienne Balibar:** Acredito ser importante acrescentar que não tínhamos planejado, antes, a ordem dos temas tratados – ou, digamos, não completamente.

**Bojadžijev:** Como vocês descreveriam a conjuntura política que, naquela época, fez com que considerassem essas construções históricas essenciais?

**Balibar:** Começamos com "raça", que, em certo sentido, continuava a ser um assunto latente e, ao mesmo tempo, era o mais visível. Isso se deu imediatamente após o surgimento do recente partido político fascista francês que se tornou, depois, até mais proeminente. O fato de o Frente Nacional ter vencido suas primeiras eleições locais cruciais foi muito dramático para a maioria de nós, um fenômeno preocupante, mais coisa estava para acontecer. Assim, obviamente, eles já tinham os mesmos discursos políticos de hoje. A questão do islamismo ainda não era central, mas a da imigração, sim, a chamada invasão dos povos anteriormente colonizados, o que hoje é denominado – e acho isto abominável – "colonização inversa".

Ele [o partido Frente Nacional] era muito racista já naquela época. Os imigrantes na França eram tema persistente. Assim, eu disse a Immanuel: algo que me chateia é o racismo – não só porque é politicamente preocupante e significativo, mas também porque me sinto teoricamente meio desarmado e incapaz de tratar essa questão com eficácia. Supunha que ele tivesse ideias mais precisas, porque, obviamente, a questão da imigração – que ainda não era chamada de pós-colônia –

tinha função central na compreensão de Immanuel de sistema-mundo. Além disso, minha formação é marxista – não exatamente um marxismo tradicional, mas, de qualquer maneira, eu não tinha nada a dizer sobre esse tipo de questão. Perguntei a Immanuel o que ele achava interessante ou com o que ele gostaria de trabalhar naquele momento. E lembro, Immanuel, que você me respondeu: etnicidade. Então descobrimos que, de certa maneira, nós tínhamos os mesmos interesses e, assim, estávamos aptos a abordar essas questões a partir de experiências acadêmicas diferentes e de trajetórias intelectuais variadas, o que foi uma sorte.

Assim surgiu a ideia do primeiro seminário. Foi um sucesso. Lotou. As discussões se mostraram muito interessantes. Você deve saber que, naquela época, na França, pelo menos que eu saiba, não havia um lugar onde essa questão fosse debatida a partir de uma perspectiva interdisciplinar, reunindo historiadores, antropólogos, sociólogos, filósofos etc.

Os problemas colocados por Immanuel propiciam um ambiente perfeito para conduzir a discussão. De modo que, no fim do ano, dissemos um para o outro: o que faremos agora? Eu disse que tinha muita vontade de continuar, mas que não podíamos nos limitar ao mesmo assunto. Immanuel, que imagino já tinha alguns planos na cabeça, disse que deveríamos dar prosseguimento com "nação" e, no terceiro ano, daríamos continuidade com "classe". No entanto, pelo que lembro, naquela época, não havia plano de escrever um livro intitulado *Raça, nação e classe*, a ideia só nos ocorreu posteriormente. Mas, mais uma vez, nossos colegas não tinham o mesmo interesse pelos três temas ou questões. "Raça" foi um grande sucesso, "nação" funcionou relativamente bem. De todos os seminários, o que teve menos êxito, acredite se quiser, foi aquele sobre "classe". Penso que, hoje, é muito diferente. Porém, exceto a questão do capitalismo enquanto sistema social e as divisões em classes e os antagonismos, houve discussões sobre as desigualdades e as exclusões e, portanto, inevitavelmente, sobre classe, ainda que com muito menos intensidade que as que se fazem hoje. Tinha muito menos gente, mas, quando tudo terminou, contávamos com material para dar sequência a nosso trabalho.

O que nos levou à decisão de elaborar o livro como fizemos foi o fato de usarmos os seminários também como ferramenta para dialogarmos entre nós. Eu me beneficiei muitíssimo disso porque aprendi a discutir e a compreender o capitalismo de maneira totalmente diferente ao ler e ouvir Immanuel. Outras pessoas vieram de experiências bastante distintas. Uma amiga minha, Françoise Duroux, que, infelizmente, morreu há pouco tempo, era uma filósofa feminista francesa.

Ela apresentou um texto muito interessante e provocativo sobre uma questão, na época, debatida com veemência entre as feministas francesas – "Devemos aplicar a categoria 'classe' às relações de gênero?" – e que tinha também consequências políticas. Então, mais tarde – hoje me sinto culpado –, usei suas ideias em um artigo que escrevi, enquanto o dela não tinha sido publicado, e ela ficou extremamente irritada. Ela me disse: "Você vê, mais uma vez, uma mulher faz uma apresentação num seminário com ideias interessantes, e o coordenador desse seminário, um homem, óbvio, pega o que achou útil e só ele publica". E ela tinha razão. Tinha toda razão[2].

**Wallerstein**: Sim, e sobre classes há mais uma coisa a dizer. Deve-se lembrar que houve um período logo após a Segunda Guerra Mundial, de 1945 em diante, no qual todo mundo era mais ou menos marxista, sobretudo na França.

**Bojadžijev**: Todo mundo de esquerda.

**Wallerstein**: Todo mundo de esquerda, sim. E, depois, houve uma mudança repentina, pela qual parece que as pessoas se guiavam sem parar, dizendo "Ó, não, isso é uma velharia que não serve para nada", e tiraram da discussão o conceito de "classe". Assim, publicar este livro foi uma tentativa de reintroduzir a discussão de "classe", que, como eu disse, de fato tinha desaparecido, sobretudo na França, mas também na Itália e até mesmo na Alemanha.

**Bojadžijev**: De muitas maneiras, este livro é menos simplista que muitos debates aos quais assistimos hoje. O fato de reintroduzir essas categorias difíceis, ignoradas principalmente durante toda a década de 1980, a partir de uma perspectiva interdisciplinar e integrada em escala internacional, quase global, de certa forma foi como oxigenar o marxismo a fim de renová-lo. O estudo de cada uma dessas categorias-chave esquadrinha suas condições contraditórias e instáveis, seus limites e suas dependências – uma abordagem que ainda é totalmente apropriada, mesmo nos dias de hoje (e ao mesmo tempo torna a releitura do livro muito gratificante e faz com que sua reedição seja necessária atualmente). Podem dar mais detalhes desta concepção que vocês têm de abordagem integrada?

**Wallerstein**: Bem, em certo sentido, tentamos reabrir a discussão sobre essas três categorias a partir de análises consagradas que, de repente, nos demos conta de

---

[2] Um livro reunindo os textos de Françoise Duroux sobre as questões de sexo e gênero, entre eles seu ensaio "Une Classe de femmes est-elle possible?", organizado por Mireille Azzoug, está no prelo na Presses Universitaires de Vincennes. [No momento de publicação da edição brasileira, ainda não consta que tenha sido lançado. – N. T.]

que considerávamos um tanto simplistas. Esses temas foram abertos numa tentativa de reutilizá-los em uma discussão teórica e política mais útil. O que queríamos era convencer as pessoas a discutirem "raça", "nação" e "classe" e a falarem a respeito de como as três se articulam. Essa discussão continua até hoje; na realidade, de forma mais intensa que quando publicamos o livro.

A grande mensagem do livro é que "raça", "nação" e "classe" são categorias que não devem ser analisadas de forma separada; esta é a primeira coisa, elas são como três óculos diferentes que servem para observar o mesmo fenômeno. Se sua análise for feita do ângulo de apenas um, ela perde o foco. Assim, a questão mais abrangente é qual é a relação entre "raça", "nação" e "classe", e a resposta é que há uma sobreposição de cerca de 80% entre elas. Se você se autoidentificar com uma ou analiticamente identificar outras pessoas e usar uma terminologia racista (eu não deveria chamá-la de terminologia racista, ou de terminologia de classe), a ideia é a mesma, mas não exatamente. Os óculos que você usa geram consequências muito diferentes para sua análise teórica e política. E minha explicação é que, em cada ocasião, devo escolher qual usar. De modo que, se eu disser "a classe trabalhadora", que é uma velha categoria marxista, supostamente o proletariado, sabe-se que as pessoas proletárias, de acordo com a definição tradicional, não são os brancos da classe dominante, mas os negros ou os mulatos que são subjugados etc. Então, o que se perde quando alguém as analisa separadamente é que não se vê que 80% dos proletários são, de fato, um grupo inferior no que diz respeito a "classe", "raça" e "nação". Portanto, em primeiro lugar, elas são todas semelhantes, mas não idênticas; em segundo lugar, é preciso decidir como se abre a porta. O modo como ela for aberta terá enormes consequências sobre a forma de você pensar a questão e de atuar em relação a ela – e isso não é algo que possa ser fixado de uma vez por todas. Assim, o que hoje é uma categoria "classe" ou uma categoria "nação" útil para a análise pode não funcionar amanhã, uma vez que cada uma se encontra em constante mudança.

**Bojadžijev**: Ao mesmo tempo, essas categorias não são "iguais". Todas elas são ambíguas, como indica o subtítulo. Além disso, não são problematizadas de maneiras distintas e com objetivos diferentes?

**Balibar**: A sobreposição das categorias e a necessidade de ir além de uma concepção rígida e mecanicista de "raça", "classe" e "nação" e de estudar sua interação representam mais ou menos o que as pessoas hoje chamariam de teoria da interseccionalidade, no sentido amplo do termo. E isso me leva a mais duas questões: quando discutimos o título do livro e, sobretudo, o subtítulo – cabe lembrar que foi publicado primeiro em francês, logo depois foi lançada a edição inglesa, mas a primeira foi a francesa –, Immanuel tinha proposto, corrija-me se eu estiver enganado, que o subtítulo fosse *Identidades ambivalentes*, e eu disse que não gostava muito da palavra "ambivalente", que não era bem isso o que tinha em mente, e propus *Identidades ambíguas*.

Na realidade, penso que os dois adjetivos estão relacionados. Ao afirmar que as identidades são ambivalentes, você pressupõe identidade de classe, identidade nacional, identidade de raça, e o que isso sugere essencialmente ao leitor é que os efeitos podem seguir direções muito diferentes. Nacionalismo, óbvio, é a nação. Nacionalismo não é um estigma. Nacionalismo é a ideologia orgânica de qualquer movimento, ou instituição, político ou social que cria ou defende uma nação. Não há a menor dúvida. Observe as lutas de libertação anti-imperialistas, que para nós dois foram elementos essenciais para a consciência intelectual e política. Immanuel se envolveu diretamente na África e em outros lugares nos combates em prol da emancipação do Terceiro Mundo; já minha consciência política emanou porque eu era estudante na época da guerra da independência da Argélia. Esse é um exemplo de nacionalismo que não só é progressista, mas sem o qual não haveria libertação nem emancipação. Do ponto de vista da esquerda, é um fator necessário e positivo. Mas, no outro extremo, você tem o que os ingleses chamam de "jingoísmo", em que se encontram todos os tipos de formas xenofóbicas do nacionalismo tais como se expressam em nações imperiais, por exemplo, França, Estados Unidos e outras. Esses são os aspectos mais visíveis que seguem na direção totalmente oposta. Assim, em certa medida, você pode dizer o mesmo sobre "raça"? E sobre "classe"? Talvez sim. Immanuel deu o exemplo de algumas formas de consciência de classe nos países centrais que, de fato, incluem dimensões racistas e sexistas. Assim, por um lado, nenhuma dessas identidades está enraizada nas estruturas objetivas do capitalismo, do sistema mundial, do imperialismo e do eurocentrismo. Por outro, são identidades criadas subjetivamente. Todas elas são ambivalentes de um ponto de vista histórico amplo, algo que o marxismo tradicional tem tido enorme dificuldade de compreender.

No entanto, pelo menos a meu ver, "ambíguo" é também uma categoria necessária devido à interseccionalidade e, no fim, acabamos concordando a respeito disso. Se você observa identidades coletivas concretas e considera movimentos, forças que atuam no campo político e social, percebe que nunca existem identidades que sejam apenas de classe, de nação, de raça ou de etnicidade. Evidentemente, esse foi um de nossos elementos, a dimensão cultural dos chamados novos discursos raciais. Nunca se tem algo puro, sempre se tem algo ambíguo. Se você vê por esse ponto de vista – e eu utilizo deliberadamente o termo "interseccionalidade" –, há várias coisas que se perdem de forma dramática, pelo menos no título deste livro. E a mais gritante, a mais visível, é o gênero.

Trata-se de uma identidade tão decisiva quanto as outras – uma identidade cujos fundamentos objetivos talvez sejam até mesmo mais antigos que o capitalismo e o patriarcado – e que, sem dúvida, possui dimensões subjetivas e consequências decisivas. Se você observar este livro, o único que a leva em conta é Immanuel. Eu digo algo, que para mim continua importante, sobre o fato de os projetos racistas e genealógicos nas nações burguesas modernas estarem estreitamente ligados à função que o Estado burguês e a sociedade burguesa atribuem à família enquanto estrutura social. Ao tratar dessas relações, incluo implicitamente o gênero ou as diferenças sexuais, mas de maneira bem indireta. Por sua vez, Immanuel explicita no livro que existem duas grandes estruturas antropológicas que contribuem para produzir hierarquias e estratificações entre os trabalhadores ou a força de trabalho no sistema-mundo capitalista, que são a "raça" e o "gênero". Ele traça um paralelo ou faz uma analogia muito convincente entre essas duas estruturas.

**Bojadžijev**: Sim, com relação a isso, a introdução da expressão "estrutura doméstica" é muito útil. Algo que se perde nos debates sobre as questões da interseccionalidade é particularmente a combinação da estrutura doméstica com a reprodução da família no projeto genealógico concernente à herança e à propriedade. Penso que esses aspectos estão mais presentes neste livro do que se poderia esperar com base no título.

**Balibar**: Nós não utilizamos o mesmo quadro conceitual, mas você está certa; acontece que não ousamos apresentar essa questão como um de nossos objetivos prioritários, e talvez ela nos pusesse em uma situação de certa forma mais desconfortável, porque teríamos de incluir diferentes feministas na discussão. É claro que algumas vieram, e eu gostaria de nomear uma delas: Colette Guillaumin, que fez um trabalho sobre a ideologia racista no qual me apoiei muito. Guillaumin, que morreu no ano passado [2017], era indiscutivelmente uma feminista influente. Sua compreensão dos tipos de naturalização, das diferenças sociais, da essencialização do gênero, das identidades de raça e das características da ideologia racista faz parte de um projeto intelectual e teórico único que foi muito importante, ao menos para mim. Tínhamos pontos de vista contraditórios sobre "nação", "classe" e até mesmo "raça", mas conseguíamos lidar bem com isso. Já pontos de vista contraditórios, para nós, sobre o gênero e a sexualidade, infelizmente, nunca fomos capazes de resolver.

**Bojadžijev**: É bom que você diga isso. Gostaria de enfocar um termo que já mencionaram implicitamente ao se referirem a Althusser: "sobredeterminação". Parece que, de alguma maneira, vocês já deram mais detalhes sobre ele ao analisarem as três categorias históricas.

**Balibar**: Acho que Immanuel pratica a sobredeterminação, mas não tem nada importante para fazer com o termo [risos].

**Wallerstein**: Ele é um filósofo.

**Balibar**: Não é filosofia, Immanuel, é simplesmente teoria.

**Wallerstein**: É questão de formação, mais que de realidade; cada um de nós teve determinada formação. Quando você faz um curso de filosofia, lê algumas coisas que não teria lido se tivesse feito outro curso.

**Balibar**: É verdade, mas no que aprendemos com Althusser ou com a filosofia sempre faltaram muitos fundamentos empíricos ou uma base empírica de que sentíamos necessidade, embora lêssemos o máximo possível. Ao mesmo tempo, aqueles conhecimentos eram muito voltados para as ciências sociais. Mas é verdade que herdei de Althusser essas categorias abstratas de sobredeterminação e, às vezes, também de subdeterminação, que ele criou fundamentalmente para dizer algo sobre conjunturas políticas e conjunções revolucionárias. Quando as revoluções têm êxito ou fracassam, não é só porque as leis do capitalismo determinam consequências inevitáveis; é porque alguns fatores sociais e ideológicos heterogêneos se cristalizam no que ele descrevia como momento de crise.

Fui apresentado ao trabalho de Immanuel quando ele participava de um grupo de cientistas sociais de origem marxista. Inspirado em Braudel e outros, ele apresentou a ideia de que o capitalismo não é apenas um modo de produção com tendências internas, mas um sistema-mundo global no qual a colonização é central e no qual você tem antagonismos e diferenças entre diferentes tipos de economias e sociedades, embora no mesmo sistema. Assim, depois de ler o primeiro volume da grande história do sistema-mundo capitalista, escrito por Immanuel, levantei a hipótese de que este era o arcabouço em que categorias abstratas como sobredeterminação podiam ser aplicadas de maneira produtiva e significativa[3].

---

[3] Ver Immanuel Wallerstein, *The Modern World-System*, 4 v. (Nova York/São Francisco/Londres/Berkeley/Los Angeles, Academic/University of California Press, 1974-2011), e *Impenser la science sociale: pour sortir du xix$^e$ siècle* (Paris, Presses Universitaires de France, 1991).

**Bojadžijev:** Já que falamos um pouquinho da análise integral, vocês podem dizer algo mais sobre as respectivas definições ou determinações desses termos? De certa forma, vocês sugeriram que, na década de 1980, quando houve essa discussão, essa terminologia estava em crise. Termos como "raça" e "racismo" estavam mudando. Considerando a situação historicamente, em comparação com a atual, a ideia do racismo mudou? Se sim, como?

**Wallerstein:** Bem, temos uma confusão retórica. Justamente hoje, li em algum lugar, no jornal *The New York Times* ou na internet, que nosso caro presidente dos Estados Unidos, Trump, tentando se defender de várias acusações feitas contra ele[4], declarou: "Não sou racista". Assim, parece que ele pensa que chamar alguém de racista é um insulto e nega que ele o seja. Teoricamente, trata-se de uma espécie de deferência ao antirracismo. Desta maneira, publicar notícias de pessoas que agem dessa forma, por um lado, me parece que poderia ser considerado muito bom porque, assim, Trump tem de dizer "Não sou racista" – necessidade que ele não sentiria cinquenta anos atrás. Por outro, sabemos que não tem o menor sentido; sem dúvida, ele é o mais virulento e cínico da espécie, mas é obrigado a ceder. Então, no longo prazo, o antirracismo terá conseguido avançar se obrigar pessoas como Trump a negarem que são racistas.

Observando o próprio uso dos termos "raça" ou "nação", todos, principalmente Trump, transformaram "nação" em sua principal categoria: "*Make America Great Again*" [Torne a América grande de novo]. Ele foi fazer uma conferência na Organização das Nações Unidas (ONU) e disse: "Sou a favor de tornar a América grande de novo. Sou a favor de defender nossa nação e tenho certeza de que vocês também são, todos vocês aí, vocês todos estão fazendo o mesmo". E, de certa maneira, ele está certo. Todo o mundo é, no momento, por uma série de boas razões, muito protecionista, até mesmo os que se dizem antiprotecionistas. Um bom exemplo disso é o Canadá. O país agora tem um discurso oficial antiprotecionismo e, além disso, está levando para o órgão competente, a Organização Mundial do Comércio (OMC), uma disputa em que expressa insatisfação com

---

[4] No dia 12 de agosto de 2017, em Charlottesville (Virgínia), um carro dirigido por um jovem "supremacista" branco entrou no meio de uma multidão que protestava contra as manifestações de apoio à tradição sulista escravagista (suscitadas pela decisão de deslocamento da estátua do general do Exército dos Estados Confederados, Robert Lee), provocando a morte de um manifestante e vários feridos. No debate nacional que se deu em seguida, o presidente Trump se posicionou declarando que havia "extremistas dos dois lados", o que lhe valeu a acusação de racismo antinegros pelas associações antirracistas, mas também as felicitações da Ku Klux Klan.

as restrições que os Estados Unidos estão impondo às importações de madeira canadense. Assim, o Canadá pretende defender seus direitos de exportar e inibir a intrusão de outros em sua esfera econômica.

**Balibar:** De volta a sua questão, o que penso com "raça", aqui, é a simetria que, de alguma forma, tem de ser quebrada, pelo menos segundo meu ponto de vista. "Raça", por um lado, "nação" e "classe", por outro, talvez sejam diferentes problemas. Penso isso, e imediatamente me vem à cabeça que você poderia fazer uma objeção alegando que raça é uma categoria muito fluida e maleável. Ao olhar para as coisas de um ponto de vista histórico, em que é preciso incluir, é evidente, instituições, representações, semântica, discursos pseudocientíficos etc., você compreende que "raça" não é uma categoria cujo significado possa ser fixado. Obviamente, do ponto de vista de Immanuel, isso tem a ver com o fato de o sistema-mundo capitalista, por ter sido construído na colonização e depois na pós-colonização, contar com hierarquias muito sólidas e categorizações de populações com base em suas origens étnicas, o que inclui todos os tipos de características visíveis e invisíveis.

Mas isso não significa que a categoria "raça" tenha sempre o mesmo significado. Continuei a trabalhar nessa questão e colaborei com outros. Desta maneira, em algum momento, tomei consciência do fato de todos usarmos "raça" no discurso oficial, e é o que acontece na maioria dos discursos antirracistas. Isso foi oficializado há relativamente pouco tempo, na esteira da Segunda Guerra Mundial, quando a ONU foi criada, quando foi redigida a Declaração Universal dos Direitos do Homem e quando a Unesco publicou duas famosas declarações sucessivas. É uma história estranha, porque as declarações sobre "raça" e "racismo" foram elaboradas sob a égide da Unesco e, portanto, das Nações Unidas, por um grupo de cientistas sociais e biólogos. Eles publicaram a primeira em 1950 e, logo depois, publicaram uma segunda em 1951, que não cancelou oficialmente a primeira, mas, de fato, introduziu qualificações muitíssimo decisivas. Por que isso ocorreu? Porque a primeira tinha sido escrita fundamentalmente por antropólogos, entre eles, o famoso Lévi-Strauss, mas também por outros, mexicanos e americanos; e a segunda foi uma reação dos biólogos que declararam que "raça" não é uma categoria biológica, é um mito biológico. Mas isso não é verdade, existem diferenças biológicas significativas, mesmo que não sejam descritas da maneira estúpida como fazem os social-darwinistas. O que quero dizer com categorização é que, quando você está nos Estados Unidos e se candidata a uma vaga de emprego, às vezes é preciso preencher um formulário. Oficialmente, trata-se de uma política em prol da igualdade, antidiscriminatória, mas você tem de assinalar um quadradinho ao lado de "caucasiano", "afro-americano" ou "hispânico". O que isso significa? O que eles quiseram foi abranger três formas de discriminação. Mas todas elas se baseiam em categorias pseudobiológicas, no antissemitismo que levou ao Holocausto, extermínio dos judeus e de outros grupos pelos nazistas; na segregação racial nos Estados Unidos, discriminação de negros ou pretos, como eram chamados na época, e que foi, essencialmente, um legado da escravidão; e em todos os tipos de hierarquias e discriminações raciais nas colônias francesas e britânicas[5].

Assim, é o momento de uma aparente estabilização da categoria, e, ao recuar para períodos anteriores, quando essas estratificações surgiram nas colônias espanholas e em outras, de fato a palavra "raça" não tinha o mesmo significado, ela se aplicava, por exemplo, às raças aristocráticas. Ao voltar para o momento atual, vê-se a emergência progressiva de algo que alguns acadêmicos – e eu mais ou menos contribuí para isso – chamariam de "racismo sem raças", que significa que as discriminações não se baseiam mais exatamente nos mesmos critérios, mas continuam aí. Penso no mundo global em que vivemos, onde muitas estruturas sociais são transformadas, mas "raça" não está prestes a desaparecer justamente porque essa mistura de populações coexiste. Ela talvez se intensifique fundamentalmente de modo a criar antagonismos entre diferentes tipos de forças de trabalho.

Assim, no que se refere às categorias "nação" e "classe", não fiquei chocado, mas confuso, com o fato de, quando seus amigos e colegas descreveram o que eles chamavam de movimentos antissistêmicos[6], Immanuel ter incluído socialismo e nacionalismo, portanto, movimentos baseados em classes e em nações, mais ou menos na mesma categoria. Então, logo depois disso, ele insistiu que, em diferentes partes do mundo, a articulação não é a mesma e que, assim, o socialismo parece ser mais importante enquanto movimento antissistêmico no Norte, e o nacionalismo, mais importante, embora não seja único, no Sul. Para mim, isso foi muito perturbador, porque eu não queria colocar "classe" e "nação" na mesma categoria enquanto estruturas sociais e, agora, cada vez mais me torno ultrawallersteiniano, ou pós-wallersteiniano, o que significa uma ruptura com Althusser e com o marxismo clássico.

---

[5] Ver o dossiê "Le Racisme après les races", *Actuel Marx*, n. 38, Paris, Presses Universitaires de France, 2005.

[6] Giovanni Arrighi, Terence K. Hopkins e Immanuel Wallerstein, *Anti-Systemic Movements* (Londres, Verso, 2012 [1989]).

**Wallerstein**: O marxismo clássico tinha um enorme problema com o conceito de nação.

**Balibar**: Exatamente, de modo que sempre via a "nação" como uma superestrutura e "classe" como uma estrutura mais básica. E Immanuel tem razão: os dois termos têm uma dimensão institucional e são extensões do sistema-mundo capitalista e, de certa forma, são antitéticos, nunca convergindo de maneira uniforme, mas um tão importante quanto o outro.

**Bojadžijev**: E vocês diriam que é o que acontece hoje?

**Balibar**: É onde podemos discordar. Na forma mais recente de nossa colaboração, Immanuel descreve o que ele vê como crise geral do sistema-mundo capitalista atualmente e suas consequências para todas as estratégias políticas. Eu não acredito que o capitalismo esteja em uma crise geral. Penso que se trata de um momento de mutação. Immanuel poderia responder que isso é uma distinção verbal. Mas uma das implicações de meu ponto de vista não é que "nação" e "classe" estejam prestes a desaparecer, e sim que têm, cada vez mais, uma função diferente neste sistema[7].

**Bojadžijev**: Como historiador e ao mesmo tempo sociólogo, você investiu em um livro dialógico sobre a questão do racismo. Na Alemanha, o termo "raça" – e isto é algo que tem impacto conceitual – não é usado devido a sua história particular; é um tabu. A tradução alemã do livro é a única que tem *Rasse, Klasse, Nation*, nesta ordem, não *Raça, nação, classe*. Naquela época, mesmo em plena década de 1980, as pessoas consideravam problemática a combinação "raça", "nação" e *em seguida* "classe"; assim, colocar "classe" no meio obstruiria "raça".

**Wallerstein**: O próprio conceito de "raça" está inevitavelmente ligado à realidade de uma hierarquia. Se há uma hierarquia – algumas pessoas que se encontram acima de determinado grau são consideradas mais privilegiadas, devem ter mais privilégios, mais dinheiro, mais de tudo –, então você quer saber por que e tem que sugerir alguma explicação para o que justifica a hierarquia. E, no momento em que faz isso, você é racista. Você só usa uma terminologia diferente para explicar o porquê da hierarquia, mas é por isso que ela não desaparece. A partir do

---

[7] Ver Immanuel Wallerstein, *La Gauche globale: hier, aujourd'hui, demain* (Paris, Maison des Sciences de l'Homme, 2017). A obra, com prefácio de Michel Wieviorka, é resultado de um ciclo de conferências, comentadas por Étienne Balibar, Pablo González Casanova, James Kenneth Galbraith, Johan Galtung, Nilüfer Göle e Michel Wieviorka.

momento em que estiver em um sistema hierárquico, você tem de estar em um sistema racista. O racismo é simplesmente a justificativa para a legitimidade de algumas pessoas terem um padrão de vida melhor que o de outras, em múltiplos aspectos, concernentes à habitação, à escolaridade, à renda e a tudo o que lhes diz respeito no âmbito social. Algumas pessoas estão em situação melhor que outras, e você sugere alguma justificativa para isso (elas têm o direito a essa situação porque…) – é inevitável, na sequência você vai usar uma terminologia racista.

**Bojadžijev**: Sim, concordo. No entanto, isso desloca a problemática para uma outra. No caso, a explicação racista de hierarquias é reificada e, então, deslocada para um problema diferente – o problema da exploração capitalista, o da propriedade. O que é muito intrigante no livro de vocês é o tratamento e a produtividade dessa terminologia racista como terminologia que não se apoia em, ou não se refere a, uma produção de conhecimento racista que explique por que pensamos que o racismo existe.

**Balibar**: Isso é muito complicado.

**Bojadžijev**: Em outras palavras, a abordagem que vocês fazem do racismo, como um "antissemitismo generalizado", renovou e radicalizou os *insights* da teoria crítica que partiu da suposição de que, nas palavras de Adorno, o "antissemitismo é o rumor que corre sobre os judeus". Portanto, não conseguiremos explicar o antissemitismo pela presença do judeu, mas, sim, como "o judeu" foi inventado e reproduzido pelas taxonomias do antissemitismo. E essas taxonomias dependem não só de uma série de entidades racializadas, mas, sobretudo, de como elas são sobredeterminadas por outras construções históricas, tais como relações de gênero, formas históricas da "nação" e também pela acumulação de capital e pela qualidade da luta de classes. Cada uma torna-se o meio de tradução da outra, para chegar a uma compreensão rigorosa do "racismo sem raças". Assim, o racismo adquire uma forma distinta em sua própria *época contemporânea*, marcada por muitas contingências – nacionalismo, modos, práticas e discursos de antirracismo, modos de exploração etc. – *em todo o planeta*.

Dessa forma distinta de racismo, surgem duas perguntas. Em primeiro lugar, se existe ou deverá existir uma unidade dos termos, como vamos compreender a dinâmica da variedade de formas ou de formações de racismos, historicamente contingentes, variadas, localizadas? Em segundo lugar, se considerarmos sobredeterminação como uma base procedimental ou metodológica para compreender o racismo, poderemos ficar presos a um ciclo infindável de determinações mútuas e de constituições recíprocas sem qualquer saída à vista. Diante dessa situação, possivelmente teremos de voltar a nosso arsenal de velhos conceitos e perguntar: "determinação" ou "contradição"? Ou é uma questão de determinar a contradição principal? Ou, para fazer uma provocação, "classe" é o fator externo e determinante do racismo e do nacionalismo? Ou o que determina é a contingência histórica, uma vez que, na realidade, as únicas categorias que temos para nos guiar são esses conceitos históricos de "raça", "nação", "classe", assim como as relações de gênero?

**Balibar**: Foi isso que eu quis dizer. Voltando à afirmação de Immanuel – e não estou sugerindo que ele ignore o antissemitismo –, o que ele disse se aplica mais ou menos diretamente às duas formas clássicas de racismo incluídas na declaração da Unesco. Essas são a discriminação colonial de "raças subordinadas" e, sem dúvida, o *apartheid*, a segregação racial, legado da escravidão nos Estados Unidos, que simplesmente não se aplica à questão do antissemitismo. No caso do antissemitismo, você não tem isso; pelo menos de forma explícita, você tem quase o oposto. Não se trata de manter os judeus em uma posição racial inferior, mas de eles serem vistos como inimigos internos, como um povo que é melhor que os outros ao se tornarem capitalistas profissionais etc. Desta maneira, psicologicamente falando, são vistos como uma ameaça que se encontra no mesmo nível.

**Wallerstein**: Não há a menor diferença do apelo de Trump: esta é a situação das pessoas que, na realidade, são de classe baixa, estão ressentidas com isso e decidem denominar, por meio de alguma categoria como, por exemplo, "intelectuais", os que as oprimem. Então você tem de usar o conceito de "raça" nesse caso como um método de o grupo inferior determinar seu modo de subir na hierarquia, invocando isso. Porém, parece-me que estamos falando do antissemitismo clássico. Quem eram os antissemitas? Imaginem o personagem Shylock de *O mercador de Veneza*, essas pessoas espertas que acabam com outras, muitos se voltarão contra elas e vão se tornar antissemitas.

**Balibar**: Sim, concordo. Mas se trata mais – e, aqui, é preciso colocar todos os tipos de parênteses e de aspas – de acabar com um inimigo ou um concorrente, ou até mesmo exterminá-lo. Penso em muitas dicotomias ou distinções propostas com o objetivo de classificar e organizar formas diferentes de racismo. Por um lado, quando isso se torna muito complicado, você tende a esquecer algumas das forças ou das tendências gerais que Immanuel salienta. Por outro, existem umas que, de acordo com nossa compreensão ou nossa descrição da função do racismo, não podem ser eliminadas, fazem parte da explicação de sua função política no mundo atual; Immanuel insistiu mais diretamente na função econômica e, portanto, na articulação de "classe".

Eu insisti mais na articulação com "nação". Portanto, a ligação entre racismo, xenofobia e certa compreensão da identidade nacional como uma categoria homogênea tem a ver com o fato de que é preciso levar em conta o fator cultural na definição de "raça". Mesmo sem considerar a Alemanha nazista como paradigma de acordo com o qual tudo tem de ser compreendido – compreensível tendência nos discursos pós-guerra (de Adorno, Horkheimer e outros) –, deve-se ter em conta algumas formas de racismo que levam à exterminação ou, mais usualmente, à eliminação. E outras formas que levam à manutenção de estruturas e formas de exploração, assim como de hierarquias o máximo possível estáveis e imutáveis. Dessa maneira, é evidente que há diversas sobreposições entre todas elas. Foi o que Arendt nos ensinou. Ao observar como se deu a colonização na África nos séculos XIX e XX, no Congo e em outros lugares semelhantes, vê-se que não só houve exploração, como também exterminação ou uso de métodos extremamente violentos. Obviamente, há situações intermediárias não muito nítidas, mas há diferentes polos. Não tenho certeza de que possamos explicar por completo o antissemitismo ou descrevê-lo com as mesmas categorias.

Atualmente, a islamofobia é cada vez maior em nosso país, na Europa e também nos Estados Unidos. Talvez sempre tenha existido, mas não se tratava de uma questão central, enquanto agora, devido ao 11 de Setembro e outros fatores, a necessidades ideológicas de Trump e dos que pensam como ele, isso está se tornando realidade. Na Europa, ela tinha sido central durante duas ou três décadas, mas, hoje, obviamente devido ao aumento do número de imigrantes provenientes da Turquia, da África do Norte, da África Subsaariana etc. e a outros fatores culturais, a islamofobia é uma questão central para o antirracismo. E é muito difícil, aqui na França, que é um país terrível para isso por causa de nossa forma de Estado laico, além da absoluta negação e recusa de refletir criticamente sobre nossa colonização na África do Norte no passado: tudo isso levou a uma islamofobia virulenta, que se orgulha de si e nega suas características racistas.

**Bojadžijev**: Quais são os componentes da pesquisa ou os aspectos ausentes da análise contida em *Raça, nação, classe* que vocês continuaram a buscar ou procuraram retrabalhar? Como reescreveriam este livro hoje? Incluiriam outras categorias centrais?

**Balibar**: Sim, uma coisa que não está no livro é religião. Acho que, na época, nenhum de nós a considerava importante, pelo menos explicitamente.

**Wallerstein**: O novo arcebispo de Paris, dom Michel Aupetit, confirmou em uma entrevista publicada no jornal *Le Monde* que a nova palavra tabu é "religião". Falar de Deus não é considerado algo que se deva fazer, e quando ele recentemente discursou para uma audiência formada em sua maioria por muçulmanos, eles o aplaudiram e lhe disseram o motivo: "Pelo menos o senhor falou sobre Deus".

**Balibar**: Sim, sim, sim. Agora, quais são os termos tabus?

**Wallerstein**: Eu acho interessante que, em seu discurso, o papa Francisco – não digo que ele não fale de Deus – trate de refugiados e de imigrantes. É uma outra linha do catolicismo.

**Bojadžijev**: Eu diria que sem muito êxito no Leste Europeu.

**Balibar**: Sim, sem muito êxito, mas é ainda mais surpreendente que um de seus predecessores tenha vindo de lá, o que provocou uma virada na função política da Igreja.

**Bojadžijev**: De qualquer maneira, existe uma questão relevante concernente à religião.

**Balibar**: Não sei se alguém quer falar sobre religião.

**Bojadžijev**: O crescimento de uma nova direita e também de regimes autoritários em todo o mundo está associado a movimentos religiosos de direita muito diferentes. Se pensarmos na Índia, na Rússia, na Turquia e até mesmo nos Estados Unidos ou em Estados menores, como Polônia, Croácia, Sérvia, parece haver uma ligação ou uma aliança diabólica entre forças de direita racistas, movimentos nacionalistas de direita e ainda uma forma autoritária de dominação com certa retórica nacionalista. Como vocês compreendem a situação atual à luz dessa expansão voltada para o nacionalismo, para uma religiosidade com forte retórica de direita? Como será o desdobramento disso?

**Balibar**: Apenas um comentário sobre essa questão: há algo que me preocupa e para o que não tenho nenhuma resposta. Quando insistimos, quando observamos que a religião agora é mais visível e, talvez, até desempenhe objetivamente um papel maior nas mudanças e nos conflitos políticos, isso não se restringe à Europa. A Índia é outro exemplo terrível. Em suma, na região do Leste Europeu, há não muito tempo, ela também desempenhou papel crucial – e continua a desempenhar. É criminosa.

**Bojadžijev**: E institucionalizada.

**Balibar:** Então, pessoas esclarecidas como nós, historiadores, filósofos, talvez preferissem ver isso como uma espécie de regressão. Assim, em vez de nos envolvermos com um novo mundo onde existem todos os tipos de conflitos baseados em interesses econômicos, educação, ideologias políticas, mais uma vez estamos mergulhados e dramaticamente presos nos ódios religiosos, que parecem ser coisa do passado. Mas, aparentemente, não é coisa do passado, e sim de um passado que tem um claro futuro. Por quê? De acordo com a lógica do que eu disse antes – e acredito que seja também a lógica de nosso livro –, talvez por serem as categorias flexíveis e se transformarem, podemos nos sentir tentados a dizer – e, às vezes, tenho essa tentação – que, de fato, se trata de um novo tipo de nacionalismo. Trata-se de uma nova classe, se preferir; é um novo discurso que esconde uma retórica nacionalista. Assim, frequentemente esse discurso religioso é usado de uma forma nacionalista para criar, excluir, purificar o corpo coletivo, de modo a excluir estrangeiros, que estão se tornando bodes expiatórios e alvos na medida em que são considerados inimigos religiosos – cristãos no Paquistão, muçulmanos na Europa, e assim por diante.

Portanto, essa é a lógica do nacionalismo. Mas, às vezes, fico mais crítico também no que se refere a minha formação intelectual e é claro que talvez me encontre sob a influência de alguns discursos pós-coloniais ou pós-modernos atuais. Algum tempo atrás, o jornalista francês Jean Birnbaum publicou um livro[8], que teve certo êxito, no qual ele disse que a esquerda não quer saber de religião nem ouvir a seu respeito, que o assunto é um tabu para ela, que a esquerda não percebe como a religião foi um fator poderoso na história e que, para resumir, isso se dá, de fato, porque o materialismo histórico e o determinismo econômico a deixam indiferente etc. Eu não me expressaria nos mesmos termos, mas tenho minhas dúvidas se a religião hoje não seria apenas um nome para encobrir nacionalismo. Essa é uma enorme questão para mim.

**Bojadžijev:** Mas, de alguma maneira, vocês poderiam argumentar que o livro contribui para o secularismo ou para a secularização de uma compreensão do racismo, do nacionalismo e até mesmo das relações de classes.

**Balibar:** No próximo seminário.

**Bojadžijev:** Certo, concordo. Uma última pergunta. Vocês acham que existe alternativa para superar o racismo?

---

[8] Jean Birnbaum, *Un Silence religieux. La gauche face au djihadisme* (Paris, Seuil, 2016).

**Wallerstein**: Penso que o sistema capitalista está passando por uma crise estrutural e que sairá dela ou por meio de um novo sistema hierárquico que será ultrarracista, ou – o que é algo que jamais existiu em qualquer época – por meio de um sistema relativamente igualitário. Desta maneira, sim, é possível que superemos o racismo, mas é imprevisível. Faça-me essa pergunta daqui a quarenta anos, certo? Na ocasião, nós o teremos ou não, porque estaremos nessa bifurcação em que nos vejo. Será algo muito pior ou muito melhor. E, penso, a menos que você queira um longo discurso agora, seria melhor pararmos por aqui. Mas acho que a resposta à pergunta sobre se em algum momento superaremos o racismo é "talvez".

**Balibar**: Às vezes acho engraçada a previsão de Immanuel de que o futuro será pior ou melhor, o que considero não ser muito diferente de uma tautologia. Mas, de todo modo, gosto muito de sua ideia de bifurcação, com uma diferença: tendo a acreditar que a bifurcação não será no futuro, mas que já está acontecendo.

**Wallerstein**: Certo, estamos na bifurcação há algum tempo.

**Balibar**: Immanuel tem uma lista de questões políticas que ele apresenta como objetivos políticos, imediatos ou de médio prazo, que são cruciais para a esquerda e que também possibilitariam algo como a esquerda global se cristalizar, se tornar um fator ativo e, portanto, participar da tendência histórica de um mundo que segue por um caminho ou por outro[9]. Essa é uma simplificação, mas se trata de um dilema. E o antirracismo ou a crítica de todas as formas de racismo, inclusive contra os refugiados, contra os imigrantes, a xenofobia, está tudo incluído. Agora, a última coisa que quero dizer é que o futuro não é previsível e também não é inevitável. Se acreditarmos num tipo de pós-capitalismo que, na pior das hipóteses, será um sistema com mais desigualdade e opressão, o qual poderia suceder às formas do capitalismo histórico e no qual teremos discriminação racial, ódio e violência como características centrais, isso se torna ainda mais urgente.

Para Immanuel, mais ou menos como pensava Lévi-Strauss, a diversidade humana é sempre um problema para os seres humanos. A diversidade humana significa que não somos todos iguais, e essas diversidades não são fixadas, elas são étnicas, linguísticas, talvez sejam religiosas no sentido amplo da palavra, existem diferenças de sexualidade que nunca vão desaparecer. Trata-se de um problema. Como lidamos com a diversidade? Não é possível resolver o problema apenas apelando aos princípios universais de igualdade e liberdade. Não é inevitável que a

---

[9] Ver Immanuel Wallerstein, *La Gauche globale*, cit.

diversidade humana se torne um instrumento para construir hierarquias e formas de opressão racistas; mas, segundo meu ponto de vista – e não digo que a ideia clássica de comunismo tenha ignorado isso –, houve uma enorme subestimação de que isso continuará a ser um problema. É possível que a questão seja se a diversidade está fadada a permanecer, em alguma medida, conflitiva.

**Wallerstein**: Sim, e isso também não é inevitável. Permanecerá assim para sempre, nós categorizamos as pessoas em uma de dez diferentes formas, damos nomes de categorias, digamos, você pertence àquele grupo, ou você pertence àquele outro grupo, e, em seguida, qual é a relação com o grupo, uma é mais alta, outra é mais baixa, e você tem racismo.

**Balibar**: Sim, concordo, mas a questão em nosso estudo e também em outros é que não se pode acabar com essas categorizações relacionadas a hierarquias, discriminação e opressão mudando o modo como as pessoas pensam. Existem condições objetivas.

**Bojadžijev**: Parece que vocês sugerem que a diversidade precede o conflito, mas existe a possibilidade de acontecer o contrário.

**Wallerstein**: A diversidade é simplesmente a retórica recente, que reconhece a realidade das categorias racistas no sistema econômico. Nós chegamos e dizemos: "Não, diversidade é uma coisa boa". E isso significa que temos de fazer alguma coisa para melhorar a situação do grupo X relacionada com a sociedade mais ampla, auxiliando-o de várias maneiras. Porém, é uma retórica do reformismo, que melhora a situação de quem ajuda X, mas não elimina o racismo.

**Bojadžijev**: Muito obrigada por despenderem seu tempo para conversar comigo, foi um prazer.

**Balibar**: Nós que agradecemos. Acredito que nunca tivemos uma conversa tão longa e detalhada como esta sobre nossa atividade comum. É terrível ver quanto tempo passou, mas é bom ver que ele deixa marcas, amizades, problemas e que permitiu o contato com pessoas como você.

**Wallerstein**: Obrigado por organizar este encontro.

# Prefácio

*Étienne Balibar*

Os ensaios que reunimos neste livro e, juntos, apresentamos ao leitor são resultado de nosso trabalho individual em diferentes períodos, e cada um de nós assume a própria responsabilidade. No entanto, as circunstâncias os tornaram elementos de um diálogo que se intensificou nos últimos anos e, atualmente, gostaríamos de repercuti-lo. Trata-se de nossa contribuição para elucidar uma questão crucial: *qual é a especificidade do racismo contemporâneo?* Em que medida ela está relacionada à divisão de classes do capitalismo e às contradições do Estado-nação? E, vice-versa, em que medida o fenômeno do racismo nos leva a repensar a articulação entre o nacionalismo e a luta de classes? Por meio dessa pergunta, trata-se de nossa contribuição também para uma discussão mais ampla, iniciada há mais de uma década no âmbito do "marxismo ocidental", da qual esperamos que ele saia suficientemente renovado para acompanhar seu tempo. Sem dúvida, não é por acaso que essa discussão se apresenta como internacional, combina a reflexão filosófica com a síntese histórica e procura fazer uma revisão conceitual associada com a análise de problemas políticos mais que urgentes hoje, em especial na França. Pelo menos, essa é a convicção que desejamos compartilhar.

Permitam-me, aqui, algumas considerações pessoais. Quando encontrei, pela primeira vez, Immanuel Wallerstein, em 1981, eu já conhecia o primeiro volume de sua obra *The Modern World-System*\*, publicada em 1974, mas ainda não tinha

---

\* Immanuel Wallerstein, *The Modern World-System*, 4 v. (Nova York/São Francisco/Londres/Berkeley/Los Angeles, Academic/University of California Press, 1974-2011). (N. E.)

lido o segundo. Portanto, eu ignorava que ele me creditara uma apresentação "teoricamente consciente" da tese marxista "tradicional" concernente à periodização dos modos de produção que identifica a época manufatureira com um período de transição e o começo do modo capitalista propriamente dito com a Revolução Industrial, diferentemente dos que, para marcar os começos da modernidade, propõem "cortar" o tempo da história, seja em torno de 1500 (com a expansão europeia, a criação do mercado mundial), seja por volta de 1650 (com as primeiras revoluções "burguesas" e a revolução científica). *A fortiori*, ignorava que eu mesmo encontraria em sua análise da hegemonia holandesa no século XVII um ponto de apoio para situar o papel de Espinosa (com suas características revolucionárias não só no que diz respeito ao passado "medieval", mas também às tendências contemporâneas) na disputa curiosamente atípica dos partidos políticos e religiosos da época (com a mistura que faziam de nacionalismo e cosmopolitismo, de democratismo e "medo das massas").

Por sua vez, o que Wallerstein ignorava era que, desde o início dos anos 1970, após as discussões levantadas por nossa leitura "estruturalista" de *O capital*\* e, exatamente, para escapar das aporias clássicas da "periodização", eu tinha reconhecido a necessidade de situar a análise das lutas de classes e de seus efeitos sobre o desenvolvimento do capitalismo no âmbito das *formações sociais*, não só nos limites do modo de produção, considerado um meio ideal ou um sistema que não varia (o que é uma concepção mecanicista da estrutura). Por conseguinte, por um lado, era preciso, na configuração das relações de produção, atribuir um papel determinante *a todos* os aspectos históricos da luta de classes (inclusive os que Marx havia designado com o conceito ambíguo de superestrutura). Por outro, isso acarretava colocar no próprio cerne da teoria a questão do *espaço* de reprodução da relação capital-trabalho (ou do assalariado), reconhecendo todo o sentido da afirmação constante de Marx segundo a qual o capitalismo implica a mundialização da acumulação e da proletarização da força de trabalho, mas transpondo a abstração do "mercado mundial" indiferenciado.

Do mesmo modo, a emergência das lutas específicas dos trabalhadores imigrantes na França nos anos 1970 e a dificuldade de sua tradução política, juntamente com a tese de Althusseur, segundo a qual toda formação social se baseia na combinação de diversos modos de produção, me convenceram de que a *divisão da classe*

---

\* Karl Marx, *O capital: crítica da economia política*, 3 v. (trad. Rubens Enderle, São Paulo, Boitempo, 2011-2017). (N. E.)

*operária* não é um fenômeno secundário ou residual, e sim uma característica estrutural (o que não quer dizer que não varia) das sociedades capitalistas atuais, que determina todas as perspectivas de transformação revolucionária e até mesmo de organização cotidiana do movimento social[1].

Enfim, sem dúvida, eu tinha retido da crítica maoísta do "socialismo real" e da história da "revolução cultural" (tal como a entendia) não a demonização do revisionismo e a nostalgia do stalinismo, e sim a indicação de que o "modo de produção socialista", na realidade, consiste em uma combinação instável entre capitalismo de Estado e tendências proletárias ao comunismo. Em sua própria dispersão, todas essas diversas retificações tendiam a substituir uma problemática do "capitalismo histórico" pela antítese formal da estrutura e da história e a identificar como questão central dessa problemática a variação das relações de produção articuladas entre si na longa transição das sociedades não mercantis para as sociedades de "economia generalizada".

Ao contrário de outros, eu não era demasiadamente sensível ao *economicismo* que, com frequência, foi criticado nas análises de Wallerstein. Na verdade, é preciso entender o significado desse termo. Na tradição da ortodoxia marxista, o economicismo se apresenta como um determinismo do desenvolvimento das forças produtivas: a sua maneira, o modelo da economia-mundo de Wallerstein substituía bem o de uma dialética da acumulação capitalista e de suas contradições. Ao se colocar a questão das condições históricas nas quais é possível se estabelecer o ciclo das fases de expansão e de recessão, Wallerstein não estava longe do que me parece ser a autêntica tese de Marx, a expressão de sua *crítica* do economicismo: a primazia das relações sociais de produção sobre as forças produtivas, de modo que as contradições do capitalismo não são contradições *entre* relações de produção e forças produtivas (por exemplo, contradições entre o caráter "privado" de umas e o caráter "social" das outras, segundo a formulação propagada por Engels), mas – entre outras – contradições *no* desenvolvimento das próprias forças produtivas, "contradições do progresso". Por sua vez, a chamada crítica do economicismo é feita, na maior parte das vezes, em nome de uma reivindicação de autonomia do político e do Estado, seja em relação à esfera da economia mercantil, seja em relação à própria luta de classes, o que praticamente reintroduz o *dualismo* liberal

---

[1] Devo mencionar, aqui, entre outras, a influência determinante que as pesquisas de Yves Duroux, Claude Meillassoux e Suzanne de Brunhoff sobre a reprodução da força de trabalho e as contradições da "forma salário" exerceram sobre essas reflexões.

(sociedade civil/Estado, economia/política) contra o qual Marx argumentara de maneira decisiva. Ora, o modelo explicativo de Wallerstein, tal como o compreendo, permite pensar que a estrutura de todo o sistema é a de uma economia generalizada e, ao mesmo tempo, permite pensar que os processos de formação dos Estados, das políticas de hegemonia e das alianças de classes formam o tecido dessa economia. Desde então, saber por que as formações sociais capitalistas adquirem a forma de nações, ou melhor, saber o que diferencia as nações individualizadas em torno de um aparelho de Estado "forte" e as nações dependentes, cuja unidade encontra oposição direta interna e externamente, e como essa diferença se transforma com a história do capitalismo deixou de ser um ponto cego para se tornar uma questão decisiva.

Para falar a verdade, é aqui que se inserem minhas perguntas e minhas objeções. Vou mencionar brevemente três, deixando para o leitor a incumbência de decidir se estão relacionadas ou não a uma concepção "tradicional" do materialismo histórico.

Em primeiro lugar, eu continuava convencido de que, em última análise, a hegemonia das classes dominantes se apoia em sua capacidade de organizar o processo de trabalho e, além disso, a própria reprodução da força de trabalho em um sentido amplo que engloba, ao mesmo tempo, a subsistência dos trabalhadores e sua formação "cultural". Em outras palavras, o que está em causa é a *subsunção* real, que Marx considerou, em *O capital*, indicativa da constituição do modo de produção capitalista propriamente dito, ou seja, o ponto de não retorno do processo de acumulação ilimitada e de "valorização do valor". Pensando bem, a ideia dessa subsunção "real" (que Marx opõe à subsunção simplesmente "formal") vai muito além da ideia de uma integração dos trabalhadores no mundo do contrato, do rendimento monetário, do direito e da política oficial: ela implica uma transformação da individualidade humana, que vai desde a educação da força de trabalho até a constituição de uma "ideologia dominante" suscetível de ser adotada *pelos próprios dominados*. Sem dúvida, Wallerstein não discordaria dessa ideia, uma vez que ele insiste no modo como todas as classes sociais, todos os grupos estatutários que se formam no âmbito da economia-mundo capitalista são submetidos aos efeitos da "mercantilização" e do "sistema dos Estados". Mas podemos nos perguntar se, para descrever os conflitos e as evoluções que deles resultam, é suficiente analisar, como ele, o quadro dos atores históricos, de seus interesses e de suas estratégias de alianças ou de confrontos. *A própria identidade dos atores depende do processo de formação e de manutenção da hegemonia.* Assim, a burguesia moderna se formou para poder se tornar uma classe de enquadramento do proletariado, após ter sido uma classe de enquadramento do campesinato: ela precisou adquirir capacidades políticas e uma "consciência de si" que antecipavam a expressão das próprias resistências e que se transformam com a natureza dessas resistências.

Portanto, o *universalismo* da ideologia dominante se enraíza em um nível muito mais profundo que a expansão mundial do capital e até mesmo que a necessidade de encontrar, para todos, os "quadros" dessa expansão das regras de ação comuns[2]: ele se enraíza devido à necessidade de construir, apesar de seu antagonismo, um "mundo" ideológico comum aos exploradores e aos explorados. O igualitarismo (democrático ou não) da política moderna é um bom exemplo desse processo. Isso quer dizer, ao mesmo tempo, que toda dominação de classe deve ser formulada na linguagem do universal e que, na história, há universalidades múltiplas incompatíveis entre si. Cada uma – e é também o caso das ideologias dominantes da época atual – é trabalhada pelas tensões específicas de determinada forma de exploração, e não é inteiramente garantido que uma hegemonia possa englobar ao mesmo tempo todas as relações de dominação que se encontram no âmbito da economia-mundo capitalista. Para ser claro, duvido que exista uma "burguesia mundial". Ou, para ser mais preciso, reconheço totalmente que a extensão do processo de acumulação em escala mundial envolve a constituição de uma "classe mundial de capitalistas", que tem como lei a concorrência contínua (e, paradoxo por paradoxo, vejo a necessidade de incluir nessa classe capitalista tanto os dirigentes da "livre empresa" quanto os gestores do protecionismo "socialista" de Estado), mas não acredito que essa classe capitalista seja ao mesmo tempo uma *burguesia mundial* no sentido de classe organizada em instituições, a única historicamente concreta.

Imagino que Wallerstein responderia logo a esse questionamento: mas há de fato uma instituição comum à burguesia mundial que tende a lhe conferir uma existência concreta, independentemente de seus conflitos internos (mesmo quando eles adquirem a forma violenta de conflitos militares) e, sobretudo, independentemente das condições muito diferentes de sua hegemonia sobre as populações dominadas! Essa instituição é o próprio *sistema dos Estados*, cuja estabilidade tornou-se bem evidente desde que, após revoluções e contrarrevoluções, colonizações e descolonizações, a forma do Estado nacional se estendeu formalmente à

---

[2] Como sugere Wallerstein, principalmente em *Le Capitalisme historique* (trad. Philippe Steiner e Christian Tutin, Paris, La Découverte, 2011), p. 79 e seg.

humanidade inteira. Sustento, há muito tempo, que toda burguesia é "burguesia de Estado", mesmo onde o capitalismo não é organizado como capitalismo de Estado planificado, e penso que concordaremos neste ponto. Uma das questões mais pertinentes entre as formuladas por Wallerstein, a meu ver, consiste em se perguntar por que a economia-mundo não conseguiu se transformar (apesar de diversas tentativas do século XVI ao XX) em um *império*-mundo, politicamente unificado, por que, nela, a instituição política adquiriu a forma de um "sistema interestatal". A essa questão não é possível responder *a priori*; é preciso refazer com exatidão a história da economia-mundo e, sobretudo, a dos conflitos de interesses, dos fenômenos de "monopólio" e os desenvolvimentos desiguais da força que não parou de se manifestar em seu "centro" – aliás, hoje cada vez menos localizado em uma única área geográfica –, mas também a das *resistências desiguais* de sua "periferia".

No entanto, exatamente essa resposta (se for apropriada) me leva a reformular minha objeção. No fim do primeiro volume de *The Modern World-System*, Wallerstein propõe um critério para identificar os "sistemas sociais" relativamente autônomos: o critério da *autonomia interna* de sua evolução (ou de sua dinâmica). Ele tira uma conclusão radical disso: a maior parte das unidades históricas às quais se costuma aplicar o rótulo de sistemas sociais (das "tribos" aos Estados-nações) não é um sistema social; trata-se simplesmente de unidades dependentes; os únicos sistemas no sentido próprio da palavra considerados pela história são, por um lado, as comunidades de autossubsistência e, por outro, os "mundos" (os impérios-mundo e as economias-mundo). Reformulada de acordo com a terminologia marxista, essa tese nos levaria a pensar que a única *formação social* no sentido próprio da expressão, no mundo atual, é a própria economia-mundo, por ser a maior unidade em que os processos históricos tornam-se interdependentes. Em outras palavras, a economia-mundo não seria apenas uma unidade econômica e um sistema de Estados, mas também uma unidade social. Por conseguinte, a própria dialética de sua evolução seria uma dialética *global* ou, no mínimo, caracterizada pela primazia das pressões globais sobre as relações de forças *locais*.

Não há a menor dúvida de que essa representação tem o mérito de dar conta sinteticamente dos fenômenos de mundialização da política e da ideologia aos quais assistimos há décadas e que nos parecem o resultado de um processo cumulativo plurissecular. Ela encontra uma ilustração particularmente surpreendente nos períodos de crise. Fornece, como veremos no desenrolar desta coletânea, um poderoso instrumento para interpretar o *nacionalismo* e o *racismo* onipresentes no mundo moderno, evitando confundi-los com outros fenômenos de "xenofobia" ou de "intolerância" do passado: o nacionalismo como reação à dominação dos Estados do centro, o racismo como institucionalização das hierarquias que fazem parte da divisão mundial do trabalho. Mas me pergunto se, desta forma, a tese de Wallerstein não dá à multiplicidade dos conflitos sociais (e, em particular, das lutas de classes) uma uniformidade e uma globalidade formais ou, pelo menos, unilaterais. A meu ver, o que caracteriza esses conflitos não é só a transnacionalização, mas o papel decisivo que nela desempenham, mais que nunca, relações sociais localizadas, ou formas locais do conflito social (econômicas, religiosas, político-culturais), cuja "soma" não é imediatamente totalizável. Em outras palavras, se, em vez de tomar como critério o limite externo extremo no interior do qual se dá a regulação de um sistema, considero a especificidade dos movimentos sociais e dos conflitos que nele se estabelecem (ou, se preferirem, a forma específica sob a qual nele se refletem as contradições globais), eu me pergunto se as *unidades sociais* do mundo contemporâneo não devem ser diferenciadas de sua *unidade econômica*. Em suma, por que elas coincidiriam? Ao mesmo tempo, sugiro que o movimento de toda a economia-mundo é mais o *resultado* aleatório do movimento de suas unidades sociais que sua causa. Mas reconheço que é difícil identificar as unidades sociais em questão, pois pura e simplesmente elas não coincidem com unidades nacionais e podem, em parte, se sobrepor (por que uma unidade social seria fechada e *a fortiori* "autárquica"?)[3].

Isso me leva a uma terceira questão. A força do modelo de Wallerstein, generalizando e, em paralelo, concretizando as indicações de Marx a propósito da "lei de população" inerente à acumulação indefinida do capital, é mostrar que esta

---

[3] Reconheço também que este ponto de vista lança uma dúvida sobre a perspectiva de uma "convergência" dos "movimentos antissistêmicos", nos quais Wallerstein inclui, ao mesmo tempo, os movimentos socialistas da classe operária e os movimentos de libertação nacional, a luta das mulheres contra o sexismo e a das minorias oprimidas – sobretudo submetidas ao racismo –, todos potencialmente partes de uma mesma "comunidade mundial dos movimentos antissistêmicos" (Immanuel Wallerstein, *Le Capitalisme historique*, cit., p. 108); na verdade, esses movimentos me parecem, de fato, "não contemporâneos" uns dos outros, às vezes incompatíveis entre si, ligados a contradições *universais*, mas *distintas*, a conflitos sociais *desigualmente* decisivos em diferentes "formações sociais". Não vejo sua condensação em um único bloco histórico como uma tendência em longo prazo, mas como uma coalizão conjuntural, cuja duração depende de inovações políticas. Isso vale, fundamentalmente, para a "convergência" do feminismo e da luta de classes: seria interessante nos perguntarmos por que quase só houve movimento feminista "consciente" nas formações sociais em que havia também uma luta de classes organizada, ainda que os dois movimentos jamais tenham conseguido se fundir. Isso se deve à divisão do trabalho? Ou à forma política das lutas? Ou ao inconsciente da "consciência de classe"?

não deixou de impor (pela força e pelo direito) uma redistribuição das populações nas categorias socioprofissionais de sua "divisão do trabalho", compondo-a com suas resistências, ou quebrando-a, e até mesmo utilizando suas estratégias de subsistência e jogando os interesses de uns contra os dos outros. A base das formações sociais capitalistas é uma divisão do trabalho (no sentido amplo do termo, incluindo as diferentes "funções" necessárias à produção do capital), ou melhor, a base das transformações sociais é a transformação da divisão do trabalho. Mas será que o fato de basear na divisão do trabalho a integralidade do que Althusser chamou recentemente de "efeito de sociedade" não significa apenas queimar etapas? Em outras palavras, será que podemos considerar (como fez Marx em alguns textos "filosóficos") que as sociedades ou formações sociais são mantidas "vivas" e constituem unidades relativamente duráveis pelo simples fato de organizarem a produção e as trocas em determinadas relações históricas?

Entendam bem o que digo: não se trata, aqui, de reeditar o conflito do materialismo e do idealismo e de sugerir que a unidade econômica das sociedades deva ser completada ou substituída por uma unidade simbólica da qual buscaremos a definição, seja no direito, seja na religião, seja na proibição do incesto etc. Trata-se, sobretudo, de se perguntar se por acaso não teriam os marxistas sido vítimas de uma gigantesca ilusão sobre o sentido de suas próprias análises, em boa parte herdada da ideologia econômica liberal (e de sua antropologia implícita). A divisão do trabalho *capitalista* não tem nada a ver com uma complementaridade das tarefas, dos indivíduos e dos grupos sociais: ela leva mais, como reafirma com muita ênfase o próprio Wallerstein, à polarização das formações sociais em classes antagônicas, cujos interesses são cada vez menos "comuns". Como basear a unidade (mesmo conflitual) de uma sociedade em uma divisão como essa? Talvez devêssemos, então, inverter nossa interpretação da tese marxista. Em vez de representarmos a divisão do trabalho capitalista como o que fundamenta, ou institui, as sociedades humanas em "coletividades" relativamente estáveis, deveríamos pensá-la como o que as *destrói*? Ou melhor, como o que as *destruiria*, dando a suas desigualdades internas a forma de antagonismos inconciliáveis, *se* outras práticas sociais, também materiais, mas irredutíveis ao comportamento do *homo oeconomicus*, por exemplo as práticas da comunicação linguística e da sexualidade, ou da técnica e do conhecimento, não impusessem limites ao imperialismo da relação de produção e não a transformassem internamente?

A história das formações sociais não seria, então, tanto a da passagem das comunidades não mercantis à sociedade de mercado ou de trocas generalizadas (inclusive a troca da força humana de trabalho) – representação liberal e sociológica que conservou o marxismo –, e sim a das *reações* do conjunto das relações sociais "não econômicas" que fazem a ligação entre uma coletividade histórica de indivíduos e a desestruturação do que os ameaça, ou seja, a expansão da forma valor. São essas reações que dão à história social um ar irredutível à simples "lógica" da reprodução ampliada do capital ou até mesmo a um "jogo estratégico" dos atores definidos pela divisão do trabalho e pelo sistema de Estados. São elas também que servem de base para as produções ideológicas e institucionais, intrinsecamente ambíguas, que são a verdadeira matéria da política (por exemplo, a ideologia dos direitos do homem, mas também o racismo, o nacionalismo, o sexismo e suas antíteses revolucionárias). Enfim, são elas que dão conta dos efeitos ambivalentes das lutas de classes, uma vez que, procurando operar a "negação da negação", ou seja, *destruir o mecanismo que destrói* tendencialmente as condições da existência social, visam também, utopicamente, a *restaurar* uma unidade perdida e, assim, se propõem à "recuperação" por diferentes forças de dominação.

Mais que iniciar uma discussão nesse nível de abstração, nos pareceu à primeira vista que seria melhor reinvestir os instrumentos teóricos dos quais dispomos na análise de uma questão crucial sugerida pelo próprio momento atual, por meio de um trabalho de colaboração, cuja dificuldade seja de natureza tal que contribua para avançar a discussão. Esse projeto se materializou em seminários que organizamos durante três anos (1985, 1986, 1987) na Maison des Sciences de l'Homme de Paris. Ele foi dedicado sucessivamente aos temas "Racismo e etnicidade", "Nação e nacionalismo", "As classes". Os textos apresentados a seguir não reproduzem literalmente nossas intervenções, mas retomam o assunto e o completam em diversos aspectos. Alguns foram expostos em outras apresentações ou publicações assinaladas. Nós os reorganizamos de modo a salientar os pontos de confronto e de convergência. Sua sucessão não pretende a coerência absoluta nem a exaustividade, mas, sobretudo, abrir a questão, explorar algumas vias de investigação. É muito cedo para concluir. No entanto, esperamos que neles o leitor encontre material para reflexão e crítica.

Na primeira seção – "O racismo universal" –, nossa intenção foi esboçar uma problemática alternativa à ideologia do "progresso" imposta pelo liberalismo e amplamente retomada (veremos adiante em que condições) pela filosofia marxista da história. Constatamos que, sob formas tradicionais ou renovadas (mas cuja filiação pode ser identificada), *o racismo não está regredindo, mas se encontra em progressão*, no mundo contemporâneo. Esse fenômeno inclui desigualdades, fases críticas, e é preciso tomar cuidado para não confundir suas manifestações; em última análise, ele só pode ser explicado por causas estruturais. Na medida em que o que está em jogo aqui – por meio de teorias eruditas, racismo institucional ou popular – é a categorização da humanidade em espécies artificialmente isoladas, é preciso que exista uma cisão violentamente conflitual no âmbito das próprias relações sociais. Não se trata, então, de simples "preconceito". Além disso, é preciso não só que haja transformações históricas tão decisivas como a descolonização, mas também que essa cisão seja reproduzida no contexto mundial que criou o capitalismo. Não se trata, assim, de uma sobrevivência nem de um arcaísmo. No entanto, isso não é contraditório com a lógica da economia generalizada e do direito individualista? De forma alguma. Nós dois pensamos que o universalismo da ideologia burguesa (portanto, também seu humanismo) *não é incompatível* com o sistema de hierarquias e de exclusões que, antes de mais nada, adquire a forma do racismo e do sexismo. Do mesmo modo que o racismo e o sexismo adquirem a forma de sistema.

Contudo, na análise detalhada, divergimos a propósito de vários pontos. Wallerstein remete o universalismo à própria forma do mercado (à universalidade do processo de acumulação), o racismo à clivagem da força de trabalho entre o centro e a periferia e o sexismo à oposição do "trabalho" masculino e do "não trabalho" feminino nos afazeres do lar ou na estrutura doméstica (*household*), que ele considera uma instituição fundamental do capitalismo histórico. De minha parte, penso que a articulação específica do racismo é com o nacionalismo e creio poder demonstrar que a universalidade está paradoxalmente presente no próprio racismo. Nesse caso, a dimensão temporal torna-se decisiva: é questão de saber como a memória das exclusões do passado se transfere para as do presente, ou mais, como a internacionalização dos movimentos de população e a mudança do papel político dos Estados-nações desembocam em um "neorracismo" e, até mesmo, em um "pós-racismo".

Em uma segunda seção – "A nação histórica" –, tentamos renovar a discussão das categorias "povo" e "nação". Nossos métodos são bastante diferentes: procedo de modo diacrônico, em busca de uma trajetória da forma nação; Wallerstein, de modo sincrônico, em busca do lugar funcional que a superestrutura nacional ocupa, entre outras instituições políticas, na economia-mundo. Por isso, também articulamos de maneira distinta a luta de classes e a formação nacional. De maneira extremamente esquematizada, poderíamos dizer que minha posição consiste em inscrever as lutas de classes históricas na forma nacional (ainda que elas representem sua antítese), enquanto a de Wallerstein inscreve a nação, com outras formas, no campo das lutas de classes (ainda que elas só se tornem classes "para si" em circunstâncias excepcionais – questão que retomaremos adiante).

Sem dúvida, é aqui que o significado do conceito de "formação social" desempenha um importante papel. Wallerstein propõe distinguir três grandes modos históricos de construção do "povo": a *raça*, a *nação*, a *etnicidade*, que levam a estruturas diferentes da economia-mundo; insiste na ruptura histórica entre o Estado "burguês" (o Estado-nação) e as formas anteriores do Estado (na verdade, o próprio termo "Estado", para ele, é um equívoco). De minha parte, procurando caracterizar a passagem do Estado "pré-nacional" para o Estado "nacional", dou muita importância a outra ideia dele (não retomada aqui): a da *pluralidade das formas políticas* na fase de constituição da economia-mundo. Apresento o problema da constituição do povo (o que chamo de etnicidade fictícia) como um problema de hegemonia interna e tento analisar o papel que as instituições que dão corpo respectivamente à comunidade linguística e à comunidade de raça exercem em sua produção. Por causa dessas diferenças, parece que Wallerstein compreende melhor a etnicização das *minorias*, enquanto sou mais sensível à das *maiorias*; talvez ele seja extremamente "americano", e eu, demasiadamente "francês"… No entanto, o certo é que, para nós dois, parece igualmente essencial pensar a nação e o povo como construções históricas, graças às quais instituições e antagonismos *atuais* podem ser *projetados no passado* para conferir às "comunidades" uma relativa estabilidade da qual o sentimento da "identidade" individual depende.

Com a terceira seção – "As classes: polarização e sobredeterminação" –, nós nos perguntamos sobre as transformações radicais que devem ser feitas nos esquemas da ortodoxia marxista (ou seja, para ser breve, no evolucionismo do "modo de produção" em suas diferentes variantes) a fim de que se possa analisar o capitalismo realmente como sistema (ou estrutura) histórico, de acordo com as indicações mais originais de Marx. Seria cansativo resumir de antemão nossas proposições. O leitor malicioso terá o prazer de contabilizar as contradições que surgem entre nossas respectivas "reconstruções". Não vamos transgredir a regra segundo a qual dois "marxistas", quaisquer que sejam, se revelam incapazes de dar o mesmo sentido aos mesmos conceitos… Não nos apressemos em concluir que se trata de um jogo escolástico. O que, na releitura, me parece mais significativo é o grau de concordância das conclusões às quais chegamos a partir de premissas tão diferentes.

O que está em jogo, com muita clareza, é a articulação do aspecto "econômico" e do aspecto "político" da luta de classes. Wallerstein é fiel à problemática da "classe em si" e "classe para si" que eu recuso, mas a elabora com teses, no mínimo provocadoras, concernentes ao aspecto principal da proletarização (que não é, segundo ele, a generalização do trabalho assalariado). De acordo com sua argumentação, o assalariamento se desenvolve, *apesar* do interesse imediato dos capitalistas, sob o duplo efeito das crises de realização e das lutas operárias contra a superexploração "periférica" (a do trabalho assalariado em tempo parcial). Discordo alegando que esse raciocínio pressupõe que toda exploração seja "extensiva"; em outras palavras, que não haja também uma forma de superexploração ligada à intensificação do trabalho assalariado submetido às revoluções tecnológicas (o que Marx chama de "subsunção real", a produção de "mais-valor relativo"). Mas essas divergências analíticas – sobre as quais podemos pensar que refletem um ponto de vista da periferia em comparação com um ponto de vista do centro – são subordinadas a três ideias comuns:

1. A tese de Marx concernente à polarização das classes no capitalismo não é um erro desastroso, mas o *ponto forte* de sua teoria. No entanto, deve ser cuidadosamente diferenciada da representação ideológica de uma "simplificação das relações de classe" com o desenvolvimento do capitalismo, ligada ao catastrofismo histórico.

2. Não existe um "tipo ideal" de classes (proletariado e burguesia), mas processos de proletarização e de emburguesamento[4]; cada qual comporta seus próprios conflitos internos (o que eu chamaria, conforme Althusser, de "sobredeterminação" do antagonismo): assim, explicamos que a história da *economia* capitalista depende das lutas *políticas* no espaço nacional e transnacional.

3. Não se define a "burguesia" pela simples acumulação do lucro (ou pelo investimento produtivo): essa condição é necessária, mas não é suficiente. Leremos, no texto, a argumentação de Wallerstein concernente à busca, pela burguesia, de detenção de monopólio e de transformação do lucro em "renda" garantida pelo Estado de acordo com diversas modalidades históricas. Essa é uma questão à qual certamente será preciso voltar. A historização (e, portanto, a dialetização) do conceito de classes na "sociologia marxista" está só começando (o que significa que ainda há muito trabalho a ser feito para arruinar a ideologia que se concebeu

---

[4] Em francês, prefiro falar de *embourgeoisement* [emburguesamento] que de *bourgeoisification* [burguesificação], como costuma dizer Wallerstein, apesar da possível imprecisão da palavra (aliás, será que ela é mesmo adequada? Do mesmo modo que os militares são recrutados entre os civis, os burgueses na enésima geração foram recrutados entre os não burgueses).

como sociologia marxista). Também neste caso, reagimos a nossas tradições nacionais: ao contrário de um preconceito tenaz na França (mas que remonta a Engels), procuro mostrar que a burguesia capitalista não é parasita; por sua vez, Wallerstein, que vem de um país onde se criou o mito do "empresário", tenta mostrar que o burguês não é o oposto do aristocrata (nem foi no passado, nem é atualmente).

Por razões diferentes, estou de pleno acordo em pensar que, no capitalismo atual, a *escolarização* generalizada não só se tornou "reprodutora", como também *produtora*, de diferenças de classe. Porém, menos "otimista" que ele, não acredito que o mecanismo "meritocrático" seja politicamente *mais frágil* que os mecanismos históricos, anteriores, de aquisição de um *status* social privilegiado. A meu ver, isso está relacionado com o fato de a escolarização – pelo menos nos países "desenvolvidos" – constituir-se como um meio de seleção dos quadros de executivos e, ao mesmo tempo, como um aparelho ideológico apropriado para naturalizar "tecnicamente" e "cientificamente" as divisões sociais, sobretudo a divisão do trabalho manual e intelectual, ou a do trabalho de execução e o trabalho do *staff*, em suas formas sucessivas. Ora, essa naturalização que, como veremos, apresenta relações estreitas com o racismo tem a mesma eficácia que outras legitimações históricas do privilégio.

O que nos leva diretamente ao último ponto: "Deslocamentos do conflito social?". O objetivo dessa quarta seção é retomar a questão inicialmente colocada (a do racismo ou, de modo mais amplo, do "*status*" e da identidade "comunitária"), cruzando as caracterizações anteriores ou preparando conclusões práticas – embora ainda estejamos muito longe disso. Trata-se também de avaliar a distância em relação a alguns temas clássicos da sociologia e da história. Naturalmente, as diferenças de abordagem e as divergências mais ou menos importantes que surgiram antes persistem: portanto, não seria o caso de concluir. Se eu quisesse exagerar, diria que, desta vez, Wallerstein é muito menos "otimista" que eu, uma vez que ele vê a consciência de "grupo" necessariamente prevalecer sobre a consciência de "classe" ou, no mínimo, constituir a forma necessária de sua realização histórica. É verdade que, no *limite* ("assimptótico"), os dois termos se juntam, segundo ele, na transnacionalização das desigualdades e dos conflitos. Quanto a mim, não creio que o racismo seja a expressão da estrutura de classes, e sim uma forma típica de *alienação política* inerente às lutas de classes no campo do nacionalismo, que se manifestam por meio de formas particularmente ambivalentes (racização do proletariado, obreirismo, consenso "interclassista" na crise atual). É verdade que meu raciocínio se baseia, fundamentalmente, no exemplo da situação e da história francesas, em que hoje a questão da renovação das práticas e das ideologias internacionalistas se coloca de modo incerto. Também é verdade que, na prática, as "nações proletárias" do Terceiro Mundo, ou, mais precisamente, suas massas pauperizadas, e os "novos proletários" da Europa ocidental e de outros lugares – em sua diversidade – têm um mesmo adversário: o racismo institucional e seus prolongamentos ou suas antecipações políticas de massa. E um mesmo obstáculo a superar: a confusão do particularismo étnico ou do universalismo político-religioso com ideologias *em si* libertadoras. Trata-se, provavelmente, do essencial, sobre o que ainda é preciso refletir e investigar não só nos círculos universitários, mas com os demais interessados. Todavia, um mesmo adversário não significa nem os mesmos interesses imediatos, nem a mesma forma de consciência, nem *a fortiori* a totalização das lutas. De fato, essa é apenas uma tendência à qual se opõem obstáculos estruturais. Para que ela se imponha, são necessárias conjunturas favoráveis e práticas políticas. Por isso, em todo este livro, mantive que a (re)constituição em novas bases (e, talvez, com palavras novas) de uma ideologia de classe, suscetível de se opor ao nacionalismo galopante de hoje e de amanhã, tinha como condição – que, de fato, determina seu conteúdo – um antirracismo efetivo.

Para terminar, gostaríamos de agradecer a colegas e amigos que nos deram o prazer de contribuir com suas comunicações nos seminários que deram origem a este livro: Claude Meillassoux, Gérard Noiriel, Jean-Loup Amselle, Pierre Dommergues, Emmanuel Terray, Véronique de Rudder, Michelle Guillon, Isabelle Taboada-Leonetti, Samir Amin, Robert Fossaert, Eric Hobsbawm, Ernest Gellner, Jean-Marie Vincent, Kostas Vergopoulos, Françoise Duroux, Marcel Drach, Michel Freyssenet. Agradecemos também a todos os participantes das discussões – não é possível nomeá-los, mas suas observações não foram formuladas em vão.

# Parte I
# O racismo universal

# 1
# Existe um "neorracismo"?[1]

*Étienne Balibar*

Em que medida convém falar de um neorracismo? Essa questão nos é imposta na atualidade sob formas que, embora variem um pouco de um país para outro, sugerem um fenômeno transnacional. No entanto, ela pode ser entendida em dois sentidos. Por um lado, será que assistimos a um *ressurgimento* histórico de movimentos e políticas racistas, que seria explicado por uma conjuntura de crise ou por outros motivos? Por outro, em seus temas e seu significado social, na realidade, trata-se de um racismo *novo*, irredutível aos "modelos" anteriores, ou de uma simples adaptação estratégica? Aqui me ocupo, antes de mais nada, do segundo aspecto da questão.

Uma primeira observação se impõe. A hipótese de um neorracismo, pelo menos no que diz respeito à França, foi formulada essencialmente a partir de uma crítica interna das *teorias*, dos discursos que tendem a legitimar políticas de exclusão, baseados na antropologia e na filosofia da história. Não houve muita preocupação em encontrar o vínculo entre a novidade das doutrinas e a das situações políticas, a das transformações sociais que dão margem a elas. Em breve, vou demonstrar que a dimensão teórica do racismo, tanto hoje como no passado recente, é historicamente essencial, mas não é autônoma, tampouco é a primordial. O racismo – verdadeiro "fenômeno social total" – se inscreve em práticas (diversas formas de violência, de desprezo, de intolerância, de humilhação, de exploração), em discursos e representações como tantas elaborações intelectuais do fantasma de

---

[1] Parte deste texto foi publicada na revista *Lignes*, n. 2, Paris, Librairie Séguier, 1988.

profilaxia ou de segregação (necessidade de purificar o corpo social, de preservar a identidade do "eu", do "nós", de qualquer promiscuidade, de qualquer mestiçagem, de qualquer invasão), que se articulam em torno de estigmas da alteridade (sobrenome, cor da pele, práticas religiosas). Portanto, ele organiza *afetos* (cujo caráter obsessivo, bem como sua ambivalência "irracional", a psicologia se consagrou a descrever), conferindo-lhes uma forma estereotipada tanto de seus "objetos" quanto de seus "sujeitos". É essa combinação de práticas, de discursos, de representações em uma rede de estereótipos afetivos que permite dar conta da formação de uma *comunidade* racista (ou de uma comunidade de racistas, entre os quais afinidades de "imitação" imperam à distância) e também da forma que, como num espelho, os próprios indivíduos e as próprias coletividades expostos ao racismo (seus "objetos") se veem obrigados a se perceber como comunidade.

Contudo, por mais absoluta que seja a ameaça, é evidente que ela jamais pode se anular como ameaça *para suas vítimas*: nem ser interiorizada sem conflitos (cabe reler Albert Memmi), nem apagar a contradição que faz com que a identidade comunitária seja atribuída a coletividades a quem se nega, ao mesmo tempo, o direito de elas próprias se definirem (cabe reler Frantz Fanon), nem, sobretudo, absorver o excesso permanente de violências praticadas, de atos, nos discursos, nas teorias, nas racionalizações. Do ponto de vista de suas vítimas, há, então, uma assimetria do complexo racista, que confere aos atos e às passagens ao ato uma primazia inegável sobre as doutrinas – ao englobar de forma inevitável, nos atos, não só as violências físicas, as discriminações, mas também as próprias palavras, a violência das palavras enquanto atos de desprezo e de agressão. O que nos leva a relativizar, num primeiro momento, as mudanças de doutrinas e de linguagens: uma vez que, na prática, elas conduzem aos mesmos atos, será que é preciso dar tanta importância às justificativas que sempre conservam a estrutura (de negação do direito) passando da linguagem da religião para a da ciência ou da biologia para a cultura e a história?

Essa observação é justa e até mesmo vital, mas não elimina todo o problema. Na realidade, a destruição do complexo racista supõe não só a revolta de suas vítimas, mas também a transformação dos próprios racistas e, consequentemente, *a decomposição interna da comunidade instituída pelo racismo*. Neste sentido, a situação é perfeitamente análoga, como muitas vezes se tem observado nos últimos vinte anos, à do sexismo, cuja superação supõe a revolta das mulheres e, ao mesmo tempo, a decomposição da comunidade dos "machistas". Ora, as teorias são indispensáveis à formação dessa comunidade. *De fato, não há racismo sem teoria(s)*. É inútil se perguntar se as teorias racistas são, sobretudo, das elites ou das massas, das classes dominantes ou das classes dominadas. Em compensação, é evidente que elas são "racionalizadas" por intelectuais. E é da mais alta importância se interrogar sobre a função que cumprem as teorias eruditas do racismo (cujo protótipo é a antropologia evolucionista das raças "biológicas" constituída no fim do século XIX) na cristalização da comunidade que se estabelece em torno do significante da raça.

Essa função não me parece residir apenas na capacidade de organização geral das racionalizações intelectuais (o que Gramsci chamava de "organicidade" dos intelectuais, e Auguste Comte, de "poder espiritual") nem no fato de as teorias eruditas do racismo elaborarem uma imagem de comunidade, de identidade originária, na qual indivíduos de todas as classes sociais podem se reconhecer. Ela reside, sobretudo, no fato de as teorias eruditas do racismo imitarem a discursividade científica baseando-se em "evidências" visíveis (daí a importância fundamental dos estigmas da raça e, em particular, dos estigmas corporais), ou melhor, no fato de elas imitarem a forma como a discursividade científica articula "fatos visíveis" com causas "escondidas" e, assim, irem ao encontro de uma teorização espontânea inerente ao racismo de massas[2]. Eu arriscaria, então, a ideia de que o complexo racista mistura, de maneira inextricável, uma função crucial de *desconhecimento* (sem o qual não haveria violência suportável para as próprias pessoas que o exercem) e uma "vontade de saber", um violento *desejo de conhecimento* imediato das relações sociais. Funções que não param de se fomentar, uma vez que a própria violência coletiva constitui, para os indivíduos e os grupos sociais, um enigma angustiante para o qual é preciso uma explicação urgente. Aliás, é por isso que a postura intelectual dos ideólogos do racismo é tão singular, por mais refinada que pareça sua elaboração. De forma diferente, por exemplo, dos teólogos, que devem manter uma distância (mas não uma ruptura absoluta, reservando-se o direito de caírem na "gnose") entre especulação esotérica e doutrina boa para o povo, os ideólogos racistas historicamente eficientes sempre constituíram doutrinas "democráticas", de imediato inteligíveis e de antemão adaptadas ao suposto baixo nível de inteligência das massas, inclusive na elaboração de temas elitistas.

---

[2] Colette Guillaumin explicitou perfeitamente essa questão, a meu ver fundamental: "A atividade de categorização é *também* uma *atividade de conhecimento* [...]. Daí, sem dúvida, a ambiguidade da luta contra os estereótipos e as surpresas que ela reserva. A categorização gera tanto o conhecimento como a opressão". *L'Idéologie raciste. Genèse et langage actuel* (Paris/La Haye, Mouton, 1972), p. 183 e seg.

Ou seja, doutrinas capazes de fornecer chaves de interpretações imediatas não só para o que os indivíduos *vivenciam*, mas também para o que eles *são* no mundo social. Neste sentido, são próximas da astrologia, da caracterologia etc., mesmo quando essas chaves adquirem a forma da revelação de um "segredo" da condição humana (ou seja, quando elas comportam um *efeito de segredo* essencial a sua eficácia imaginária. Léon Poliakov ilustrou esse ponto de maneira singular)[3].

Cabe notar que é também o que torna difícil *criticar* o conteúdo do racismo erudito e, sobretudo, sua influência. Na própria construção de suas teorias figura, de fato, o pressuposto segundo o qual o "saber" buscado, desejado pelas massas, é um saber elementar que lhes serve apenas para justificar seus sentimentos espontâneos ou que as reconduz para a verdade de seus instintos. Sabemos que August Bebel classificava o antissemitismo como "socialismo dos imbecis" e que Nietzsche o considerava algo próximo da política dos débeis (o que não o impedia, de modo algum, de retomar por conta própria boa parte da mitologia racial). Nós mesmos, quando caracterizamos as doutrinas racistas como elaborações teóricas propriamente demagógicas, cuja eficácia provém da resposta antecipada que elas dão ao desejo de saber das massas, podemos escapar desse equívoco? *A própria categoria de "massas" (ou de "popular") não é neutra, ela se comunica diretamente com a lógica de naturalização e racização do social.* Para começar a dissipar esse equívoco, não basta considerar o modo como o "mito" racista exerce sua dominação das massas; é preciso também se perguntar por que outras teorias sociológicas, elaboradas no quadro de uma divisão das atividades "intelectuais" e "manuais" (no amplo sentido), não podem se fundir tão facilmente com o desejo de saber. Os mitos racistas ("o mito ariano", o mito da hereditariedade) são como são não só em virtude de seu conteúdo pseudocientífico, mas também por serem formas de superação imaginária do abismo que separa a intelectualidade e a massa, indissociáveis do fatalismo implícito que aprisiona as massas em seu infantilismo supostamente natural.

Podemos, então, retornar ao "neorracismo". O que parece dificultar, aqui, não é tanto *a realidade* do racismo – como eu já disse, a prática é um critério infalível, se não nos deixarmos enganar pelas recusas a reconhecê-la de que ela é objeto, particularmente por uma boa parte da "classe política" que atesta, assim, sua complacência ou sua ignorância –, mas é saber em que medida a relativa novidade da linguagem traduz uma articulação *nova* e durável das práticas sociais e das

---

[3] Léon Poliakov, *Le Mythe aryen* (Paris, Calmann-Lévy, 1971); *La Causalité diabolique* (Paris, Calmann-Lévy, 1980).

representações coletivas, das doutrinas eruditas e dos movimentos políticos. Em síntese, para falar na linguagem de Gramsci, é saber se tem início aqui algo como uma hegemonia.

O funcionamento da categoria *imigração*, enquanto substituta da noção de raça e agente de desagregação da "consciência de classe", nos fornece um primeiro indício. Visivelmente, não estamos só diante de uma operação de camuflagem que se tornou necessária pela infâmia do termo "raça" e seus derivados nem apenas diante de uma consequência das transformações da sociedade francesa. Há muito tempo as coletividades de trabalhadores imigrantes são submetidas a discriminações e violências xenófobas impregnadas de estereótipos racistas. No entreguerras, outro período de crise, foram desencadeadas campanhas contra os "metecos", sobretudo os mediterrâneos, judeus ou não, ultrapassando o âmbito dos movimentos fascistas, e do qual a contribuição do regime de Vichy para a operação hitlerista marcou o resultado lógico. Por que não assistimos, então, à substituição definitiva do significante "biológico" pelo significante "sociológico", como pedra angular das representações do ódio e do medo do outro? Além do peso das tradições propriamente francesas do mito antropológico, é provável que seja, em parte, por causa da ruptura institucional e ideológica que subsistia, na época, entre a percepção da imigração (essencialmente europeia) e as experiências coloniais (por um lado, a França é "invadida"; por outro, ela "domina"). E, em parte, por causa da ausência de um novo modelo de articulação, em escala mundial, entre Estados, povos, culturas[4]. Aliás, existe uma ligação entre essas duas razões. O novo racismo é um racismo da época da "descolonização", do deslocamento dos movimentos de populações entre antigas colônias e antigas metrópoles e da cisão da humanidade no interior de um único espaço político. Do ponto de vista ideológico, o racismo atual, centrado entre nós no complexo da imigração, se inscreve no quadro de um "racismo sem raças" já amplamente desenvolvido fora da França, em especial nos países anglo-saxões: um racismo cujo tema dominante não é a hereditariedade biológica, mas a irredutibilidade das diferenças culturais; um racismo que, à primeira vista, não postula a superioridade de alguns grupos ou povos em relação a outros, mas "somente" o caráter nocivo da destruição das

---

[4] Comparar o modo como, nos Estados Unidos, o "problema negro" continuou separado do "problema étnico" posto pelas sucessivas ondas de imigração europeia e sua recepção, até que, nos anos 1950-1960, um novo "paradigma de etnicidade" levasse a projetar o segundo sobre o primeiro. Cf. Michael Omi e Howard Winant, *Racial Formation in the United States. From the 1960s to the 1980s* (Londres, Routlege/Kegan Paul, 1986).

fronteiras, a incompatibilidade dos gêneros de vida e das tradições – o que se pôde chamar, com toda razão, de *racismo diferencialista*[5].

Para salientar a importância da questão, é preciso em seguida assinalar as consequências políticas dessa mudança. A primeira é uma desestabilização das defesas do antirracismo tradicional, na medida em que sua argumentação é rebatida e até mesmo voltada contra ele (o que Taguieff chama muitíssimo bem de *efeito de retaliação* do racismo diferencialista). Que as raças não constituem unidades biológicas isoláveis, que de fato *não existem* "raças humanas", é imediatamente aceito. Que o comportamento dos indivíduos e suas "atitudes" não se explicam pelo sangue ou mesmo pelos genes, mas por seu pertencimento a "culturas" históricas, também não se discute. Ora, o culturalismo antropológico, totalmente orientado para o reconhecimento da diversidade, da igualdade das culturas – das quais só o conjunto polifônico constitui a civilização humana –, mas também para o reconhecimento da *permanência* trans-histórica das culturas, tinha fornecido a melhor parte de seus argumentos para o antirracismo do pós-guerra, humanista e cosmopolita. Sua contribuição para a luta contra a hegemonia de alguns imperialismos uniformizadores e contra a eliminação das civilizações minoritárias ou dominadas, o "etnocídio", era prova de seu valor. O racismo diferencialista *considera ao pé da letra* essa argumentação. O grande nome da antropologia, Lévi-Strauss, que se distinguira, havia pouco tempo, demonstrando que todas as civilizações são igualmente complexas e necessárias para o desenvolvimento do pensamento humano (*Race et histoire*), se encontra, agora, voluntariamente ou não, a serviço da ideia de que a "mistura das culturas", a supressão das "distâncias culturais", corresponderia à morte intelectual da humanidade e, talvez, até pusesse em risco as regulações que garantem sua sobrevivência biológica (*Race et culture*)[6]. E essa

---

[5] Pierre-André Taguieff, principalmente "Les Présuppositions définitionnelles d'unindéfinissable: le racisme", *Mots*, n. 8, mar. 1984; "L'Identité nationale saisie par les logiques de racisation. Aspects, figures et problèmes du racisme différentialiste", *Mots*, n. 12, mar. 1986; "L'Identité française au miroir du racisme différentialiste", em *Espaces 89, L'identité française* (Paris, Tierce, 1985). A ideia já se encontra nos estudos de Colette Guillaumin. Ver, também, Véronique de Rudder, "L'Obstacle culturel: la différence et la distance", *L'Homme et la société*, n. 77-78, 1985, p. 23-49. Para os países anglo-saxões, comparar com Martin Barker, *The New Racism, Conservatives and the Ideology of the Tribe* (Londres, Junction, 1981).

[6] Claude Lévi-Strauss, *Race et histoire*. Conferência redigida, em 1971, para a Unesco, incluída em *Le Regard éloigné* (Paris, Plon, 1983), p. 21-48. Cf. a crítica de Michael O'Callaghan e Colette Guillaumin, "Race et race... la mode 'naturelle' en sciences humaines", *L'Homme et la société*, n. 31-32, 1974, p. 195-210. De outro ponto de vista, totalmente diferente, Lévi-Strauss é atacado atualmente como partidário do "anti-humanismo" e do "relativismo". Cf. Tzvetan Todorov,

"demonstração" está diretamente relacionada com a tendência "espontânea" dos grupos humanos (na prática, nacionais, ainda que o significado antropológico da categoria política de nação seja evidentemente duvidoso) para preservar suas tradições e, portanto, sua identidade. Desta maneira, o que se revela é que o naturalismo biológico ou genético não é o único modo de naturalização dos comportamentos humanos e dos pertencimentos sociais. À custa de um abandono do modelo hierárquico (mais aparente que real, como veremos), *a cultura também pode funcionar como uma natureza*, em particular como um modo de circunscrever *a priori* os indivíduos e os grupos em uma genealogia, uma determinação da origem imutável e intangível.

Mas esse primeiro efeito de retaliação provoca um segundo, mais cheio de astúcia e, portanto, mais eficaz: se a diferença cultural irredutível é o verdadeiro "meio natural" do homem, a atmosfera indispensável, sua respiração histórica, então o desaparecimento dessa diferença acabará necessariamente provocando reações de defesa, conflitos "interétnicos" e um aumento geral da agressividade. Essas reações, digamos, são "naturais", mas são também perigosas. Por uma surpreendente reviravolta, vemos aqui as próprias doutrinas diferencialistas se proporem a *explicar o racismo* (e evitá-lo).

De fato, assistimos a um deslocamento geral da problemática. Da teoria das raças ou da luta das raças na história humana, fundamentada em bases biológicas ou psicológicas, passamos a uma teoria das "relações étnicas" (ou das *race relations*) na sociedade, *que naturaliza não só o pertencimento racial, mas também o comportamento racista*. Do ponto de vista lógico, o racismo diferencialista é um metarracismo, ou o que poderíamos chamar de racismo de "segunda posição", que se apresenta após lições do conflito entre racismo e antirracismo, como uma teoria, politicamente operante, das causas da agressividade social. Caso se queira evitar o racismo, será preciso evitar o antirracismo "abstrato", ou seja, o desconhecimento das leis psicológicas e sociológicas dos movimentos da população humana; será preciso respeitar os "limites máximos da tolerância", manter as "distâncias culturais", ou seja, em virtude do postulado segundo o qual os indivíduos são os

---

"Lévi-Strauss entre universalisme et relativisme", *Le Débat*, n. 42, nov.-dez. 1986, p. 173-92; Alain Finkielkraut, *La Défaite de la pensée* (Paris, Gallimard, 1987). Não só a discussão não está concluída, como está apenas começando. De minha parte, defendo não apenas que a doutrina de Lévi-Strauss "é racista", como também que as teorias racistas dos séculos XIX e XX se constroem no campo conceitual do humanismo; portanto, não é assim que poderemos discriminá--las. Cf. meu estudo "Racismo e nacionalismo" [cap. 3 deste livro].

herdeiros e os portadores exclusivos de uma única cultura, segregar as coletividades (a fronteira nacional ainda é a melhor barreira nesse caso). E, aqui, saímos da especulação para desembocar diretamente na política e na interpretação da experiência cotidiana. Sem dúvida, "abstrato" não é um atributo epistemológico, trata-se de um juízo de valor que se aplica quanto mais concretas ou efetivas forem as práticas correspondentes: programas de modernização urbana, luta contra as discriminações e até mesmo contra a discriminação reversa na escola e no emprego (o que a nova direita estadunidense chama de *reverse discrimination*; na França também, cada vez com mais frequência, mentes "moderadas", que não têm nada a ver com qualquer movimento extremista, pretendem explicar que "foi o antirracismo que criou o racismo", por sua agitação política, seu modo de "provocar" os sentimentos de pertencimento nacional da massa de cidadãos)[7].

Não é por acaso que as teorias do racismo diferencialista (doravante, suscetível de se apresentar como o *verdadeiro antirracismo* e, portanto, o verdadeiro humanismo) estão facilmente relacionadas com a retomada da popularidade da qual desfruta a "psicologia das massas" enquanto explicação geral dos movimentos irracionais, da agressividade e da violência coletiva, em particular da xenofobia. Vê-se, aqui, em pleno funcionamento, o duplo jogo que mencionei anteriormente: apresentação de uma explicação para a massa sobre sua própria "espontaneidade" e desvalorização implícita dessa mesma massa considerada multidão "primitiva". Os ideólogos neorracistas não são místicos da hereditariedade, e sim técnicos "realistas" da psicologia social...

Ao apresentar assim os efeitos de retaliação do neorracismo, simplifico certamente sua gênese e a complexidade de suas variações internas, mas quero salientar os componentes estratégicos de seu desenvolvimento. As correções e os complementos necessários podem ser apenas esboçados aqui.

A ideia de um "racismo sem raça" não é tão revolucionária quanto se poderia imaginar. Sem entrar na análise das flutuações de sentido da palavra "raça", cujo uso pela filosofia da história de fato preexiste a qualquer reinscrição da "genealogia" na

---

[7] Nos países anglo-saxões, esses temas são abundantemente ilustrados pela "etologia humana" e pela "sociobiologia". Na França, sua base é diretamente culturalista. Para aprofundamento do tema, segundo pontos de vista que vão de teóricos da nova direita a universitários mais ponderados, ver André Béjin e Julien Freund (orgs.), *Racismes, antiracismes* (Paris, Méridiens-Klincksieck, 1986). É útil informar que existe uma versão de divulgação, publicada em um periódico popular de grande tiragem: Guillaume Faye (org.), "Dossier choc: Immigrés: Demain la haine", *J'ai tout compris*, n. 3, jun. 1987.

"genética", é preciso assinalar alguns grandes fatos históricos, por mais desordenados que estejam (para uma vulgata antirracista, mas também para as reviravoltas a que o neorracismo a submete).

Sempre existiu um racismo do qual o conceito pseudobiológico de raça não é a força motriz, no próprio plano das elaborações teóricas secundárias, e cujo protótipo é o antissemitismo. *Já* o antissemitismo moderno – aquele que começa a se cristalizar na Europa do Iluminismo e até mesmo desde a inflexão estatal e nacionalista do antijudaísmo teológico na Espanha da Reconquista e da Inquisição – é um racismo "culturalista". Os estigmas corporais, sem dúvida, têm nele um grande lugar fantasmático, mas mais enquanto signos de uma psicologia profunda, de uma herança espiritual, que de uma hereditariedade biológica[8]. Esses signos são mais reveladores, se é que podemos dizer assim, quanto menos visíveis forem. E o judeu é mais "verdadeiro" quanto mais indiscernível for. Sua essência é a de uma tradição cultural, um germe de desagregação moral. O antissemitismo é, por excelência, "diferencialista", e, em diversos aspectos, todo racismo diferencialista atual pode ser considerado, do ponto de vista da forma, *um antissemitismo generalizado*. Essa consideração é importante para interpretar a arabofobia contemporânea, principalmente na França, uma vez que ela carrega consigo uma imagem do islamismo considerado como "visão do mundo" incompatível com a europeidade e com o projeto de dominação ideológica universal; portanto, uma confusão sistemática sobre os "valores culturais árabes" e o "islamismo".

---

[8] Ruth Benedict, entre outros, constatou isso a propósito de Houston Stewart Chamberlain: "*Chamberlain, however, did not distinguish Semites by physical traits or by genealogy; Jews, as he knew, cannot be accurately separated from the rest of the population in modern Europe by tabulated anthropomorphic measurements. But they were enemies because they had special ways of thinking and acting. 'One can very soon become à Jew…' etc.*" ["Chamberlain, no entanto, não distinguia semitas por traços físicos ou por genealogia; judeus, como ele sabia, não podiam ser separados, com precisão, do resto da população na Europa moderna, por avaliações antropomórficas codificadas. Mas eles eram inimigos porque tinham modos específicos de pensar e de atuar. 'Qualquer um pode se tornar judeu muito rápido […]' etc."]. Ruth Benedict, *Race and Racism* (Londres, Routlege/Kegan Paul, 1983 [1942]), p. 132 e seg. Do ponto de vista dela, isso é sinal da "franqueza" de Chamberlain e, ao mesmo tempo, de sua "contradição" interna. Essa contradição tornou-se a regra e, de fato, não é a única. No antissemitismo, como se sabe, o tema da inferioridade do judeu é muito menos importante que o de sua alteridade irredutível. Não raro, ele se compraz em descrever a "superioridade" intelectual, como comerciante, comunitária, dos judeus, que os torna mais "perigosos" ainda. E a operação nazista frequentemente se reconhece como operação de *redução* dos judeus à "sub-humanidade" mais que como consequência de uma sub-humanidade *de fato*: é exatamente por isso que ela não pode se limitar à escravidão e tem de chegar à exterminação.

O que volta nossa atenção para um fato histórico, ainda mais difícil de admitir e, no entanto, crucial, sobre a forma nacional francesa das tradições racistas. Sem dúvida, existe uma linhagem especificamente francesa de doutrinas do arianismo, da antropometria e da genética biológica, mas a verdadeira "ideologia francesa" não está nelas: está na ideia de uma missão universal de educação do gênero humano pela cultura do "país dos direitos do homem", à qual corresponde a prática da assimilação das populações dominadas e, consequentemente, a necessidade de diferenciar e de hierarquizar os indivíduos ou os grupos segundo sua *maior ou menor disposição ou resistência à assimilação*. Foi essa forma ao mesmo tempo sutil e esmagadora de exclusão/inclusão que se desenvolveu na colonização e na variante propriamente francesa (ou "democrática") do "fardo do homem branco". Tentarei retomar, depois, os paradoxos do universalismo e do particularismo no funcionamento das ideologias racistas ou nos aspectos racistas do funcionamento das ideologias[9].

Ao contrário, não é difícil ver que, nas doutrinas neorracistas, a supressão do tema da hierarquia é mais aparente que real. De fato, a ideia de hierarquia, cujo absurdo pode até ser proclamado ruidosamente, é reconstituída, por um lado, no uso *prático* da doutrina (portanto, não tem necessidade de ser enunciada de maneira explícita); por outro, no próprio tipo de *critério* aplicado para pensar a diferença das culturas (e vemos entrar em ação, de novo, os recursos lógicos da "segunda posição" do metarracismo).

A profilaxia da mistura se exerce, de fato, em lugares onde a cultura *instituída* é a do Estado, das classes dominantes e, pelo menos oficialmente, das massas "nacionais" cujo estilo de vida e de pensamento é legitimado pela instituição: ela funciona, então, como uma sentença de expressão e de promoção social de mão única. Nenhum discurso teórico sobre a dignidade de todas as culturas compensará, na realidade, o fato de, para um "*Black*" na Inglaterra ou um "magrebino" na França, a assimilação exigida para "se integrar" à sociedade na qual ele já vive (assimilação que será sempre suspeita de ser superficial, imperfeita, simulada) ser apresentada como um progresso, uma emancipação, uma concessão de direitos. E, por trás dessa situação, encontram-se variantes apenas renovadas da ideia de que as culturas históricas da humanidade se dividem em duas grandes classes: as que seriam universalistas, progressistas, e as que seriam irremediavelmente particularistas, primitivas. Não é por acaso que se dá o paradoxo: um racismo diferencialista "consequente" seria conservador de maneira uniforme, em favor

---

[9] Cf. meu estudo "Racismo e nacionalismo", cit.

da invariabilidade de *todas* as culturas. Ele o é de fato, pois, sob o pretexto de proteger a cultura e o estilo de vida europeus do "terceiro-mundismo", ele lhes fecha utopicamente qualquer via de evolução real. No mesmo instante, porém, reintroduz a velha distinção das sociedades "fechadas" e "abertas", "estagnadas" e "dinâmicas", "frias" e "quentes", "gregárias" e "individualistas" etc. Distinção que, por sua vez, representa toda a ambiguidade da noção de *cultura* (de maneira específica, é o caso francês!).

A diferença das culturas, consideradas entidades (ou estruturas simbólicas) separadas (*Kultur*), remete à desigualdade cultural no próprio espaço "europeu" ou, melhor, à "cultura" (*Bildung*, erudita e popular, técnica e folclórica etc.) como *estrutura de desigualdades* tendencialmente reproduzidas em uma sociedade industrializada, escolarizada, cada vez mais internacionalizada, mundializada. *As culturas "diferentes" são aquelas que constituem obstáculos ou são instituídas como obstáculos (pela escola, pelas normas da comunicação internacional) para a aquisição da* cultura. Reciprocamente, os "*handicaps* culturais" das classes dominadas se apresentam como equivalentes práticos da situação jurídica de um estrangeiro ou como estilos de vida particularmente expostos aos efeitos destruidores da "mistura" (ou seja, expostos aos efeitos das condições materiais nas quais se efetua a "mistura")[10]. Essa presença latente do tema hierárquico (do mesmo modo que, na época anterior, o racismo abertamente desigualitário, para poder enunciar o postulado de uma invariabilidade essencial dos tipos raciais, devia pressupor uma antropologia diferencialista, baseada na genética ou na *Völkerpsychologie*) se expressa, hoje, de modo privilegiado na predominância do modelo *individualista*: as culturas implicitamente superiores seriam as que valorizam e favorecem o empreendimento "individual", o individualismo social e político, em oposição às que o bloqueiam. Seriam, então, as culturas cujo "espírito comunitário" é exatamente constituído pelo individualismo.

Por isso mesmo, compreendemos o que, enfim, autoriza a *volta do tema biológico*, a elaboração de novas variantes do "mito" biológico no âmbito de um racismo

---

[10] Evidentemente, é a essa subsunção da diferença "sociológica" *das* culturas sob a hierarquia institucional *da* cultura, instância decisiva da classificação social e de sua naturalização, que é preciso atribuir a gravidade dos "conflitos raciais" e do ressentimento provocados pela presença dos imigrantes na escola, mais agudos que aqueles provocados pela simples vizinhança dos imigrantes. Cf. Serge Boulot e Danielle Boyson-Fradet, "L'Échec scolaire des enfants de travailleurs immigrés", *Les Temps modernes, L'Immigration maghrébine en France*, n. 452, mar.-abr.-maio 1984.

cultural. Sabemos que existem situações nacionais diferentes no que se refere a essa questão. Os modelos teóricos etológicos e sociobiológicos (eles mesmos, em parte, convergentes) são mais influentes nos países anglo-saxões, onde sucedem a tradições do social-darwinismo e do eugenismo, ao mesmo tempo que confirmam diretamente os objetivos políticos de um neoliberalismo de guerra[11]. No entanto, mesmo essas ideologias biologizantes dependem fundamentalmente da "revolução diferencialista". O que elas visam a explicar não é a constituição de raças, mas a importância vital de barreiras culturais e das tradições para a acumulação das aptidões individuais e, sobretudo, as bases "naturais" da xenofobia e da *agressividade* social. A agressividade é uma essência fictícia, cuja invocação é comum ao neorracismo em todas as suas formas, e, no caso, permite *que o biologismo ganhe mais importância*: sem dúvida, não existem "raças", existem apenas populações e culturas, mas há causas e efeitos biológicos (e biopsíquicos) da cultura e reações biológicas à diferença cultural (que se formariam como traço indelével da "animalidade" do homem sempre ligado ainda a sua "família" ampliada e a seu "território"). Ao contrário, onde o culturalismo puro parece dominante (como na França), assistimos à sua deriva progressiva para a elaboração do discurso sobre a biologia, sobre a cultura enquanto regulação externa do "ser vivo", de sua reprodução, de suas performances, de sua saúde. Michel Foucault, entre outros, o havia pressentido[12].

É bem possível que as variantes atuais do neorracismo constituam apenas uma formação ideológica de transição, destinada a evoluir para discursos e tecnologias sociais em que o aspecto de narrativa histórica dos mitos genealógicos (o jogo de substituições entre raça, povo, cultura, nação) de certa forma desapareça diante do aspecto de avaliação psicológica das aptidões intelectuais, das "disposições" para a vida social "normal" (ou, ao contrário, para a criminalidade e o desvio em relação às normas), para a reprodução "perfeita" (do ponto de vista tanto afetivo quanto sanitário, eugênico etc.), de aptidões e disposições que uma série de ciências cognitivas, sociopsicológicas, estatísticas se proporia, então, a avaliar, selecionar e controlar, dosando as partes da hereditariedade e do ambiente... Ou

---

[11] Cf. Martin Barker, *The New Racism*, cit.
[12] Michel Foucault, *La Volonté de savoir* (Paris, Gallimard, 1976) [ed. bras.: *História da sexualidade*, v. 1: *A vontade do saber*, trad. J. A. Guilhon Albuquerque e Maria Thereza da Costa Albuquerque, Rio de Janeiro, Paz e Terra, 2014]. Obs.: Só depois de redigir este estudo, tomei conhecimento do livro de Pierre-André Taguieff, *La Force du préjugé. Essai sur le racisme et ses doubles* (Paris, La Découverte, 1988), no qual ele desenvolve consideravelmente, completa e reorienta as análises a que já me referi. Espero poder discuti-lo em breve, como ele merece.

seja, rumo a um "pós-racismo". Acredito nisso mais ainda porque a mundialização das relações sociais, dos deslocamentos de populações, no âmbito de um sistema de Estados nacionais, levará cada vez mais a repensar a noção de "fronteira" e a reduzir a velocidade de suas modalidades de aplicação para lhe conferir uma função de profilaxia social e ligá-la a situações mais individualizadas, enquanto as transformações tecnológicas vão fazer com que a desigualdade educacional e as hierarquias intelectuais desempenhem um papel cada vez mais importante na luta de classes, considerando a perspectiva de uma seleção tecnopolítica generalizada dos indivíduos. A verdadeira "era das massas", na época das nações-empresas, talvez esteja diante de nós.

# 2
## As tensões ideológicas do capitalismo: universalismo *versus* racismo e sexismo

*Immanuel Wallerstein*

Durante muito tempo nos contaram que o mundo moderno havia sido o primeiro a ultrapassar os limites de lealdades locais restritas e a proclamar a irmandade universal dos homens. Ou assim nos disseram até a década de 1970. Desde então, tomamos consciência de que a própria terminologia da doutrina universalista, como a expressão "a irmandade dos homens", a desmente, uma vez que ela é de gênero masculino e, portanto, implicitamente exclui ou relega à esfera secundária todas as mulheres. Seria fácil multiplicar o número de exemplos linguísticos, todos eles revelando uma tensão básica entre a legitimação ideológica contínua do universalismo no mundo moderno e a realidade contínua (material e ideológica) do racismo e do sexismo neste mesmo mundo. É essa tensão – ou, mais precisamente, essa contradição – que queremos discutir, pois as contradições não só possibilitam a força dinâmica dos sistemas históricos, como revelam suas características essenciais.

Uma coisa é perguntar de onde vem a doutrina universalista e de que maneira ela é amplamente compartilhada, ou por que o racismo e o sexismo existem e persistem. Outra bem diferente é investigar cuidadosamente as origens do emparelhamento das duas ideologias. Na verdade, o que se pode demonstrar é a relação simbiótica entre elas que, supostamente, são opostas. Comecemos com um aparente paradoxo. As crenças universalistas têm sido o principal desafio para o racismo e o sexismo; e as crenças racistas e sexistas têm sido o principal desafio para o universalismo. Suponhamos que os componentes de cada conjunto de crenças sejam pessoas em campos opostos. Só às vezes nos permitimos observar que o inimigo, como disse Pogo*, somos nós; que a maioria de nós (talvez todos) acha perfeitamente possível seguir duas doutrinas ao mesmo tempo. Não há dúvida de que isso deve ser deplorado; além disso, deve ser explicado por meio de mais argumentos e não só pela simples alegação de que é hipocrisia, pois esse paradoxo (ou essa hipocrisia) é persistente, amplamente difundido e estrutural. Não se trata de uma falha humana passageira.

Em sistemas históricos anteriores, era mais fácil ser coerente. No entanto, as estruturas e as premissas de muitos deles variavam, eles não hesitavam em fazer diferenciação moral e política entre os membros de um sistema e os que não pertenciam a ele. Nessa diferenciação, tanto as crenças quanto as qualidades morais superiores dos membros do sistema e seu senso de obrigação de uns para com outros tinham primazia sobre quaisquer conceitos abstratos a respeito da espécie humana, desde que essas abstrações fossem realmente declaradas. Mesmo as três religiões mundiais monoteístas – judaísmo, cristianismo e islamismo – faziam essas diferenciações entre adeptos e não adeptos, apesar de seu compromisso hipotético com um único Deus responsável por uma espécie humana singular.

Este ensaio discute, em primeiro lugar, as origens das doutrinas universalistas; em seguida, as fontes do racismo e do sexismo modernos; e, finalmente, como se dá na realidade a combinação dessas duas ideologias não só do ponto de vista de suas causas, mas também no que concerne a suas consequências.

Há duas maneiras fundamentais de explicar as origens do universalismo como ideologia de nosso sistema histórico atual. Uma é ver o universalismo como o ápice de uma tradição intelectual mais antiga. A outra é vê-lo como uma ideologia apropriada a uma economia-mundo capitalista. E elas não são necessariamente contraditórias. O argumento de que ele é o resultado ou o ápice de uma longa tradição está relacionado de maneira precisa com as três religiões monoteístas. Tem-se argumentado que o salto moral crucial ocorreu quando os humanos (ou alguns humanos) *pararam* de acreditar em um deus tribal e reconheceram a unicidade de Deus e, portanto, de forma implícita, a unicidade da humanidade. Na verdade, continua o argumento, as três religiões monoteístas seguem apenas em parte a lógica de sua posição. O judaísmo esculpiu uma posição especial de povo escolhido por Deus e relutou em estimular a adoção de membros. O cristianismo e o islamismo eliminaram as barreiras para a entrada no grupo dos escolhidos e, de fato, seguiram em outra direção com o proselitismo. Mas tanto o cristianismo

---

* Personagem de história em quadrinhos do cartunista Walt Kelly (1913-1973). (N. T.)

quanto o islamismo usualmente exigiam um ato afirmativo de lealdade (que um adulto antes descrente poderia fazer por meio de uma conversão formal) para ganhar pleno acesso ao reino de Deus. O pensamento moderno do Iluminismo, dizem, simplesmente deu um passo adiante nessa lógica monoteísta, derivando igualdade moral e direitos humanos da própria natureza humana, características com as quais todos nascemos, e o resultado disso é que nossos direitos tornaram-se prerrogativas mais que privilégios adquiridos.

Essa não é uma história equivocada das ideias. Temos vários documentos importantes do fim do século XVIII referentes à questão político-moral que refletem essa ideologia do Iluminismo, documentos aos quais foram dadas amplas credibilidade e sustentação, como resultado de importantes insurreições políticas (a Revolução Francesa, a descolonização das Américas etc.). Além disso, podemos levar adiante a história ideológica. Havia *de facto* muitas omissões nesses documentos ideológicos do século XVIII – sobretudo relativas a pessoas não brancas e mulheres. Mas, com o passar do tempo, essas e outras foram retificadas, incluindo explicitamente esses grupos sob o título de doutrina universalista. Atualmente, mesmo aqueles movimentos sociais, cuja *raison d'être* [razão de ser] é a implementação de políticas racistas e sexistas, tendem, no mínimo, a falar da boca para fora que são a favor da ideologia do universalismo, dando a impressão, por isso, de considerarem um tanto vergonhoso declarar publicamente em que acreditam com sinceridade e pensam que deveria orientar as prioridades políticas. Portanto, não é difícil derivar da história das ideias uma espécie de curva ascendente secular de aceitação da ideologia universalista e, com base nessa curva, alegar a existência de um tipo inevitável de processo histórico mundial em funcionamento.

No entanto, também parece muito convincente a afirmação de que, uma vez que o universalismo tem sido seriamente seguido como doutrina política no mundo moderno, suas origens devem ser procuradas na infraestrutura socioeconômica desse mundo. A economia-mundo capitalista é um sistema baseado na acumulação contínua de capital. Um dos principais mecanismos que torna isso possível é a mercantilização de tudo. Essas mercadorias circulam em um mercado mundial na forma de bens, de capital e de força de trabalho. É presumível que, quanto mais livre a circulação, maior o grau de mercantilização. Por conseguinte, tudo o que restringe a circulação é hipoteticamente contraindicado.

Tudo o que impede que os bens, o capital e a força de trabalho sejam uma mercadoria vendável serve para restringir esses fluxos. Tudo o que usa como critérios para avaliar bens, capital ou força de trabalho algo diferente de seu valor de mercado e, então, dá prioridade a essas outras avaliações torna o item, em alguma medida, não vendável ou, no mínimo, menos vendável. Portanto, por uma espécie de lógica impecável, qualquer tipo de particularismo, seja ele qual for, é considerado incompatível com a lógica de um sistema capitalista ou, pelo menos, um obstáculo para seu perfeito funcionamento. Consequentemente, em um sistema capitalista é imperativo defender uma ideologia universalista e agir de acordo com ela como elemento essencial na busca incessante da acumulação de capital. Por isso falamos de relações sociais capitalistas como um "solvente universal", que funciona para reduzir tudo a uma forma de mercadoria homogênea representada por uma simples medida de dinheiro.

Supõe-se que isso tenha duas consequências principais. Dizem que permite a maior eficiência possível na produção de bens. Especificamente, no que se refere à força de trabalho, se tivermos uma "carreira aberta a talentos" (um dos *slogans* concebidos na Revolução Francesa), é provável que coloquemos as pessoas mais competentes na ocupação mais apropriada a elas na divisão internacional do trabalho. E, de fato, desenvolvemos mecanismos institucionais inteiros – sistema de escolas públicas, serviço público, normas antinepotismo – para estabelecer o que hoje chamamos de sistema "meritocrático".

Além disso, dizem, a meritocracia não só é eficiente economicamente, mas também estabilizadora em termos políticos. Uma vez que existem desigualdades na distribuição de remunerações no capitalismo histórico (assim como em sistemas históricos anteriores), o ressentimento dos que recebem menores remunerações para com aqueles que recebem maiores é menos intenso, porque, argumenta-se, sua justificativa se baseia no mérito, não na tradição. Ou seja, pensa-se que o privilégio obtido por mérito é, de alguma maneira, mais aceitável moral e politicamente, pela maioria das pessoas, que o privilégio obtido por herança.

Essa é uma sociologia política duvidosa. De fato, o que acontece é exatamente o oposto disso. Enquanto o privilégio obtido por herança durante muito tempo era, no mínimo em alguma medida, aceitável para os oprimidos com base em crenças místicas ou fatalistas em uma lei eterna que, ao menos, acredita-se, lhes dava o conforto da inevitabilidade, o privilégio obtido porque é possível que alguém seja mais inteligente e com certeza mais instruído que outro é extremamente difícil de engolir, exceto pelos poucos que estão em ascensão. Ninguém, a não ser o próprio, gosta de um *yuppie* ou o admira. Príncipes, pelo menos, podem ser vistos como um pai benevolente. Um *yuppie* não passa de um irmão ultraprivilegiado. O sistema meritocrático é um dos menos estáveis do ponto de vista político. E é precisamente devido a essa fragilidade política que o racismo e o sexismo entram em cena.

A suposta curva ascendente da ideologia universalista durante muito tempo foi considerada teoricamente correlacionada a uma curva decrescente do grau de desigualdade provocado pela raça ou pelo gênero, ambos como ideologia e como fato. No entanto, na prática, isso não ocorreu. Talvez possamos até apresentar o argumento inverso, segundo o qual as desigualdades das curvas de raça e de gênero, na realidade, aumentaram no mundo moderno ou, pelo menos, não diminuíram; e, sem dúvida, de fato, é possível que até enquanto ideologia o mesmo tenha ocorrido com essas curvas. Para ver por que isso acontece, devemos observar o que as ideologias do racismo e do sexismo afirmam.

O racismo não é apenas uma atitude de desdém por uma pessoa de outro grupo, definido por critérios genéticos (como a cor da pele) ou sociais (filiação religiosa, padrões culturais, preferência linguística etc.), nem de medo dessa pessoa. Em geral, o racismo inclui desdém e medo, mas é muito mais que isso. Desdém e medo são secundários em relação ao que define a prática do racismo na economia-mundo capitalista. De fato, seria possível até argumentar que desdém e medo do outro (xenofobia) são aspectos do racismo que envolvem contradição.

Em todos os sistemas históricos anteriores, a xenofobia teve uma consequência comportamental básica: a expulsão do "bárbaro" do espaço físico da comunidade, da sociedade, do grupo que compartilhava interesses e atitudes, sendo a morte a versão extrema dessa expulsão. Sempre que expulsamos fisicamente o outro, ganhamos a "pureza" do ambiente que provavelmente buscamos, mas é inevitável, ao mesmo tempo, perdermos algo. Perdemos a força de trabalho da pessoa expulsa e, portanto, sua contribuição para criar um excedente de que poderíamos nos apropriar diversas vezes. Isso representa uma perda para qualquer sistema histórico, mas ela é particularmente significativa no caso de um sistema cuja estrutura e cuja lógica são construídas em torno da acumulação contínua de capital.

Um sistema capitalista em expansão (o que é frequente) necessita de toda a força de trabalho que encontra, uma vez que esse trabalho gera as mercadorias por meio das quais mais capital é produzido, realizado e acumulado. A expulsão de alguém do sistema é infrutífera. Mas, se quisermos maximizar a acumulação de capital, é preciso minimizar os custos de produção (portanto, os custos da força de trabalho) e, ao mesmo tempo, os custos da agitação política (minimizar, não eliminar, pois não é possível eliminar os protestos da força de trabalho). O racismo é a fórmula mágica que concilia esses objetivos.

Observemos rapidamente uma das primeiras e mais famosas discussões sobre o racismo enquanto ideologia. Quando os europeus chegaram ao Novo Mundo, encontraram um grande número de pessoas que eles massacraram, diretamente pela espada ou indiretamente com doenças. Um frade espanhol, Bartolomeu de las Casas, defendeu a causa desses povos, argumentando que os índios tinham alma a ser salva. Acompanhemos as consequências do argumento de Las Casas, que obteve a aquiescência formal da Igreja e, finalmente, dos governos. Uma vez que os índios tinham alma, eram seres humanos, e as normas do direito natural aplicavam-se a eles. Portanto, do ponto de vista moral, ninguém tinha permissão para massacrá-los indiscriminadamente (nem para expulsá-los do território). Em vez disso, a obrigação era salvar sua alma (ou seja, convertê-los ao valor universalista do cristianismo). Já que eles deveriam, então, continuar vivos e provavelmente a caminho da conversão, poderiam ser integrados à força de trabalho – de acordo com suas habilidades, é claro, o que significava no nível mais baixo da hierarquia ocupacional e da recompensa.

Do ponto de vista operacional, o racismo adquiriu a forma do que se poderia chamar de "etnicização" da força de trabalho – com isso quero dizer que sempre existiu uma hierarquia de ocupações e remunerações com tendência a se correlacionar com alguns critérios conhecidos como sociais. Mas, enquanto o padrão de etnicização permanecia constante, os detalhes variavam de um lugar para outro e de uma época para outra, de acordo com a localização específica de alguns grupos genéticos e sociais e o período em que ela se dava; variavam também conforme as necessidades hierárquicas da economia naqueles períodos e lugares.

Ou seja, o racismo sempre combinou alegações baseadas na continuidade do passado (genético e/ou social) com uma flexibilidade orientada para o presente, definindo os limites exatos dessas entidades reificadas que chamamos de raças ou de agrupamentos étnico-nacional-religiosos. A flexibilidade de alegar uma ligação com os limites do passado, combinada com a constante mudança desses limites no presente, adquire a forma de criação e constante recriação de comunidades ou de grupos raciais e/ou étnico-nacional-religiosos. Eles sempre existiram e sempre foram hierarquizados, mas nem sempre são os mesmos. Alguns grupos podem se mover no sistema de classificação; alguns podem desaparecer ou se juntar a outros; outros, ainda, se dividem e geram novos. Mas há sempre alguns que são "pretos"*. Se nenhum deles é negro ou existem poucos para desempenhar o papel, há quem invente "negros brancos".

Esse tipo de sistema – racismo constante na forma e no rancor, mas em certa medida com limites flexíveis – faz três coisas extremamente bem. Permite que se expandam ou se contraiam os contingentes disponíveis, de acordo com as necessidades presentes em qualquer espaço e tempo específicos, para ocupações menos remuneradas e menos gratificantes. Ele dá origem e constantemente recria comunidades sociais que, na realidade, socializam crianças para desempenharem papéis apropriados (embora, é óbvio, também as socializem para formas de resistência). E fornece uma base não meritocrática para justificar a desigualdade. Este último ponto merece ser salientado. Precisamente porque o racismo é antiuniversalista, em matéria de doutrina, é que ele ajuda a manter o capitalismo como sistema. Ele permite uma remuneração, a um maior segmento da força de trabalho, bem mais baixa que aquela que poderia, em qualquer ocasião, ser justificada com base no mérito.

Contudo, se o capitalismo como sistema gera o racismo, ele precisa gerar também o sexismo? Sim, pois, na realidade, os dois estão estreitamente ligados. A etnicização da força de trabalho existe de modo a permitir salários muito baixos para segmentos inteiros da mão de obra. Esses baixos salários de fato só são possíveis porque os assalariados se estabelecem em estruturas domésticas nas quais a renda proveniente do salário vital corresponde a apenas uma proporção relativamente pequena da renda doméstica total. Essas estruturas domésticas necessitam contar com uma ampla contribuição do trabalho para a chamada subsistência e para as compras triviais – em parte, pelo homem adulto, sem dúvida, mas em muito maior parte pela mulher adulta e pelos jovens e idosos de ambos os sexos.

Nesse sistema, essa contribuição do trabalho não assalariado "compensa" a baixa renda salarial e, portanto, de fato representa um subsídio indireto para os empregadores dos assalariados que vivem nessas estruturas domésticas. O sexismo permite que não pensemos sobre isso. O sexismo não é apenas a imposição de papéis profissionais diferentes, ou até menos apreciados, para mulheres, da mesma maneira que o racismo não é apenas xenofobia. Assim como o racismo pressupõe manter as pessoas em um sistema de trabalho, não as expulsar dele, o sexismo tem o mesmo propósito.

---

\* No sentido pejorativo do termo, como mencionou o autor com a palavra "*niggers*" e, no fim do parágrafo, com a expressão "*White niggers*". (N. T.)

O modo como induzimos as mulheres – assim como jovens e idosos – a trabalhar para criar um mais-valor para os proprietários do capital, que nem sequer lhes pagam um pouquinho, é proclamando que seu trabalho, de fato, não é trabalho. Inventamos a "dona de casa" e afirmamos que ela não está "trabalhando", está meramente "mantendo a casa". Assim, quando os governos calculam a porcentagem da chamada força de trabalho ativa empregada, as "donas de casa" não entram no numerador nem no denominador do cálculo. E, com o sexismo, automaticamente tem-se o etarismo. Da mesma maneira que supomos que o trabalho da dona de casa não esteja criando mais-valor, imaginamos que as múltiplas contribuições dos jovens e dos idosos não assalariados também não o façam.

Nada disso reflete a realidade do trabalho. Mas equivale a uma ideologia que é extremamente poderosa e que reúne tudo. A combinação do universalismo com a meritocracia serve como base para que os executivos ou estratos médios possam legitimar o sistema, e a combinação do racismo com o sexismo serve para que a maioria da força de trabalho funcione muito bem. Mas até certo ponto – e por uma simples razão: os dois modelos ideológicos da economia-mundo capitalista estão em clara contradição um com o outro. Essa combinação cuidadosamente preparada ameaça sempre escapar das mãos, quando vários grupos começam a desenvolver a lógica do universalismo, por um lado, e a do racismo-sexismo, por outro bem diferente.

Sabemos o que acontece quando o racismo e o sexismo vão longe demais. Os racistas podem logo tentar expulsar o grupo com o qual não se identificam totalmente, como no caso do massacre dos judeus pelos nazistas; menos rapidamente, como no esforço para atingir o *apartheid* total. Consideradas nesse extremo, essas doutrinas são irracionais e, como tais, encontram resistência. Obviamente, encontram resistência por parte das vítimas, mas também de forças econômicas poderosas que não fazem objeção ao racismo, e sim ao fato de que seu objetivo principal – uma força de trabalho etnicizada, produtiva – seja esquecido.

Podemos também imaginar o que acontece quando o universalismo vai longe demais. Algumas pessoas podem tentar implementar uma genuína distribuição igualitária dos postos de trabalho e das remunerações da qual a raça (ou seu equivalente) e o gênero realmente não participem. Se o racismo vai longe demais, não há nenhum caminho rápido que possa levar o universalismo muito longe, pois é preciso eliminar não só as barreiras legais e institucionais para o universalismo, mas também os padrões de etnicização internalizados, e isso inevitavelmente requer, no mínimo, uma geração. Assim, é muito mais fácil evitar que o universalismo vá muito longe. Em nome do próprio universalismo, basta denunciar o chamado racismo reverso sempre que forem tomadas medidas para desmantelar os aparatos institucionalizados do racismo e do sexismo.

Portanto, o que vemos é um sistema que funciona por meio de uma ligação tensa entre a dosagem certa de universalismo e de racismo-sexismo. Há sempre esforços para mover um lado ou o outro dessa equação para "muito longe". O resultado disso é uma espécie de padrão zigue-zague que poderia continuar para sempre, não fosse um problema. Com o tempo, os zigues e os zagues ficam maiores, nunca menores. O impulso em direção ao universalismo é cada vez mais forte. Assim como o direcionado ao racismo e ao sexismo. As apostas aumentam por dois motivos.

Por um lado, existe o impacto informacional do acúmulo da experiência histórica por todos os participantes. Por outro, as tendências seculares do próprio sistema. Pois o zigue-zague do universalismo e do racismo-sexismo não é o único zigue-zague no sistema. Há também, por exemplo, o zigue-zague da expansão e da contração econômica, com o qual o zigue-zague ideológico do universalismo e do racismo-sexismo está correlacionado. O zigue-zague econômico também se torna mais intenso. Por que isso acontece é outra história. Todavia, quando as contradições gerais do moderno sistema-mundo provocam no sistema uma longa crise estrutural, o ponto institucional-ideológico mais crítico da busca de um sistema sucessor se encontra, de fato, na tensão intensa, no aumento de zigues e zagues entre o universalismo e o racismo-sexismo. Não se trata de qual metade dessa antinomia vencerá em alguma medida, uma vez que elas estão estreita e conceitualmente ligadas entre si. Trata-se de saber se e como inventaremos novos sistemas que não utilizem nem a ideologia do universalismo nem a do racismo-sexismo. Essa é nossa tarefa, e ela não é fácil.

# 3
# Racismo e nacionalismo[1]
*Étienne Balibar*

As organizações racistas em geral recusam que as denominem como tais, assumindo o *nacionalismo* e proclamando a irredutibilidade das duas noções. Seria apenas uma tática de defesa ou o sintoma de um medo das palavras inerente à atitude racista? Na realidade, os discursos que falam da raça e da nação jamais estiveram muito distantes um do outro, a não ser sob a forma de uma negação: assim, a presença de "imigrantes" no solo nacional seria a causa de um "racismo antifrancês". A própria oscilação do vocabulário nos sugere, então, pelo menos em um Estado nacional que não tem mais a obrigação de se constituir, que a organização do nacionalismo em movimentos políticos particulares inevitavelmente encobre o racismo.

Pelo menos alguns historiadores se serviram disso como prova para mostrar que esse – enquanto discurso teórico e como fenômeno de massa – se desenvolve "no campo do nacionalismo" onipresente na época moderna[2]. Assim, o nacionalismo seria, se não a única causa do racismo, de qualquer maneira a condição determinante de sua produção. Em outras palavras, as explicações "econômicas" (devido a crises) ou "psicológicas" (devido à ambivalência do sentimento de identidade pessoal e de pertencimento coletivo) não teriam pertinência exceto à medida que esclarecessem os pressupostos ou as repercussões do nacionalismo.

---

[1] Parte deste capítulo foi publicada na revista *M*, n. 18, dez. 1987/jan. 1988.
[2] A análise recente com mais argumentos é a de René Gallissot, *Misère de l'antiracisme* (Paris, Arcantère, 1985).

Essa tese, sem dúvida, confirma que o racismo não tem nada a ver com a existência de "raças" biológicas objetivas[3]. Ela mostra que o racismo é um produto histórico ou cultural, escapando ao mesmo tempo do equívoco das explicações "culturalistas" que, por outro viés, tendem também a fazer do racismo uma espécie de invariante da natureza humana. Ela tem a vantagem de romper o círculo que remete a psicologia do racismo a explicações que, na verdade, são exclusivamente psicológicas. Enfim, ela preenche uma função crítica relativa às estratégias de eufemização de outros historiadores que tomam muito cuidado para situar o racismo *fora* do campo do nacionalismo enquanto tal, como se fosse possível defini-lo *sem nele* incluir os movimentos racistas e, portanto, sem remontar às relações sociais que os induzem e que são indissociáveis do nacionalismo contemporâneo (particularmente, o imperialismo)[4]. Todavia, esse acúmulo de boas razões não implica necessariamente que o racismo seja *uma consequência inevitável do nacionalismo nem* a fortiori *que, sem a existência de um racismo manifesto ou latente, o próprio nacionalismo seria historicamente impossível*[5]. A falta de nitidez das categorias e das articulações persiste. Não devemos temer pesquisar longamente suas razões, que tornam inoperante qualquer "purismo" conceitual.

## A presença do passado

Com base em que modelos, neste fim do século XX, formulamos nossa concepção do racismo inscrito em definições semioficiais? No antissemitismo nazista, em seguida na segregação racial nos Estados Unidos (entendida como uma longa sequela da escravidão) e, enfim, no racismo "imperialista" das conquistas, guerras e dominações coloniais. A reflexão teórica sobre esses modelos (ligada a políticas de defesa da democracia, de afirmação dos direitos do homem e dos direitos dos cidadãos, de libertação nacional) produziu uma série de diferenciações. Apesar de sua abstração, não é inútil começar mencionando-as, pois elas indicam as direções que orientam a pesquisa das causas, de acordo com o reconhecimento, em

---

[3] Esta era já a visão de Ruth Benedict em *Race and Racism* (Londres, Routledge/Kegan Paul, 1983 [1942]). Todavia, Benedict não faz uma efetiva diferenciação entre nação, nacionalismo, cultura ou, para ser mais preciso, ela tende a "culturalizar" o racismo por meio de sua "historização" como aspecto do nacionalismo.

[4] Cf., por exemplo, Raoul Girardet, verbete "Nation: 4. Le nationalisme", em *Encyclopaedia Universalis* (Paris, Encyclopaedia Universalis, 1968).

[5] Como sustentei em um estudo anterior: "Sujets ou citoyens? Pour l'égalité", *Les Temps Modernes*, n. esp., *L'Immigration maghrébine en France*, n. 452, mar.-abr.-maio 1984.

diferentes graus, da ideia de que a supressão dos efeitos depende precisamente da supressão das causas.

A primeira diferenciação que encontramos é a do racismo *teórico* (ou referente a alguma doutrina) e do racismo *espontâneo* (o "preconceito" racista), considerado ora como um fenômeno de psicologia coletiva, ora como uma estrutura da personalidade individual mais ou menos "consciente". Voltarei a essa questão.

De um ponto de vista mais histórico, a singularidade do antissemitismo em relação ao racismo colonial, ou também – nos Estados Unidos – a necessidade de interpretar de forma diferente a opressão racial dos negros e as discriminações dirigidas contra as "etnias" imigrantes, leva a distinguir, mais ou menos de forma ideal, um racismo *interno* (dirigido contra uma população minorizada no espaço nacional) e um racismo *externo* (considerado como forma extrema da xenofobia). Tal distinção supõe, observemos, *que a fronteira nacional é considerada* como um critério prévio, correndo, assim, o risco de ser muito mal aplicada às situações pós-coloniais ou semicoloniais (como a dominação norte-americana da América Latina), nas quais a noção de fronteira é ainda mais ambígua que em outros lugares.

Desde que a análise do discurso racista se beneficiou de métodos de análise fenomenológicos e semânticos, pareceu produtivo caracterizar algumas posturas racistas como *autorreferenciais* (são, então, os próprios portadores de preconceito, por meio da violência física ou simbólica, que se designam como representantes de uma raça superior), em oposição a um racismo *heterorreferencial* ou "heterofóbico" (no qual, ao contrário, as vítimas do racismo, ou melhor, do processo de racização, são consideradas uma raça inferior, maléfica). O que leva não só à questão de saber como se forma o mito das raças, mas também de saber se o racismo é indissociável dele.

A análise política, seja a que se aplica aos fenômenos atuais, seja a que procura reconstituir a gênese de fenômenos passados, se esforça para avaliar qual é a respectiva contribuição de um racismo *institucional* e de um racismo *sociológico*: diferenciação que confirma, de forma considerável, a do racismo teórico e do racismo espontâneo (de fato, é difícil imaginar ou designar, na história, instituições do Estado que visem à segregação racial sem apresentar justificativa relacionada a alguma doutrina), mas não coincide pura e simplesmente com ela porque essas justificativas podem estar em ideologias teóricas diferentes de uma mitologia racial e, ao mesmo tempo, porque a noção de racismo sociológico comporta uma dimensão dinâmica, de conjuntura, que vai além da psicologia dos preconceitos, chamando nossa atenção para o problema colocado pelos *movimentos* coletivos de caráter racista. A alternativa do racismo institucional e do racismo sociológico nos adverte para não considerarmos negligenciáveis as diferenças que separam a presença do racismo *no Estado* da constituição de um racismo *estatal* (oficial). Ela sugere também que é importante investigar a vulnerabilidade de algumas classes sociais ao racismo e as formas que elas lhe dão conforme a conjuntura. No entanto, trata-se, fundamentalmente, de uma alternativa mistificadora que traduz, sobretudo, estratégias de projeção e de negação. Todo racismo histórico é *ao mesmo tempo* institucional e sociológico.

Finalmente, a comparação entre o nazismo e os racismos coloniais, ou entre ele e a segregação nos Estados Unidos, impôs a diferenciação entre um racismo *de exterminação* ou de eliminação "exclusiva" e um racismo *de opressão* ou de exploração "inclusiva", um visando a purificar o corpo social da sujeira ou do perigo que representariam as raças inferiores; o outro, ao contrário, visando a hierarquizar para compartimentar a sociedade. Mas, no mesmo instante, fica evidente que, mesmo nos casos extremos, nenhuma dessas duas formas jamais existiu no estado puro. Assim, o nazismo combinou exterminação e deportação, "solução final" e escravidão, e os imperialismos coloniais fizeram uso do trabalho forçado e, ao mesmo tempo, da instituição de regimes de castas, da segregação étnica e de "genocídios" ou massacres sistemáticos de populações.

De fato, essas diferenciações não servem para classificar tipos de comportamentos ou de estruturas idealmente puras nem para delimitar trajetórias históricas. Sua pertinência relativa nos leva à constatação sensata de que não existe *um* racismo invariante, mas *racismos* que formam todo um leque aberto de situações, e, ao mesmo tempo, a uma advertência que pode ser indispensável intelectual e politicamente: uma configuração racista não tem fronteiras fixas; é um período de uma evolução que, no leque de racismos possíveis, suas próprias potencialidades latentes, bem como as circunstâncias históricas, as relações de forças na formação social vão modificar. No limite, dificilmente encontraremos sociedades contemporâneas em que não haja racismo (sobretudo, se não nos contentarmos com a constatação de que suas expressões públicas são inibidas pela cultura dominante ou de que a "passagem ao ato" violento é, ora mais, ora menos, reprimida pelo aparelho judiciário). No entanto, não vamos deduzir disso que vivemos indiferentemente em "sociedades racistas", desde que essa prudência não se transforme em álibi. E é aqui que se mostra necessário não nos limitarmos às tipologias. Mais que um tipo único, ou uma justaposição de casos particulares a ser classificados em categorias formais, *o próprio racismo é uma história singular*, obviamente, não linear (com suas mudanças de direção, suas fases subterrâneas e suas explosões), que liga as conjunturas da humanidade moderna, para ser de volta afetada por elas. Por isso, as imagens do antissemitismo nazista e do racismo colonial – e até mesmo da escravidão – simplesmente não podem ser evocadas como modelos para medir o grau de pureza e de gravidade de algum "atentado racista" nem mesmo como épocas ou eventos que delimitam o lugar do racismo na história, mas devem ser consideradas *formações* sempre ativas, em parte, conscientes e, em parte, inconscientes, que contribuem para estruturar os comportamentos e os movimentos que surgem das condições atuais. Salientemos, aqui, o fato paradigmático do *apartheid* sul-africano, que rigorosamente mistura as características das *três* formações que evocamos (nazismo, colonização, escravidão).

De resto, sabemos muito bem: a derrota do nazismo e a revelação da exterminação nos campos não só precipitaram uma tomada de consciência que faz parte da cultura dita universal no mundo atual (embora essa consciência seja desigual, tenha conteúdo e implicações incertos, em suma, seja diferente de um conhecimento). Essa tomada de consciência provocou também uma proibição, em parte, jurídica e, em parte, ética, que tem, como toda proibição, consequências ambivalentes: vai da necessidade de o discurso racista contemporâneo contornar os enunciados típicos do nazismo (salvo "lapsos") até a possibilidade de ele se apresentar, levando em conta o nazismo, como *o outro* do racismo e do deslocamento do ódio a outros "objetos" diferentes dos judeus, até a atração compulsiva pelos segredos perdidos do hitlerismo. Eu sustentarei energicamente (ainda mais porque o fenômeno me parece nada menos que marginal) que, com sua mediocridade própria, o mimetismo nazista de bandos de jovens "*skinheads*", na terceira geração após o "apocalipse", representa *uma das formas da memória coletiva* no meio do racismo atual; ou, se preferirem, uma das maneiras como a memória coletiva contribui para representar as linhas de força do racismo atual – o que também quer dizer que não se pode esperar acabar com isso por meio de mera repressão ou de um simples sermão.

Sem dúvida, nenhuma experiência histórica tem por si só a força de se reativar, e é preciso, para interpretar as flutuações do racismo dos anos 1980 – o antinazismo verbal, o não dito, a reprodução mítica –, levar em conta as coletividades a que ele visa, suas próprias ações e reações. De fato, o racismo é uma relação social, não um simples delírio de indivíduos racistas[6]. Acontece que a atualidade está atada

---

[6] A categoria "delírio" vem espontaneamente ao escrever, quando se tenta descrever o complexo racista, em virtude do modo como o discurso racista nega o real projetando, ao mesmo tempo,

às características singulares do passado. Assim, quando chegarmos ao momento de perguntar em que medida a fixação dos ódios raciais contra imigrantes magrebinos reproduz algumas características clássicas do antissemitismo, não nos bastará apontar uma analogia entre a situação de minorias judaicas na Europa na virada dos séculos XIX e XX e a de minorias árabe-islâmicas na França atual nem relacioná-las ao modelo abstrato de um racismo "interno" no qual uma sociedade projeta em uma parte de si mesma suas frustrações e suas angústias (ou, mais precisamente, as dos indivíduos que a compõem), mas deveremos nos perguntar sobre a deriva do antissemitismo, única em seu gênero, que ultrapassa a "identidade judaica", a partir do recurso bem francês de sua repetição *e* a partir de seu novo impulso hitlerista.

Diremos exatamente o mesmo da marca deixada pelo racismo colonial. Não é muito difícil descobrir seus efeitos onipresentes à nossa volta. Em primeiro lugar, porque *toda a* colonização francesa direta não desapareceu (alguns "territórios" e seus "autóctones" com o *status* de semicidadãos se opuseram à descolonização). Em seguida, porque o neocolonialismo é uma realidade maciça que não se pode negligenciar. Enfim, e sobretudo, porque os "objetos" privilegiados do racismo atual – os trabalhadores originários das antigas colônias francesas e suas famílias – aparecem como produto da colonização e da descolonização e acabam, assim, concentrando em si próprios a continuação do desprezo imperial e, ao mesmo tempo, o ressentimento vivenciado pelos cidadãos de uma potência destronada, quando não a obsessão ilusória de uma revanche. Mas essas continuidades não são suficientes para caracterizar a situação. Elas são mediadas (como teria dito Sartre) ou sobredeterminadas (como diria Althusser) pelo reflexo no espaço nacional (de formas diversas, conforme os grupos sociais e as posições ideológicas) de eventos e tendências históricas mais amplas. Neste caso também, ainda que de acordo com uma modalidade inteiramente diferente do nazismo, ocorre uma ruptura. Para ser mais preciso, uma interminável sedimentação e uma ruptura até certo ponto rápida, mas profundamente ambígua.

À primeira vista, poderia parecer que o racismo colonial constitui o exemplo característico de um "racismo externo", variante extrema da xenofobia que combina o medo e o desprezo, perpetuado pela consciência que sempre tiveram os

---

cenários de agressão e perseguição. No entanto, ela não pode ser empregada sem correções: por um lado, porque tem chance de mascarar a atividade de pensamento que o racismo sempre comporta; por outro, porque a noção de *delírio coletivo* está no limite da contradição nos termos.

colonizadores, apesar de sua pretensão de terem criado uma ordem durável, de que essa ordem se baseava em uma relação de forças reversível. Foi nessa característica que se apoiaram muitas antíteses entre racismo colonial e antissemitismo ao mesmo tempo que na diferença entre a opressão e a exterminação (que a "solução final" nazista tendeu a projetar retrospectivamente em toda a história do antissemitismo). Assim, teríamos dois tipos com tendências incompatíveis (o que levou alguns a dizerem, não sem uma dose de nacionalismo judaico, que o "antissemitismo não é um racismo"): por um lado, um racismo que tende a eliminar uma minoria interna, não só "assimilada", mas que também é parte da cultura e da economia das nações europeias desde suas origens; por outro, um racismo que continua a excluir, juridicamente e de fato, da cidadania, da cultura dominante, das forças sociais, uma maioria subjugada pela força, portanto, a "excluí-la" indefinidamente (o que não impede, muito pelo contrário, o paternalismo, a destruição de culturas "indígenas" e a imposição de modos de vida e de pensamento do colonizador às "elites" das nações colonizadas).

No entanto, é preciso observar que a *exterioridade* das populações "indígenas" na colonização, ou melhor, sua representação como exterioridade *racial*, mesmo que recupere e anexe a seu discurso imagens muito antigas da "diferença", não é de forma alguma uma situação dada. De fato, ela foi produzida e reproduzida no mesmo espaço constituído pela conquista e pela colonização, com suas estruturas concretas de administração, de trabalho forçado, de opressão sexual, portanto, com base em certa *interioridade*. Sem isso, não seria possível explicar a ambivalência do duplo movimento de assimilação e exclusão dos "indígenas", tampouco como a forma subumana dada aos colonizados acabou determinando a imagem que as nações colonizadoras desenvolveram de si próprias durante a época da partilha do mundo. Na realidade, a herança do colonialismo é uma combinação flutuante entre exteriorização contínua e "exclusão interna". É possível constatá-la também ao observar a maneira como se forma o complexo de superioridade imperialista. As castas coloniais de diferentes nacionalidades (inglesa, francesa, holandesa, portuguesa etc.) forjaram a ideia, *em comum*, de uma superioridade "branca", uma prerrogativa da civilização a ser defendida contra os selvagens. Essa representação – o "fardo do homem branco" – contribuiu de forma decisiva para se constituir a noção moderna de uma identidade europeia ou ocidental supranacional. Também é verdade que as mesmas castas não interromperam o que Kipling chamava de "grande jogo", ou seja, os movimentos de rebelião de "seus" indígenas uns contra os outros e, além disso, não pararam de se vangloriar *umas contra as outras* de uma humanidade particular, projetando a imagem do racismo nas práticas coloniais de rivais. A colonização francesa se proclamou "assimiladora", a colonização inglesa, "respeitosa das culturas". O outro branco é também o branco maligno. Cada nação branca é, espiritualmente, "a mais branca": ou seja, ao mesmo tempo a mais elitista e a mais universalista, uma aparente contradição da qual pretendo voltar a falar adiante.

Quando o processo de descolonização se acelerou, essas contradições ganharam outra forma. No que diz respeito a seus ideais, a descolonização não teve êxito, não se completou e, ao mesmo tempo, foi corrompida. Mas, junto com outros eventos relativamente independentes (a entrada na era dos armamentos e das redes de comunicação planetárias), criou um novo espaço político: não só um espaço no qual se elaboram estratégias, circulam capitais, tecnologias e mensagens, mas um espaço no qual populações inteiras submetidas à lei do mercado se encontram fisicamente e de maneira simbólica. Assim, a configuração ambígua de interioridade-exterioridade que, desde a época das conquistas coloniais, constituiu uma das dimensões estruturantes do racismo se encontra reproduzida, ampliada e reativada. É comum considerá-la a causa dos efeitos de "Terceiro Mundo em domicílio" provocados pela imigração proveniente das antigas colônias ou semicolônias nos "centros" capitalistas. Mas esta forma de *interiorização do exterior*, que delineia o horizonte no qual atuam as representações da "raça" e da "etnicidade", só pode ser separada de maneira abstrata de formas aparentemente antitéticas de *exteriorização do interior*. Em especial, as que resultam da formação, após a saída mais ou menos completa dos colonizadores, de Estados que se dizem nacionais (mas o são de maneira muito desigual) em uma imensa periferia do planeta, com seu antagonismo explosivo entre burguesias capitalistas ou burguesias estatais "ocidentalizadas" e massas miseráveis, relegadas por isso ao "tradicionalismo"[7].

Benedict Anderson sustenta que a descolonização não se traduziu, por assim dizer, no Terceiro Mundo pelo desenvolvimento do que certa propaganda chama de "contrarracismo" (antibranco, antieuropeu)[8]. Considerando que isso foi escrito antes dos acontecimentos recentes do fundamentalismo islâmico, cabe indagar de que modo eles contribuem para o fluxo de "xenofobia" em nossa conjuntura. Mas, de qualquer maneira, trata-se de uma constatação incompleta. Na realidade,

---

[7] *Cada uma* das classes das "novas" nações da antiga humanidade colonial projeta, assim, sua diferença social em relação às outras em termos étnico-culturais.

[8] Benedict Anderson, *Imagined Communities. Reflections on the Origin and Spread of Nationalism* (Londres, Verso, 1983), p. 129 e seg [ed. bras.: *Comunidades imaginadas: reflexões sobre a origem e a difusão do nacionalismo*, trad. Denise Bottmann, São Paulo, Companhia das Letras, 2008].

se não existe contrarracismo "terceiro-mundista", na África, na Ásia e na América Latina, há uma enorme quantidade de racismos devastadores, tanto institucionais quanto populares, *entre* "nações", "etnias", "comunidades". E, em contrapartida, a exibição desses racismos, deformada pela comunicação mundial, continua a alimentar os estereótipos do racismo branco, cultivando a velha ideia segundo a qual três quartos da humanidade são incapazes de se governar. Sem dúvida, os bastidores desses efeitos miméticos são constituídos pela substituição do velho mundo das nações colonizadoras e de seu campo de manobra (o resto da humanidade) por um novo mundo formalmente organizado em Estados-nações equivalentes (todos "representados" em instituições internacionais), mas atravessado pela fronteira, constantemente deslocada, irredutível às fronteiras entre Estados, entre *duas humanidades* que parecem incomensuráveis: a da miséria com a do "consumo", a do subdesenvolvimento com a do superdesenvolvimento. Aparentemente, a humanidade foi reunificada por meio da extinção das hierarquias imperialistas: de fato, *só hoje, em certo sentido, a humanidade existe enquanto tal, mas dividida* em massas tendencialmente incompatíveis. No espaço da economia-mundo que, de fato, se tornou o da política-mundo, da ideologia-mundo, a divisão de sub-homens e super-homens é estrutural, mas violentamente instável. Antes, a noção de humanidade não passava de uma abstração. Mas à pergunta "O que é o homem?", que – por mais aberrantes que nos pareçam suas formas – insiste no pensamento racista, não existe hoje resposta que não seja trabalhada por essa cisão[9].

O que concluir disso? Os deslocamentos aos quais acabo de fazer alusão fazem parte do que, para usar a terminologia de Nietzsche, poderíamos chamar de transvalorações contemporâneas do racismo, que contemplam ao mesmo tempo a economia geral dos grupamentos políticos da humanidade e o imaginário de sua história. Eles formam o que denominei, anteriormente, dinamismo singular do racismo, que relativiza as tipologias e retrabalha as experiências acumuladas, ao contrário do que acreditamos ser a "educação da humanidade". Neste sentido, inversamente ao que postula um dos enunciados mais constantes da própria ideologia racista, *não é a "raça" que é uma "memória" biológica ou psicológica dos homens, mas o racismo*

---

[9] Esta estrutura especular me parece essencial: para os "subdesenvolvidos", os "superdesenvolvidos" são aqueles que mais que nunca praticam o desprezo racista; para os "superdesenvolvidos", os "subdesenvolvidos" são definidos sobretudo pelo próprio desprezo mútuo. Para todos, o racismo se encontra "no lugar do outro"; ou melhor, o outro é o lugar do racismo. Mas a linha de fronteiras entre "superdesenvolvimento" e "subdesenvolvimento" começou a se deslocar de modo incontrolável: ninguém pode dizer exatamente *quem* é o outro.

*que representa uma das formas mais insistentes da memória histórica das sociedades modernas.* É o racismo que continua a realizar a "fusão" imaginária entre o passado e a atualidade na qual se desenvolve a percepção coletiva da história humana.

É por isso que a questão sempre relançada da irredutibilidade do antissemitismo ao racismo colonialista é mal colocada. Jamais eles foram totalmente independentes, tampouco são imutáveis. Eles têm uma descendência conjunta que repercute em nossa análise de suas formas anteriores. Algumas características com frequência escondem outras, mas representam também seu não dito. Assim, a identificação do racismo com o antissemitismo, em especial com o nazismo, funciona como álibi: permite negar o caráter racista da "xenofobia" cujo alvo são os imigrantes. Mas, inversamente, *a associação do antissemitismo* (pelo que parece, de todo "gratuita") *ao racismo anti-imigrantes* no discurso dos movimentos xenófobos que se desenvolvem, hoje, na Europa, não é expressão de um anti-humanismo genérico, de uma estrutura permanente de exclusão do "Outro" sob todas as formas, nem simples efeito passivo de uma tradição política conservadora (nacionalista ou fascista). De maneira muito mais específica e de modo mais "perverso", ela organiza o pensamento racista, fornecendo-lhe seus modelos conscientes e inconscientes: o caráter propriamente inimaginável da exterminação nazista vem, assim, se alojar *no* complexo contemporâneo, para nele metaforizar o *desejo de exterminação* que povoa também o racismo antiturco e o antiárabe[10].

## O campo do nacionalismo

Voltemos, então, à ligação entre nacionalismo e racismo. Vamos começar reconhecendo que a própria categoria nacionalismo é intrinsicamente ambígua. Isso

---

[10] Como consequência, os problemas da "pedagogia da memória", por meio da qual as organizações antirracistas tentam enfrentar a ameaça atual, sobretudo quando acreditam que a estabilidade do modelo nazista provém da ocultação do genocídio. As ações "revisionistas" funcionam neste sentido como verdadeira armadilha, uma vez que são fundamentalmente uma forma de falar *sem parar* das câmaras de gás, de acordo com o modo muito ambivalente da negação. Denunciar a ocultação do genocídio nazista por racistas que *são de fato* antissemitas, infelizmente, não será suficiente para abrir caminho para o reconhecimento coletivo do que há de *comum* no antissemitismo e no antiarabismo. Mas desmascarar a nostalgia do nazismo no discurso de "chefes" também não será suficiente para deixar claro para a "massa" dos racistas comuns o deslocamento do objeto que eles efetuam todos os dias e que, portanto, acontece, basicamente, sem terem consciência disso. Pelo menos, enquanto essa indispensável pedagogia não se desenvolver até chegar a uma explicitação completa do racismo contemporâneo como sistema de pensamento e como relação social condensada de toda uma história.

resulta, em primeiro lugar, da antítese das situações históricas nas quais surgem movimentos e políticas nacionalistas. Fichte ou Gandhi não são Bismarck; Bismarck ou De Gaulle não são Hitler. No entanto, não podemos suprimir, por uma simples decisão intelectual, o efeito de simetria ideológica que se impõe, neste caso, às forças antagonistas. Nada nos permite identificar pura e simplesmente o nacionalismo dos dominantes e o dos dominados, o nacionalismo de libertação e o de conquista. Mas nem por isso podemos ignorar que exista – mesmo que seja apenas a lógica de uma situação, a inscrição estrutural nas formas políticas do mundo contemporâneo – um elemento comum ao nacionalismo da Frente de Libertação Nacional (FLN) argelina, ao do Exército colonial francês e, hoje, ao do Congresso Nacional Africano (CNA) e ao dos africânderes. Vamos ao extremo: essa simetria formal não é estranha à dolorosa experiência pela qual passamos diversas vezes – a da transformação dos nacionalismos de libertação em nacionalismos de dominação (do mesmo modo que passamos pela experiência da transformação completa de revoluções socialistas em ditaduras de Estado) –, que nos obrigaram a nos perguntar com frequência sobre as potencialidades opressivas contidas em qualquer nacionalismo. Mais que nas palavras, a contradição reside na própria história[11].

Por que é tão difícil definir o nacionalismo? Em primeiro lugar, porque o conceito jamais funciona sozinho, mas sempre faz parte de uma cadeia da qual ele é o elo central e, ao mesmo tempo, o elo mais frágil. Essa cadeia é constantemente enriquecida (de acordo com as modalidades que, aliás, variam de uma língua para outra) por novos termos intermediários ou extremos: civismo, patriotismo, populismo, etnismo, etnocentrismo, xenofobia, chauvinismo, imperialismo, jingoísmo... Desafio qualquer pessoa a fixar, de uma vez por todas, de modo unívoco, esses diferenciais de significação. Mas me parece que sua concepção geral pode ser interpretada de maneira muito simples.

No que diz respeito à relação *nacionalismo-nação*, a ideia central contrasta uma "realidade", a nação, com uma "ideologia", o nacionalismo. Todavia, essa relação é compreendida por uns e por outros de diferentes maneiras, pois nela estão subentendidas várias questões obscuras: será que a ideologia nacionalista é reflexo (necessário ou circunstancial) da existência das nações? Ou são as nações que se

---

[11] Para uma análise ao mesmo tempo obstinada e matizada desta contradição, é justo remeter a toda a obra de Maxime Rodinson e, em particular, aos textos em *Marxisme et monde musulman* (Paris, Seuil, 1972) e em *Peuple juif ou problème juif?* (Paris, François Maspero, 1981).

constituem a partir de ideologias nacionalistas (admitindo-se a possibilidade de que estas, ao atingirem seu "objetivo", sejam em seguida transformadas por ele)? Será que a própria "nação" – e esta questão evidentemente não é independente das anteriores – deve ser, antes de mais nada, considerada um "Estado" ou uma "sociedade" (uma formação social)? No momento, deixemos de lado essas discussões, assim como as variantes que podem delas surgir por meio da introdução de termos como cidade, povo, nacionalidade...

No que se refere à relação entre *nacionalismo e racismo*, a ideia central contrasta agora uma ideologia e uma política "normais" (o nacionalismo) com uma ideologia e um comportamento "excessivos" (o racismo), seja para opô-los, seja para fazer de um a verdade do outro. Aqui também perguntas e outras diferenciações conceituais surgem imediatamente. Mais que concentrar nossa reflexão no racismo, não seria conveniente privilegiar a alternativa nacionalismo/imperialismo, mais "objetiva"? Mas esse confronto faz emergirem outras possibilidades: por exemplo, que o próprio nacionalismo seja o efeito ideológico-político do caráter imperialista das nações ou de sua sobrevivência em uma época e um contexto imperialistas. Podemos também complicar a cadeia nela introduzindo noções como fascismo e nazismo, com uma rede de perguntas a eles relacionadas: tanto um quanto o outro são nacionalismos? Imperialismos?

De fato, e é o que indicam todas essas perguntas, a cadeia é inteiramente povoada por uma questão fundamental. Quando, "em alguma parte" dessa cadeia histórico-política, entra em cena uma violência intolerável, aparentemente "irracional", *onde* é preciso colocar essa entrada em cena? É preciso fazer um corte numa sequência em que, mais uma vez, somente entram "realidades"? Ou junto aos conflitos "ideológicos"? Aliás, será que é preciso considerar a violência como perversão de uma situação normal, um desvio em relação à hipotética "linha reta" da história humana, ou é preciso admitir que ela representa a verdade dos momentos anteriores e, desse ponto de vista, desde o nacionalismo, e até mesmo desde a existência de nações, o germe do racismo estaria no centro da política?

É evidente que, para todas essas questões, existe, conforme o ponto de vista dos observadores e as situações que eles refletem, uma enorme variedade de respostas. No entanto, considero que, em sua própria dispersão, elas não fazem nada além de girar em torno de um mesmo dilema: *a noção de nacionalismo não para de se dividir*. Há sempre um "bom" e um "mau" nacionalismo: o que tende a construir um Estado ou uma comunidade e o que tende a subjugar, a destruir; o que se refere aos direitos e o que se refere ao poder; o que tolera os outros nacionalismos e até mesmo os justifica, incluindo-os numa mesma perspectiva histórica (o grande sonho da "primavera dos povos"), e o que os exclui radicalmente, numa perspectiva imperialista e racista. O que concerne ao amor (até excessivo) e o que concerne ao ódio. Em última análise, a divisão interna do nacionalismo parece tão essencial e tão difícil de delimitar quanto a mudança de "morrer pela pátria" para "matar por seu país"... A multiplicação de termos "vizinhos", sinônimos ou antônimos, é apenas a exteriorização disso. Acredito que ninguém escapou formalmente dessa reinscrição do dilema no próprio conceito de nacionalismo (e, quando foi expulsa da teoria, entrou de novo pela porta da prática), mas ela é ainda mais visível na tradição liberal, o que provavelmente se explica pelo equívoco muito profundo das relações do liberalismo e do nacionalismo há pelo menos dois séculos[12]. É preciso notar também que, ao avançar um pouco essa discussão, as ideologias racistas podem, então, imitá-la e usá-la: não é função de noções como a do "espaço vital" simplesmente suscitar a questão do "lado bom" do imperialismo ou do racismo? E o neorracismo cuja proliferação observamos hoje, por meio da antropologia "diferencialista" e da sociobiologia, não se esforça constantemente para distinguir o que seria inevitável e, na realidade, útil (certa "xenofobia" que incita os grupos a defenderem seu "território", sua "identidade cultural", para preservar entre eles a "boa distância") do que seria inútil e nocivo em si (a violência direta, a passagem ao ato), ainda que inevitável quando não se conhecem as exigências elementares da etnicidade?

Como sair desse círculo? Não basta demandar, como alguns analistas nos últimos tempos, a recusa dos julgamentos de valor, ou seja, a suspensão do julgamento sobre as consequências do nacionalismo em conjunturas diferentes[13] ou, ainda, considerar o próprio nacionalismo estritamente como efeito ideológico do processo

---

[12] A questão matricial dos historiadores liberais do nacionalismo (seja como "ideologia", seja como "política") é: onde e quando se passa do "nacionalismo liberal" para o "nacionalismo imperialista"? Cf. Hannah Arendt, "L'Imperialiasme", em *Les Origines du totalitarisme.* (Paris, Fayard, 1982 [ed. bras.: *Origens do totalitarismo*, trad. Roberto Raposo, São Paulo, Companhia das Letras, 1989]), e Hans Kohn, *The Idea of Nationalism. A Study of Its Origins and Background* (Nova York, MacMillan, 1944). A resposta comum a todos é: *entre* as revoluções "universalistas" do século XVIII e o "romantismo" do século XIX, que começou na Alemanha e, em seguida, estendeu-se a toda a Europa e, finalmente, ao mundo inteiro no século XX. Mas, se isso for observado em detalhes, é revelado que a Revolução Francesa *já continha* em si mesma a contradição dos dois aspectos: foi ela, então, que fez o nacionalismo "derrapar".

[13] Cf. as advertências de Tom Nairn, em " The Modern Janus", *New Left Review*, n. 94, 1975 (republicado em *The Break-Up of Britain* (Londres, NLB, 1977). Ver a crítica de Eric Hobsbawm, "Some Reflections on the Break-up of Britain", *New Left Review*, n. 105, 1977.

"objetivo" de constituição das nações (e dos Estados-nações)[14]. Na verdade, a ambivalência dos efeitos faz parte da própria história de todos os nacionalismos, e é precisamente isso que se deve explicar. Desse ponto de vista, a análise do lugar do racismo no nacionalismo é decisiva: mesmo que o racismo não seja visível da mesma maneira em todos os nacionalismos ou em todos os momentos da história, ele sempre representa, no entanto, uma tendência necessária a sua constituição. Em última análise, essa imbricação remete às circunstâncias nas quais os Estados-nações, estabelecidos em *territórios* historicamente contestados, se esforçaram para controlar os movimentos de *população* e para a própria produção do "povo" como comunidade política superior às divisões de classes.

Todavia, nesse ponto surge uma objeção sobre os próprios termos da discussão. Trata-se da que, particularmente, Maxime Rodinson dirige a todos aqueles – como Colette Guillaumin – que insistem em adotar uma definição "ampla" do racismo[15]. Uma definição como essa tem a pretensão de levar em conta todas as formas de exclusão e de minorização, com ou sem teorização biológica. Ela se propõe remontar, aquém do racismo "étnico", à origem do "mito da raça" e de seu discurso genealógico: o "racismo de classe" da aristocracia pós-feudal. E, acima de tudo, afirma englobar sob o nome de "racismo", para poder analisar seu mecanismo comum de naturalização das diferenças, todas as opressões minoritárias que, em uma sociedade formalmente igualitária, levam a diversos fenômenos de "racização" de grupos sociais: grupos étnicos, mas também mulheres, os que têm condutas sexuais desviantes, doentes mentais, lumpemproletários[16]... No entanto, segundo Rodinson seria preciso escolher: *ou* fazer do racismo interno e externo uma tendência do nacionalismo e, por isso, do etnocentrismo cuja forma moderna seria o nacionalismo; *ou* ampliar a definição do racismo para compreender seus mecanismos psicológicos (projeção fóbica, negação do Outro real dissimulado pelos significantes de uma alteridade fantasmática), mas com o risco de dissolver sua especificidade histórica.

---

[14] O que não só é uma posição marxista, mas também a tese de outros pensadores "economistas" de tradição liberal: cf. Ernest Gellner, *Nations and Nationalism* (Oxford, Blackwell, 1983).

[15] Colette Guillaumin, *L'Idéologie raciste. Genèse et langage actuel* (Paris/La Haye, Mouton, 1972). Maxime Rodinson, "Quelques thèses critiques sur la démarche poliakovienne", em Maurice Olender (org.), *Le Racisme, mythes et sciences* (Bruxelas, Complexe, 1981). E também Maxime Rodinson, verbete "Nation: 3. Nation et idéologie", em *Encyclopaedia Universalis* (Paris, Encyclopaedia Universalis, 1968).

[16] Erving Goffman, *Stigma. Notes on the Management of Spoiled Identity* (Londres, Penguin, 1968), poderá render uma comparação proveitosa.

Entretanto, essa objeção pode ser ampliada. E isso pode ser feito até mesmo de tal modo que o emaranhamento histórico do nacionalismo e do racismo fique ainda mais evidente; mas com a condição de apresentar algumas teses que corrijam, em parte, a ideia de uma definição "ampla" do racismo ou, pelo menos, a tornem precisa:

1. *Nenhuma nação* (ou seja, nenhum Estado nacional) *possui de fato uma base étnica*, o que quer dizer que o nacionalismo não poderia ser definido como etnocentrismo, a não ser no sentido da produção de uma etnicidade *fictícia*. Pensar de outra forma seria esquecer que, do mesmo modo que as "raças", os "povos" não existem naturalmente, em virtude de uma descendência, de uma comunidade de cultura ou de interesses preexistentes. Mas é preciso instituir no real (e, portanto, no tempo da história) sua unidade imaginária, *em comparação a* outras unidades possíveis.

2. O fenômeno de "minorização" e de "racização", que visa a um só tempo diferentes grupos sociais de "natureza" inteiramente diferente, de maneira particular as comunidades "estrangeiras" e as "raças inferiores", as mulheres, "os portadores de desvios comportamentais", não representa apenas uma justaposição de comportamentos e de discursos análogos, aplicados a uma série potencialmente indefinida de objetos independentes uns dos outros, mas *um sistema histórico de exclusões e de dominações complementares, ligadas entre si*. Em outras palavras, o que ocorre não é um movimento paralelo de um "racismo étnico" e de um "racismo sexual" ou sexismo; é, sobretudo, que o racismo e o sexismo funcionam juntos, de maneira mais precisa, que *o racismo sempre pressupõe um sexismo*. Nessas condições, uma categoria geral de racismo não é uma abstração ameaçada de perder em precisão e pertinência históricas o que ganha em universalidade; trata-se, sim, de uma noção mais concreta, que leva em conta o polimorfismo necessário do racismo, sua função globalizante, suas conexões com todas as práticas de normalização e de exclusão social, como ilustra o neorracismo, cujo objeto privilegiado não é o "árabe" ou o "negro", mas o "árabe (enquanto) drogado", "delinquente", "estuprador" etc., ou, da mesma maneira, o estuprador e o delinquente enquanto "árabes", "negros" etc.

3. *É essa estrutura ampla do racismo*, heterogênea e, no entanto, fortemente entrelaçada, em primeiro lugar por uma rede de fantasmas, em seguida por discursos e comportamentos, *que mantém uma relação necessária com o nacionalismo* e contribui para constituí-lo, produzindo a etnicidade fictícia em torno da qual ele se organiza.

4. Enfim, se é necessário inserir entre as condições estruturais, ao mesmo tempo simbólicas e institucionais, do racismo moderno o fato de as sociedades em que o racismo se desenvolve serem de forma concomitante sociedades "igualitárias", ou seja,

sociedades que ignoram (oficialmente) as diferenças de *status* entre os indivíduos, essa tese sociológica (sustentada por Louis Dumont)[17] não pode ser abstraída do próprio contexto nacional. Em outras palavras, não é o Estado *moderno* que é "igualitário", e sim o Estado *nacional* (e nacionalista) moderno, em que *a igualdade tem como limites internos e externos a comunidade nacional* e como conteúdo essencial os atos que a expressam diretamente (em especial, o sufrágio universal, a "cidadania" política). Ela é, antes de mais nada, uma igualdade no que diz respeito à nacionalidade.

A discussão dessa controvérsia (como de outras semelhantes às quais poderíamos nos referir)[18] já teve uma utilidade: começamos a compreender que a ligação entre o nacionalismo e o racismo não é uma questão de perversão (pois não existe essência "pura" do nacionalismo) nem de semelhança formal, mas de articulação histórica. O que temos de compreender é a diferença específica do racismo e o modo como, ao se articular com o nacionalismo, *com sua particularidade ele lhe é necessário*. Ou seja, por isso mesmo a articulação do nacionalismo e do racismo não pode ser desintricada de acordo com esquemas de causalidade clássicos, sejam eles mecanicistas (um causa outro, "produzindo" o outro, de acordo com a regra de proporcionalidade entre os efeitos e a causa), sejam espiritualistas (um "expressando" o outro, dando-lhe seu sentido ou revelando sua essência escondida). Ela requer uma dialética da unidade de contrários.

Em nenhuma situação essa necessidade é mais evidente que no debate constantemente reiniciado a propósito da "essência do nazismo", verdadeiro ímã para todas as hermenêuticas da relação social, na qual se miram (e se transpõem) as incertezas políticas do presente[19].

Aos olhos de uns, o racismo hitlerista é resultado do nacionalismo: ele vem de Bismarck, quiçá do romantismo alemão ou de Lutero, da derrota de 1918 e da humilhação do *diktat*\* de Versalhes, e fornece sua ideologia a um projeto de imperialismo absoluto (o "espaço vital", a Europa alemã). Se a coerência dessa

---

[17] Cf. Louis Dumont, *Essais sur l'individualisme. Une perspective anthropologique sur l'idéologie moderne* (Paris, Seuil, 1983) [ed. bras.: *O individualismo: uma perspectiva antropológica da ideologia moderna*, trad. Álvaro Cabral, Rio de Janeiro, Rocco, 1993].

[18] Cf. o debate entre Tom Nairn e Benedict Anderson, nas obras citadas, a propósito das relações entre "nacionalismo", "patriotismo" e "racismo".

[19] Cf. a excelente apresentação de Pierre Ayçoberry, *La Question nazie. Essai sur les interpretátions du national-socialisme, 1922-1975* (Paris, Seuil, 1979).

\* Ditado. É como os alemães se referem ao Tratado de Versalhes, considerando-o uma imposição. (N. T.)

ideologia parece análoga à de um delírio, é preciso entender isso precisamente como a explicação de sua influência – breve, mas quase total – sobre as "massas" de todas as origens sociais e sobre "chefes" cuja cegueira acelera, finalmente, a derrota da nação. Além de todas as tapeações "revolucionárias" e todas as mudanças de conjuntura, o projeto de dominação mundial está na lógica do nacionalismo que as massas e os chefes têm em comum.

No entanto, aos olhos de outros, essas explicações simplesmente deixam escapar o essencial, por mais perspicazes que sejam na análise das forças sociais e das tradições intelectuais, dos acontecimentos e das estratégias de poder, por mais hábeis que sejam para relacionar a monstruosidade do nazismo com a anomalia da história alemã. Foi precisamente ao considerarem o nazismo apenas um nacionalismo análogo – bem próximo – a seu próprio nacionalismo que a opinião pública e os dirigentes das nações "democráticas" de então se iludiram quanto aos objetivos dos nazistas e acreditaram poder compor com eles ou circunscrever suas devastações. O nazismo é surpreendente (talvez revelador de uma possibilidade de transgressão da racionalidade política inscrita na condição do homem moderno) porque, nele, a lógica do racismo inunda tudo, se impõe à custa da lógica nacionalista "pura": porque a "guerra racial", interna e externa, acaba deixando sem coerência alguma a "guerra nacional" (cujos objetivos continuam *positivos*). O nazismo seria, assim, a própria imagem desse "niilismo" que ele invocou, na qual se reúnem a exterminação do Inimigo imaginário, encarnação do Mal (o judeu, o comunista), e a autodestruição (mais a aniquilação da Alemanha que o reconhecimento do fracasso de sua "elite racial", a casta dos SS e o partido nazista).

Nessa controvérsia, vê-se muito bem que se entrecruzam, em parte e permanentemente, discursos analíticos e julgamentos de valor. A história se torna diagnóstico do normal e do patológico, acaba imitando o discurso de seu próprio objeto, demonizando o nazismo que, por sua vez, demonizava seus adversários e suas vítimas. Mas não é fácil sair desse círculo, pois é importante não reduzir o fenômeno a generalidades convencionais cuja impotência *prática* ele manifestou com precisão. Temos a impressão contraditória de que, com o racismo nazista, o nacionalismo mergulha na mais profunda de suas tendências latentes tragicamente "ordinárias", para retomar a expressão de Hannah Arendt, e, no entanto, *sai de si mesmo*, da imagem mediana em que ele, geralmente, encontra o meio de se realizar, ou seja, de se institucionalizar e de penetrar de forma durável o "senso comum" das massas. Por um lado, percebemos (é verdade que depois) a irracionalidade de uma mitologia racial que acaba desarticulando o Estado nacional do qual ela proclama a superioridade absoluta. Vemos nisso a prova de que o racismo, como complexo que associa a banalidade das violências cotidianas e a embriaguez "historial" das massas, o burocratismo dos campos de trabalho forçado e a exterminação e o delírio da dominação "mundial" da "nação de senhores", não pode mais ser considerado um simples aspecto do nacionalismo. Mas nos perguntamos logo em seguida: como evitar que essa irracionalidade se torne sua própria causa, que o caráter excepcional do antissemitismo nazista se transforme em um mistério sagrado, em uma visão especulativa da história que a representa como a própria história do Mal (e, de maneira correlacionada, representa suas vítimas como o verdadeiro Cordeiro de Deus)? No entanto, nada garante, muito pelo contrário, que deduzir o racismo nazista do nacionalismo alemão nos libere de qualquer irracionalismo. De fato, é preciso notar que somente um nacionalismo de uma força "extrema", um nacionalismo exacerbado por um encadeamento "excepcional" de conflitos internos e externos, pôde *idealizar os objetivos do racismo* a ponto de tornar suas violências praticáveis pelo grande número de carrascos e de "normalizá-las" aos olhos da massa de outros. A combinação dessa banalidade com esse idealismo tende a reforçar mais a ideia metafísica de que o próprio nacionalismo alemão seria "excepcional" na história: paradigma do nacionalismo no que esse tem de patológico em relação ao liberalismo, ele seria finalmente irredutível ao nacionalismo "ordinário". Consequentemente, caímos de novo nas aporias já descritas do "bom" e do "mau" nacionalismo.

Ora, será que não poderíamos encontrar o que esse debate sobre o nazismo mostra com muita clareza, também no que diz respeito a cada conjuntura em que racismo e nacionalismo se individualizam em discursos, movimentos de massa e políticas específicas? Quanto a essa ligação interna *e* essa transgressão dos interesses e objetivos racionais, será que não se trata *da mesma contradição* cujos germes acreditávamos perceber, de novo, em nossa atualidade? Por exemplo, quando um movimento que arrasta consigo as nostalgias da "nova ordem europeia" e do "heroísmo colonial" discute, com o êxito que conhecemos, a perspectiva de uma "solução" para o "problema da imigração"?

Generalizando essas reflexões, eu diria então, *em primeiro lugar*, que, no "campo" histórico do nacionalismo, há sempre reciprocidade de determinação deste e do racismo.

Ela se manifesta de início na maneira como o desenvolvimento do nacionalismo, e sua utilização oficial pelo Estado, transforma em racismo, no sentido moderno (e coloca sob os significantes da etnicidade), antagonismos, perseguições de origem totalmente diferente. Isso acontece desde o modo como, a partir da Espanha da Reconquista, o antijudaísmo teológico se traduziu em exclusão genealógica baseada na "pureza do sangue" ao mesmo tempo que a *raza* se lançava na conquista do Novo Mundo até o modo como, na Europa moderna, as novas "classes perigosas" do proletariado internacional são tendencialmente incluídas na categoria da "imigração", que se torna, por excelência, o *nome da raça* nas nações em crise da era pós-colonial.

Essa determinação recíproca se manifesta também no modo como todos os "nacionalismos oficiais" dos séculos XIX e XX, visando a conferir a unidade política e cultural de uma nação à heterogeneidade de um Estado pluriétnico[20], utilizaram o antissemitismo, como se a dominação de uma cultura e de uma nacionalidade unificada de maneira mais ou menos fictícia (por exemplo, a russa, a alemã, a romena) sobre a diversidade hierarquizada de etnicidades e de culturas "minoritárias", condenadas à assimilação, tivesse de ser "compensada" e espelhada pela perseguição racializante de uma *pseudoetnia* absolutamente singular (sem território próprio, sem língua "nacional") que representa o inimigo interno comum de todas as culturas, de todas as populações dominadas[21].

Enfim, ela se manifesta na forma das lutas de libertação nacionais, dirigidas contra os antigos impérios da primeira colonização, contra os Estados multinacionais dinásticos ou contra os impérios coloniais modernos. Está fora de cogitação reduzir esses processos a um modelo único. E, no entanto, não pode ser resultado do acaso o genocídio indígena se tornar sistemático imediatamente após a independência dos Estados Unidos – a "primeira das nações novas", de acordo com a famosa expressão de Lipset[22]. Tampouco é resultado do acaso, de acordo com a análise esclarecedora de Bipan Chandra, o "nacionalismo" e o "comunalismo" se constituírem juntos na Índia até chegarem à situação inextricável atual (em boa parte devido à fusão histórica precoce do nacionalismo *indiano* com o

---

[20] Entre outras análises recentes, cf. a de Benedict Anderson, *Imagined Communities*, cit., que reúne, com êxito, as práticas e os discursos da "russificação" e da "anglicização".

[21] Cf. Léon Poliakov, *Histoire de l'antisémitisme*, t. 2 (Paris, Hachette, 1981) (coleção Pluriel), p. 259 e seg.; Madeleine Rebérioux, "L'Essor du racisme nationaliste", em Patrice de Comarmon de Claude Duchet (orgs.), *Racisme et société* (Paris, François Maspero, 1969).

[22] Cf. Rachel Ertel, Geneviève Fabre, Elise Marienstras, *En Marge. Les minorités aux États-Unis* (Paris, François Maspero, 1974), p. 287 e seg.

comunalismo *hindu*)²³. Ou ainda a Argélia independente fazer da assimilação dos "berberes" à "cultura árabe" o ponto de honra do voluntarismo nacional, nas lutas contra a herança multicultural da colonização. Até mesmo o Estado de Israel, frente ao adversário interno e externo e ao impossível desafio de constituir uma "nação israelense", desenvolver um forte racismo dirigido ao mesmo tempo contra os judeus "orientais" (chamados de "negros") e contra os palestinos expulsos de suas terras e colonizados²⁴.

Dessa acumulação de casos singulares, mas encadeados uns com os outros historicamente, resulta o que poderíamos chamar de *ciclo de reciprocidade histórica do nacionalismo e do racismo*, que é a imagem temporal da predominância progressiva do sistema de Estados-nações sobre outras formações sociais. *O racismo provém continuamente do nacionalismo* não só voltado para o exterior, mas também para o interior. Nos Estados Unidos, a instituição sistemática da segregação, bloqueando o primeiro movimento pelos direitos dos cidadãos, coincide com a entrada dos americanos na concorrência imperialista mundial e com sua adesão à ideia de uma missão hegemônica das raças nórdicas. Na França, a elaboração de uma ideologia da "raça francesa", enraizada no passado "da terra e dos mortos", coincide com o início da imigração maciça, com a preparação da revanche contra a Alemanha e com a fundação do império colonial. *E o nacionalismo provém do racismo*, no sentido de que ele não se constituiria como ideologia de uma "nova" nação se o nacionalismo oficial ao qual ele reage não fosse profundamente racista; assim, o sionismo deriva do antissemitismo, e os nacionalismos do Terceiro Mundo derivam do racismo colonial. Mas, no interior do grande ciclo, há uma multiplicidade de ciclos particulares. Assim, para considera-r apenas um exemplo crucial na história nacional francesa, a derrota a que foi submetido o antissemitismo após o caso Dreyfus, simbolicamente incorporada aos ideais do regime republicano, de certa maneira abre a porta para a boa consciência colonial e permite dissociar durante muito tempo as noções de racismo e de colonização (pelo menos, de acordo com a percepção da metrópole).

Mas eu diria, *em segundo lugar*, que *a distância entre as representações e as práticas do nacionalismo e do racismo subsiste*: uma distância flutuante entre dois polos de

---

²³ Bipan Chandra, *Nationalism and Colonialism in Modern India* (Nova Délhi, Orient Longman, 1979), p. 287 e seg.

²⁴ Cf. Haroun Jamous, *Israël et ses juifs. Essai sur les limites du volontarisme* (Paris, François Maspero, 1982).

uma contradição e de uma identificação inevitável – e, talvez, como mostra o exemplo nazista, seja quando essa identificação se torna aparentemente completa que a contradição mais se acentua. Não se trata mais de uma contradição entre nacionalismo e racismo *enquanto tais*, e sim de uma contradição entre *formas* determinadas, entre os objetivos políticos do nacionalismo e a cristalização do racismo sobre tal "objeto" em *tal* momento: por exemplo, quando o nacionalismo se propõe a "integrar" uma população dominada, potencialmente autônoma, como a Argélia "francesa" ou a Nova Caledônia "francesa". A partir de agora, vou me dedicar, então, a essa distância, às formas paradoxais que ela adquire, de modo a compreender melhor o que se extrai da maior parte dos exemplos a que me referi: que o racismo não é uma "expressão" do nacionalismo, mas *um suplemento de nacionalismo*; ou melhor, *um suplemento interno ao nacionalismo*, sempre em excesso em relação a ele, mas sempre indispensável a sua constituição e, no entanto, também sempre insuficiente para concluir seu projeto; do mesmo modo que o nacionalismo é indispensável e, ao mesmo tempo, também sempre insuficiente para concluir a formação da *nação* ou o projeto de "nacionalização" da sociedade.

## Os paradoxos da universalidade

Que as teorias e as estratégias do nacionalismo estejam sempre presas à contradição entre a universalidade e o particularismo é uma ideia reconhecida que se presta a infinitos desencadeamentos. De fato, o nacionalismo é uniformizador, racionalizador e cultiva os fetiches de uma identidade nacional que o acompanha desde suas origens, identidade que deveria ser conservada contra qualquer disseminação. O que me interessa, aqui, não é a generalidade dessa contradição, mas a forma como ela é exibida pelo racismo.

De fato, o racismo exprime o universal e, ao mesmo tempo, o particular. O excesso que ele representa em relação ao nacionalismo (e, portanto, o suplemento que ele lhe fornece) tende a universalizá-lo, a corrigir, enfim, sua falta de universalidade, e a particularizá-lo, a corrigir sua falta de especificidade. Em outras palavras, o racismo não faz outra coisa a não ser aumentar o caráter ambíguo do nacionalismo, o que quer dizer que, por meio do racismo, o nacionalismo se engaja em uma "fuga para frente", uma metamorfose de suas contradições materiais em contradições ideais[25].

---

[25] Muitas vezes acreditamos poder afirmar que o nacionalismo, diferentemente de outras grandes ideologias políticas dos séculos XIX e XX, *não tem teoria* nem teóricos. Cf. Benedict Anderson,

Teoricamente falando, o racismo é uma filosofia da história, ou melhor, é uma *historiosofia*, que faz da história a consequência de um "segredo" escondido e revelado aos homens sobre sua própria natureza, seu próprio surgimento. Trata-se de uma filosofia que *torna visível a causa invisível* do destino das sociedades e dos povos, cujo desconhecimento justifica uma degenerescência ou a força histórica do mal[26]. Evidentemente, existem aspectos da historiosofia nas teologias providencialistas e nas filosofias do progresso, mas também nas filosofias dialéticas. O marxismo não é isento dela, o que contribuiu bastante para alimentar os efeitos de simetria entre a "luta de classes" e a "luta de raças", entre o motor do progresso e o enigma da evolução, portanto, as possibilidades de tradução de um universo ideológico para outro. Contudo, essa simetria tem limites muito claros. Aqui, não penso tanto na antítese abstrata do racionalismo e do irracionalismo nem na do otimismo e do pessimismo, embora seja verdade (e praticamente decisivo) que a maior parte das filosofias racistas se mostra como inversão do tema progresso em termos relacionados à decadência, à degenerescência, à degradação da cultura, à identidade e à integridade nacionais[27]. Mas penso no fato de que uma dialética histórica jamais pode se apresentar como a simples elaboração de um tema

---

*Imagined Communities*, cit.; Isaiah Berlin, "Nationalism – Past Neglect and Present Powers", em *Against the Current: Essays in the History of Ideas* (Oxford, Oxford University Press, 1981). Nesse caso, esquecemos que, com muita frequência, o racismo *fornece suas teorias para o nacionalismo*, do mesmo modo que lhe fornece um imaginário cotidiano, desempenhando, assim, um papel nos dois polos do "movimento ideológico".

[26] Cf. as reflexões de Maxime Rodinson sobre a função do *kerigma* nos movimentos ideológicos: "Nature et fonction des mythes dans les mouvements sociopolitiques d'après deux exemples comparés: communisme marxiste et nationalisme arabe", *Marxisme et monde musulman*, cit., p. 245 e seg.

[27] A introdução do tema "pessimista" da degenerescência no social-darwinismo, embora evidentemente não tenha a menor importância na teoria darwinista da seleção natural, é uma etapa fundamental na exploração ideológica do evolucionismo (desfrutando do duplo sentido da noção de *hereditariedade*). Nenhum racismo é "pessimista" *categoricamente*, ainda que o seja necessariamente *de maneira hipotética*: a raça (a cultura) superior está perdida (e a civilização humana junto com ela) *se* ela acaba se "submergindo" no oceano dos bárbaros, dos inferiores. Variante diferencialista: *todas* as raças (culturas) estão perdidas (e, portanto, *a* civilização humana) se elas se afogarem reciprocamente no oceano de sua diversidade, se a "ordem" que elas constituem em conjunto se degrada na entropia da "cultura de massa" uniformizada. O pessimismo histórico embute uma concepção voluntarista ou decisionista da política: somente uma decisão radical, que traduza a antítese da vontade pura e do fluxo das coisas, portanto a dos homens determinados e a dos homens inertes, pode se opor à decadência e até mesmo invertê-la. Daí a perigosa proximidade que se estabelece quando o marxismo (e mais comumente o socialismo) conduz sua representação do determinismo histórico até o *catastrofismo*, que designa, por sua vez, uma concepção "decisionista" da revolução.

maniqueísta, diferentemente de uma historiosofia da luta de raças ou de culturas, ou do antagonismo entre "elite" e "massa". É preciso dar conta não só da "luta" e do "conflito", mas também da *constituição histórica das forças em luta e das formas de luta*; em outras palavras, colocar questões *críticas* a propósito de sua própria representação no curso da história. Desse ponto de vista, as historiosofias da raça e da cultura são radicalmente acríticas.

Sem dúvida alguma, não existe *uma* filosofia racista, uma vez que esta nem sempre adquire a forma de sistema. O neorracismo contemporâneo, hoje, nos põe diretamente diante dessa variedade de formas históricas e nacionais: mito da "luta de raças", antropologia evolucionista, culturalismo "diferencialista", sociobiologia etc. Em torno dessa constelação, gravitam discursos e técnicas sociopolíticas como a demografia, a criminologia, o eugenismo. Seria conveniente também alongar a linhagem da genealogia das teorias racistas que, por intermédio de Gobineau ou Chamberlain, mas também da "psicologia dos povos" e do evolucionismo sociológico, remonta à antropologia e à história natural do Iluminismo[28] e ao que Louis Sala-Molins chama de a teologia *"blanco-biblique"*[29]. Para resumir, pretendo fundamentalmente lembrar quais são as operações intelectuais que, há três séculos, estão sempre em atuação no racismo teórico e lhe permitem se articular com o que podemos chamar de o "desejo de saber" do racismo cotidiano.

Em primeiro lugar, existe a operação de *classificação*, ou seja, o reflexo no interior da espécie humana da diferença que a constitui, a busca de critérios segundo os quais os homens são "homens": em que eles o são? Em que *medida*? Em que *gênero*? Toda hierarquização pressupõe essa classificação, que a ela pode conduzir, pois a construção mais ou menos coerente de um quadro hierárquico dos grupos que constituem a espécie humana é uma representação privilegiada de sua unidade *na e pela* desigualdade. Mas essa classificação pode também se satisfazer consigo mesma, como puro "diferencialismo". Pelo menos aparentemente, pois os critérios de diferenciação não podem ser "neutros" numa situação que seja o máximo possível

---

[28] Cf., em especial, os trabalhos de Michèle Duchet, *Anthropologie et histoire au siècle des Lumières* (Paris, François Maspero, 1971), assim como "Racisme et sexualité aux VIIIe siècle", em Léon Poliakov et al., *Entretiens sur le racisme*, t. II: *Ni juif ni grec* (Paris/La Haye, Mouton, 1978); e "Du noir au blanc, ou la cinquième génération", em Léon Poliakov et al., *Entretiens sur le racisme*, t. III: *Le Couple interdit* (Paris/La Haye, Mouton, 1980).

[29] Cf. Louis Sala-Molins, *Le Code noir ou le calvaire de Canaan* (Paris, Presses Universitaires de France, 1987).

próxima da realidade. Eles incorporam valores sociopolíticos que, na prática, são contestados e devem ser impostos pelo ângulo da etnicidade ou da cultura[30].

Classificação e hierarquia são, antes de mais nada, operações de naturalização, ou melhor, de projeção de diferenças históricas e sociais no horizonte de uma natureza imaginária. Mas é preciso não se deixar levar pela evidência do resultado. A "natureza humana", redobrada por um sistema de "diferenças naturais" no âmbito da espécie humana, não é de modo algum uma categoria imediata. Ela incorpora necessariamente estruturas sexuais, tanto do ponto de vista dos "efeitos" ou dos sintomas (as "características raciais", sejam psicológicas, sejam somáticas, são sempre metáforas da diferença de sexos) quanto no que diz respeito às causas (mestiçagem, hereditariedade). Daí a importância central do critério da *genealogia*, que é tudo menos uma categoria da natureza "pura": trata-se de uma categoria simbólica articulada com noções jurídicas relativas, antes de mais nada, à legitimidade da filiação. Há, então, uma contradição latente no "naturalismo" da raça, que deve ser superada em direção a uma "sobrenatureza" originária, "imemorial", projetada sempre de antemão no imaginário do benéfico e do maléfico, da inocência e da perversão[31].

Esse primeiro aspecto logo introduz um segundo: todo racismo teórico se refere a *universais antropológicos*. Neste sentido, é exatamente o modo como ele os escolhe e os combina que faz sua evolução doutrinal. Entre os universais figuram, sem dúvida, as noções de "patrimônio genético da humanidade" ou "tradição cultural", mas também conceitos mais específicos, como a *agressividade humana* ou, ao contrário, o *altruísmo "preferencial"*[32], que nos levam às diferentes variantes das ideias de xenofobia, etnocentrismo e tribalismo. Encontramos, aqui, a possibilidade do duplo jogo que permite ao "neorracismo" considerar o oposto da crítica

---

[30] O diferencialismo *desloca a discriminação*, transferindo-a da aparência imediata dos grupos classificados para os critérios de classificação; é um racismo de "segunda posição"; do mesmo modo, desloca a naturalidade das "raças" para a naturalidade das "atitudes racistas". Cf. meu estudo, no capítulo 1 deste livro, no qual me beneficio das análises recentes do discurso racista na França e na Inglaterra feitas por Colette Guillaumin, Véronique de Rudder, Martin Barker e Pierre-André Taguieff.

[31] Sobre a natureza como "Mère fantasmatique" nas ideologias racistas e sexistas, cf. Colette Guillaumin, "Nature et histoire. À propos d'un 'matérialisme'", em Maurice Olender (org.), *Le Racisme, mythes et sciences* (Bruxelas, Complexe, 1981). Sobre a genealogia e a hereditariedade, cf. Pierre Legendre, *L'Inestimable objet de la transmission* (Paris, Fayard, 1985).

[32] Ver a maneira como a sociobiologia hierarquiza os "sentimentos altruístas": em primeiro lugar, a família imediata, em seguida, os parentes em geral – *kin altruism* –, enfim, a comunidade étnica que se supõe representar sua expansão. Cf. Martin Barker, *The New Racism. Conservatives and the Ideology of the Tribe* (Londres, Junction, 1981).

antirracista: ora dividir e hierarquizar diretamente a humanidade, ora transformar em explicação a própria "necessidade natural do racismo". E, por sua vez, essas ideias se "fundamentam" em outros universais, sejam sociológicos (por exemplo, a ideia de que a endogamia é uma condição e uma norma de qualquer agrupamento humano e, portanto, a exogamia é objeto de angústia e impedimento universal), sejam psicológicos (por exemplo, a sugestão e a comunicação hipnótica, recursos tradicionais da psicologia das massas).

Em todos esses universais, encontramos a persistência de uma "questão": *a da diferença entre a humanidade* e *a animalidade*, cujo caráter problemático é reutilizado para interpretar os conflitos da sociedade e da história. No social-darwinismo clássico, tem-se também a imagem paradoxal de uma evolução que deve *extrair a humanidade* propriamente dita (ou seja, a cultura, o controle tecnológico da natureza – inclusive o da natureza humana: o eugenismo) da animalidade, mas usando os meios que a caracterizariam (a "sobrevivência do mais apto"), em outras palavras, por intermédio de uma *concorrência "animal" entre os graus de humanidade*. Na sociobiologia e na etologia contemporâneas, os comportamentos "socioafetivos" dos indivíduos e, sobretudo, dos grupos humanos (agressividade e altruísmo) são apresentados como a marca indelével da animalidade na humanidade evoluída. No culturalismo diferencialista, poderíamos ter a impressão de que esse tema nunca aparece. No entanto, acredito que ele exista de forma indireta: na interação do discurso da diferença cultural com o da ecologia (como se o isolamento das culturas fosse a condição da preservação do "meio natural" da espécie humana) e, sobretudo, na metaforização integral das categorias culturais em termos de individualidade, de seleção, de reprodução, de mestiçagem. A animalidade do homem, no homem e contra o homem – consequentemente, a "bestialização" sistemática dos indivíduos e dos grupos humanos racializados – é, assim, o meio apropriado ao racismo teórico para pensar a historicidade humana. Uma historicidade paradoxalmente imóvel, se é que ela não é regressiva, inclusive quando oferece um cenário para a afirmação da "vontade" dos homens superiores.

Da mesma maneira que os movimentos racistas representam a síntese paradoxal, e em determinadas circunstâncias muito mais eficaz, das ideologias contraditórias da revolução e da reação, o racismo teórico representa a síntese ideal da transformação e da invariabilidade, da repetição e do destino. O "segredo" cuja descoberta ele reapresenta permanentemente é o de uma humanidade que sai eternamente da animalidade e é eternamente ameaçada pela dominação da animalidade. Por isso, quando ele substitui o significante da raça pelo da cultura, precisa sempre relacioná-la a uma "herança", a uma descendência, a um enraizamento, todos eles significantes do debate imaginário entre o homem e suas origens.

Estaríamos, então, muito enganados se acreditássemos que o racismo teórico é incompatível com qualquer transcendência, como o fazem alguns críticos recentes do culturalismo que, aliás, cometem a mesma confusão a propósito do nacionalismo[33]. Ao contrário, as teorias racistas comportam, necessariamente, um aspecto de sublimação, uma idealização da espécie cuja imagem privilegiada é *estética*: é por isso que elas acabam descrevendo e valorizando certo *tipo de homem*, que elas veem o *ideal humano* em termos tanto de corpo quanto de espírito (desde o "alemão" e o "celta" dos velhos tempos até o "superdotado" das nações "desenvolvidas" de hoje). Esse ideal está relacionado com o homem das origens (não degenerado) e também com o homem do futuro (o super-homem). Essa questão é decisiva tanto para compreender como se articulam racismo e sexismo (a importância do significante fálico no racismo) quanto para relacionar o racismo com a exploração do trabalho e a alienação política. A estetização das relações sociais é uma contribuição determinante do racismo para a constituição do campo projetivo da política. Até mesmo a idealização dos valores tecnocráticos da eficácia supõe uma sublimação estética. Não é por acaso que o empresário moderno cujas empresas devem dominar o planeta é, ao mesmo tempo, um esportista e um sedutor. E a inversão simbólica que, na tradição socialista, valorizou, ao contrário, a imagem do *operário* como tipo perfeito da humanidade no futuro, como "passagem" da extrema alienação para a extrema força política, foi acompanhada, como se sabe, de uma intensa estetização e sexualização que permitiu sua recuperação pelo fascismo e que nos obriga a indagarmos quais elementos do racismo foram restituídos historicamente no "humanismo socialista"[34].

A notável constância desses temas históricos e antropológicos nos permite começar a esclarecer a ambiguidade das relações que o racismo teórico mantém, há dois séculos, com as ideologias humanistas (ou universalistas). A crítica dos

---

[33] Cf. Alain Finkielkraut, *La Défaite de la pensée* (Paris, Gallimard, 1987).

[34] Sobre o pensamento nazista como estetização da política, cf. Philippe Lacoue-Labarthe, *La Fiction du politique* (Paris, Christian Bourgois, 1988). Pierre Ayçoberry, em *La Question nazie*, cit., p. 31, observa que a estética nazista "tem como função apagar os vestígios da luta de classes, colocando cada categoria na posição que ela ocupa na comunidade racial: o camponês enraizado, o operário atleta da produção, a dona de casa". Cf. também Anson Gilbert Rabinbach, "L'Esthétique de la production sous le III$^e$ Reich", em Lion Murard e Patrick Zylberman, *Recherches: Le Soldat du travail*, n. 32-33, set. 1978.

racismos "biológicos" está na origem da ideia, amplamente difundida, sobretudo na França, segundo a qual o racismo seria, por definição, *incompatível com o humanismo e, portanto, teoricamente falando, seria um anti-humanismo*, uma vez que valoriza a "vida" em detrimento dos valores propriamente humanos: moralidade, conhecimento, dignidade da pessoa. Ora, existe aqui confusão e mal-entendido. Confusão, porque o "biologismo" das teorias raciais (da antropometria ao darwinismo social e à sociobiologia) não é uma valorização da vida como tal e, menos ainda, uma aplicação da biologia, mas uma metáfora vitalista de determinados valores sociais sexualizados: energia, decisão, iniciativa e, em geral, todas as representações viris da dominação ou, ao contrário, passividade, sensualidade, feminilidade ou, ainda, solidariedade, corporativismo e, em geral, todas as representações da unidade "orgânica" da sociedade no modelo de uma "família" endogâmica. Essa metáfora vitalista está associada a uma hermenêutica que faz das particularidades *somáticas* os sintomas das "características" psicológicas ou culturais. E há também mal-entendido, porque o próprio racismo biológico jamais foi uma maneira de dissolver a especificidade humana no conjunto mais amplo da vida, da evolução ou da natureza, e sim, ao contrário, uma maneira de aplicar noções pseudobiológicas para *constituir a espécie humana* e melhorá-la ou preservá-la da decadência. Assim, ele é estreitamente solidário com uma *moralidade* do heroísmo e do ascetismo. É aqui que a dialética nietzschiana do "super-homem" e do "homem superior" pode se mostrar esclarecedora. Como diz, de maneira excelente, Colette Guillaumin: "Essas categorias marcadas com a diferença biológica estão situadas no âmbito da espécie humana e as consideramos como tais. Essa observação é crucial. De fato, a espécie humana é a noção--chave em relação à qual se constituiu e se constitui cotidianamente o racismo"[35]. Não haveria tanta dificuldade para organizar intelectualmente a luta contra o racismo se o "crime contra a humanidade" não fosse cometido em nome e por meio de um discurso humanista. Talvez seja isso o que, antes de mais nada, nos coloque diante do que, em outro contexto, Marx chamava de "lado mau" da história que, no entanto, a torna a realidade.

Mas a presença paradoxal de um componente humanista, universalista, na constituição ideológica do racismo nos permite também esclarecer a profunda ambivalência do significante da "raça" (e seus substitutos atuais) do ponto de vista da unidade e da identidade nacionais.

---

[35] Colette Guillaumin, *L'Idéologie raciste*, cit., p. 6.

Enquanto suplemento de particularidade, o racismo se apresenta, sobretudo, como um *supernacionalismo*. O nacionalismo simplesmente político é percebido como fraco, como uma posição de conciliação em um universo de concorrência ou de guerra implacável (mais que nunca, hoje, se alastra o discurso da "guerra econômica" internacional). O racismo se pretende um nacionalismo "integral", que só tem sentido (e chances) caso se fundamente na integridade da nação, voltada para o exterior e o interior. O que o racismo teórico chama de "raça" ou "cultura" (ou ambos) é, então, uma origem continuada da nação, um concentrado de qualidades que pertencem "como propriedade exclusiva" aos nacionais: é na "raça de seus filhos" que a nação poderá contemplar sua própria identidade em estado puro. E, consequentemente, é em torno da raça que ela deve se unir, é com a raça, "patrimônio" a ser preservado de qualquer degradação, que ela deve se identificar, tanto "espiritualmente" quanto "fisicamente" ou "carnalmente" (a mesma coisa vale para a cultura enquanto substituta ou interioridade da raça).

Sem dúvida, isso quer dizer que o racismo subentende as reivindicações de anexação (de "volta") ao "corpo" nacional dos indivíduos e das populações "perdidas" (por exemplo, os alemães dos Sudetas, do Tirol etc.); pelo que se sabe a seu respeito, ela está estreitamente associada ao que poderíamos chamar de *movimentos pan* do nacionalismo (pan-eslavismo, pangermanismo, panturanismo, pan-arabismo, pan-americanismo...). Isso quer dizer, sobretudo, que o racismo induz permanentemente a um excesso de "purismo" no que se refere à nação: para que ela seja *ela mesma*, é preciso que seja racial ou culturalmente pura. Portanto, é preciso que, antes de eliminá-los ou expulsá-los, ela isole em seu interior os elementos "falsos", "exógenos", "mestiçados", "cosmopolitas". Imperativo obsessivo, diretamente responsável pela racialização dos grupos sociais cujas características coletivizantes – relativas a gênero de vida, crenças ou a origens étnicas – serão transformadas em estigmas da exterioridade e da impureza. Mas esse processo de constituição da raça em supernacionalidade desemboca na fuga para frente. No início, seria necessário poder *reconhecer* por algum critério determinado de aparência ou de comportamento o que é um "verdadeiro nacional" ou um "nacional essencial": o "franco-francês", o "inglês-inglês" de quem Ben Anderson fala ao se referir à hierarquia das castas e à categorização dos funcionários no Império Britânico, o alemão autenticamente "germânico" – ver a diferenciação feita pelo nazismo entre *Volkszugehörigkeit* e *Staatsangehörigkeit* –, a americanidade autêntica do WASP (*White Anglo-Saxon Protestant*) [Branco, anglo-saxão, protestante], sem esquecer, evidentemente, a brancura do "cidadão" africânder. Porém na prática é preciso *constituí-lo* a partir de convenções jurídicas ou de particularismos culturais ambíguos, *negando* imaginariamente outras características coletivizantes, outros sistemas de "diferenças" irredutíveis, o que leva mais uma vez a busca da nacionalidade por meio da raça em direção a um fim inacessível. Além disso, muitas vezes acontece que os critérios assim investidos de um significado "racial" (e *a fortiori* cultural) são, em grande medida, critérios de classe social, ou mais, levam a "selecionar" simbolicamente uma elite que *já* se encontra selecionada pelas desigualdades de classes econômicas e políticas; ou ainda, acontece que as classes dominadas são aquelas cuja "composição racial" e "identidade cultural" são as mais duvidosas... Esses efeitos vão diretamente de encontro ao objetivo nacionalista que não é recriar um elitismo, mas instituir um populismo: não se trata de suspeitar da heterogeneidade histórica e social do "povo", e sim de exibir sua unidade essencial.

É por isso que o racismo tem sempre tendência a funcionar de modo invertido, de acordo com o mecanismo de projeção a que já nos referimos a propósito do papel do antissemitismo nos nacionalismos europeus: a identidade racial-cultural dos "verdadeiros nacionais" permanece invisível, mas é deduzida (e assegurada) *ao contrário* da suposta visibilidade, quase alucinatória, dos "falsos nacionais": judeus, metecos, imigrantes, *indianos, povos originários, negros*... É importante dizer que ela continua sempre incerta e em perigo: que o "falso" seja *extremamente* visível jamais garantirá que o "verdadeiro" o seja *o bastante*. Ao procurar circunscrever a essência comum dos nacionais, o racismo se engaja, então, inevitavelmente na busca obsessiva por um "núcleo" de autenticidade indetectável, estreita a nacionalidade e desestabiliza a nação histórica[36]. Como consequência, no extremo, a inversão do fantasma racial: por não poder *encontrar* a pureza racial-nacional e garantir sua procedência a partir das origens do povo, tentará *fabricá-la* de acordo com o ideal de um super-homem (super)nacional. Esse é o sentido do eugenismo nazista. Mas é preciso deixar claro que a mesma orientação povoou todas as sociotécnicas da seleção humana, inclusive determinada tradição da educação "tipicamente britânica", e ressurge, hoje, nas aplicações "pedagógicas" da psicologia diferencial (cuja arma absoluta é o QI).

Daí, também, a rapidez com que se passa do supernacionalismo ao racismo como *supranacionalismo*. Cabe conceder o devido peso ao fato de que as teorias raciais

---

[36] Consequentemente, toda uma casuística: se é preciso admitir que a nacionalidade francesa inclui inúmeras gerações sucessivas de imigrantes e de descendentes de imigrantes, sua incorporação espiritual será justificada por sua capacidade de serem assimilados, entendida como uma predisposição a se afrancesar, mas sempre restará a questão (como, outrora, para os *conversos* diante da Inquisição) de saber se essa assimilação não é superficial, só nas aparências.

do século XIX definem comunidades de língua, de descendência, de tradição que não coincidem, como regra geral, com os Estados históricos, ainda que elas se refiram, sempre de modo oblíquo, a um ou vários deles. Em outras palavras, a *dimensão de universalidade* do racismo teórico, cujos aspectos antropológicos esboçamos há pouco, desempenha aqui papel fundamental: ela permite um "universalismo específico" e, portanto, uma *idealização* do nacionalismo. É esse aspecto que eu gostaria de analisar para concluir[37].

Os mitos clássicos da raça, em particular a arianidade, não se referem, em primeiro lugar, à nação, e sim à classe, numa perspectiva aristocrática. Nessas condições, a raça "superior" (ou as raças superiores, ou seja, segundo Gobineau, as raças "puras") jamais pode, por definição, coincidir com a totalidade da população nacional ou se restringir a ela[38]. O que faz com que a coletividade nacional "visível", institucional, tenha de sujeitar suas transformações a regras baseadas em outra coletividade, "invisível", que transcende as fronteiras e é, por definição, transnacional. Mas o que era verdade no caso da aristocracia e podia parecer a consequência transitória dos modos de pensamento de uma época em que o nacionalismo apenas começava a se impor continua a ser verdade no caso de *todas* as teorias racistas posteriores: seu referente é de ordem biológica (de fato, como vimos, somático) ou de ordem cultural. Cor da pele, forma do crânio, predisposições intelectuais, espírito estão *além da nacionalidade positiva*; trata-se apenas da outra face da obsessão pela pureza. A consequência disso é o paradoxo com que se depararam inúmeros analistas: de fato, existe um "internacionalismo", um "supranacionalismo" racista, que tende a idealizar comunidades atemporais, ou trans-históricas, tais como os "indoeuropeus", o "Ocidente", a "civilização judaico-cristã" – portanto, comunidades ao mesmo tempo abertas e fechadas, sem fronteiras ou cujas únicas fronteiras são, como dizia Fichte, "internas", inseparáveis dos indivíduos ou, mais precisamente, de sua "essência" (o que, há pouco tempo, se chamava de "alma"). De fato, são as fronteiras de uma humanidade ideal[39].

---

[37] O "supersentido" do qual Hannah Arendt, por sua vez, fala na conclusão de *Origens do totalitarismo* não é relacionado por ela a um processo de idealização, mas à ameaça terrorista que seria inerente ao delírio de "coerência ideológica"; muito menos a uma variedade de humanismo, mas à absorção da vontade humana no movimento da História ou da Natureza, que os movimentos totalitários se propõem a "acelerar".

[38] Sobre Gobineau, cf. particularmente o estudo de Colette Guillaumin, "Aspects latents du racisme chez Gobineau", *Cahiers Internationaux de Sociologie*, v. XLII, 1967.

[39] Um dos exemplos mais depurados na literatura contemporânea nos foi dado pela obra de Ernst Jünger: cf., por exemplo, *Le Noeud gordien* (Paris, Christian Bourgois, 1970).

Neste caso, o excesso do racismo no nacionalismo adquire a forma inversa sem, no entanto, deixar de ser um de seus componentes: ele o leva às dimensões de uma totalidade infinita. Daí as semelhanças e os empréstimos mais ou menos caricaturais tomados da teologia, da "gnose". Outra consequência possível é o deslize das teologias universalistas em direção ao racismo quando elas estão sujeitas por um laço estreito ao nacionalismo moderno. Por isso, sobretudo, é que um significante racial deve transcender as diferenças nacionais, organizar solidariedades "transnacionais" para, em troca, garantir a efetividade do nacionalismo. Assim funcionou o antissemitismo em escala *europeia*: cada nacionalismo viu no judeu (ele próprio contraditoriamente pensado como de maneira irredutível inassimilável aos outros e como cosmopolita, como povo das origens e como desenraizado) *seu* inimigo particular e representante de *todos* os outros "inimigos hereditários"; mas todos os nacionalismos tiveram o *mesmo* rejeitado, o mesmo "apátrida", o que foi um componente da própria ideia da Europa como terra dos Estados "modernos" nacionais, em outras palavras, da civilização. Na mesma época, as nações europeias, ou euro-americanas, em concorrência ferrenha pela partilha colonial do mundo, se reconheceram como comunidade e com uma "igualdade" nessa própria concorrência, que elas batizaram de "branca". Poderíamos fazer descrições análogas a propósito das extensões universalistas da nacionalidade árabe, ou da nacionalidade judaico-israelense, ou da nacionalidade soviética. Quando os historiadores se referem a esse objetivo universalista do nacionalismo, entendendo-o como uma pretensão e um programa de imperialismo cultural (impor, a toda a humanidade, uma concepção "inglesa", "alemã", "francesa", "americana" ou "soviética" do homem e da cultura universal), deixando totalmente de lado a questão do racismo, sua argumentação é, na melhor das hipóteses, incompleta, pois foi apenas enquanto "racismo" que o imperialismo pôde se metamorfosear de simples plano de conquista em plano de dominação universal, fundando uma "civilização": ou seja, à medida que a nação imperialista foi imaginada e apresentada como instrumento particular de uma missão ou de um destino mais essenciais, os outros povos não podem deixar de reconhecê-la como tal.

Destas reflexões e hipóteses, eu tiraria duas conclusões. A primeira é que, nessas condições, não deveríamos nos surpreender tanto com o fato de os movimentos racistas terem dado lugar a formações de "eixos" internacionais, o que, de maneira provocadora, Wilhelm Reich chamava de "internacionalismo nacionalista"[40].

---

[40] Cf. Wilhelm Reich, *Les Hommes dans l'État* (Paris, Payot, 1978).

Provocadora, mas justa, pois, para ele, tratava-se de compreender os efeitos miméticos desse internacionalismo paradoxal e de um outro, que tendia cada vez mais a se realizar como "nacionalismo internacionalista", uma vez que, com base no exemplo da "pátria do socialismo" e em torno dela, sob ela, os partidos comunistas se transformavam em "partidos nacionais", inclusive às vezes do ângulo do antissemitismo. A simetria era tão decisiva que, desde meados do século XIX, opunha as representações da história como "luta de classes" e como "luta de raças", sendo ambas consideradas "guerras civis internacionais", nas quais se põe em jogo o destino da humanidade. Neste sentido, ambas supranacionais: junto a isso que não pode ser esquecido, supõe-se que a luta de classes dissolva as nacionalidades e os nacionalismos, enquanto se supõe que a luta de raças fundamente a perenidade das nações, institua sua hierarquia e permita ao nacionalismo fundir o elemento propriamente nacional com o elemento socialmente conservador (o antissocialismo, o anticomunismo militantes). Foi enquanto suplemento do universal, mobilizada na constituição de um supranacionalismo, que a ideologia da luta de raças pôde, de alguma maneira, circunscrever o universalismo da luta de classes e lhe opor outra "visão de mundo".

A segunda é que o racismo teórico nunca é a antítese absoluta do humanismo. No excesso de significação e de ativismo, que marca a passagem do nacionalismo para o racismo dentro do próprio nacionalismo e lhe permite cristalizar sua própria violência, o lado que se impõe paradoxalmente é a universalidade. O que nos leva a hesitar em admitir, para deduzir as consequências disso, é a confusão que continua a reinar entre um *humanismo teórico* e um *humanismo prático*. Se identificarmos este último com uma política e uma ética da defesa dos direitos dos cidadãos sem limitações nem exclusões, veremos muito bem que existe incompatibilidade entre racismo e humanismo e compreenderemos, sem dificuldade, por que o antirracismo efetivo teve de se constituir como um humanismo "consequente". No entanto, isso não significa que o humanismo prático se baseia necessariamente num humanismo teórico (ou seja, em uma doutrina que faz do homem enquanto espécie a origem e o fim dos direitos declarados e instituídos). Ele pode se basear também em uma teologia, em uma sabedoria profana que subordine a ideia do homem à ideia da natureza, ou, então, o que sem dúvida é diferente, em uma análise do conflito social e dos movimentos de libertação que substitua a generalidade do homem e da espécie humana por relações sociais específicas. Ao contrário, a relação necessária do antirracismo com o humanismo prático de maneira alguma impede que o racismo teórico seja também um humanismo teórico. O que significa que o conflito se dá, neste caso, no universo ideológico do humanismo, no qual a decisão se baseia em outros critérios políticos, não na simples distinção entre o humanismo da identidade e o das diferenças. Já a *igualdade cívica absoluta, prevalecendo sobre os "pertencimentos" estatais,* é uma formulação mais inevitável. É por isso que penso que é preciso lermos a relação tradicional entre essas noções no sentido inverso ou "reconstituí-la": um humanismo prático só atua, hoje, como tal, se for, antes de mais nada, um antirracismo efetivo. Contrapor uma ideia de homem a outra, certamente, mas contrapor de maneira indissociável uma política internacionalista a uma política nacionalista da cidadania[41].

---

[41] Tentei desenvolver esta posição em alguns artigos "oportunos": "Suffrage universel" (com a colaboração de Yves Benot), *Le Monde*, 4 maio 1983; "Sujets ou citoyens? Pour l'égalité", *Les Temps Modernes: L'Immigration maghrébine en France*, n. 452, mar.-abr.-maio 1984. "La société métissée", *Le Monde*, 1º dez. 1984; "Propositions sur la citoyenneté", em Catherine Wihtol de Wenden (org.), *La Citoyenneté* (Paris, Edilig-Fondation Diderot, 1988).

# Parte II
## A nação histórica

# 4
# A construção do conceito de povo: racismo, nacionalismo, etnicidade

*Immanuel Wallerstein*

Nada parece mais óbvio do que quem ou o que constitui um povo. Os povos têm nomes familiares. Parecem ter longas histórias. No entanto, qualquer pesquisador de opinião pública sabe que, se fizermos a pergunta aberta – "como você se identifica?" – para indivíduos que presumivelmente pertencem ao mesmo "povo", as respostas serão incrivelmente diferentes, sobretudo se o assunto não estiver, naquele momento, no centro das atenções políticas. E qualquer estudante do cenário político sabe que, nessa área, debates muito apaixonados giram em torno dessas denominações. Existem palestinos? Quem é judeu? Macedônios são búlgaros? Berberes são árabes? Qual é a classificação correta: negro, afro-americano, *Negro* (com maiúscula), *negro* (com minúscula)? Todo dia, as pessoas discutem umas com as outras sobre rótulos. Todavia, muita gente tende a negar que a questão seja complexa, um quebra-cabeça ou, na verdade, qualquer coisa não óbvia.

Gostaria de começar descrevendo um debate recente sobre um povo específico. Ele tem a rara qualidade de ser uma discussão relativamente amigável entre pessoas que declaram compartilhar objetivos políticos comuns. Trata-se de um debate que se tornou público com a esperança explícita de resolver a questão de forma amistosa entre camaradas.

O cenário é a África do Sul. O governo sul-africano proclamou por lei a existência de quatro grupos de "povos" no país, com um nome para cada um: europeus, indianos, *coloureds* [mestiços], bantus. Cada uma dessas categorias legais é complexa e, internamente, contém uma infinidade de subgrupos possíveis. A combinação dos subgrupos sob uma denominação legal, às vezes, parece estranha na perspectiva de um estrangeiro. No entanto, essas denominações têm a força de lei e muitas consequências para os indivíduos. Todos os que residem na África do Sul são classificados administrativamente em uma dessas quatro categorias, o que acarreta direitos políticos e sociais diferentes. Por exemplo, eles ou elas são obrigados a viver em uma área residencial destinada, pelo Estado, para sua categoria e, em alguns casos, para as subcategorias.

Há um grande número de pessoas na África do Sul contra esse processo de categorização legal, conhecido como *apartheid*. Seja como for, a história dessa oposição mostra, pelo menos, uma mudança significativa de tática com relação às denominações legais. No início, os que se opuseram ao *apartheid* criaram organizações nas estruturas internas de cada categoria segregada. Essas organizações fizeram, então, uma aliança política e trabalharam em conjunto. Por exemplo, em 1955, ocorreu o famoso Congresso do Povo, promovido por quatro grupos, cada qual composto por pessoas pertencentes a uma das quatro categorias governamentais de povos. Esse Congresso do Povo publicou a Carta da Liberdade, reivindicando, entre outras coisas, o fim do *apartheid*.

Entre as quatro organizações de oposição, a maior se chamava African National Congress (ANC) [Congresso Nacional Africano] e representava aqueles que o governo denominou bantus, parcela correspondente a cerca de 80% da população total sob a jurisdição do Estado. Em algum momento da década de 1960 ou, talvez, dos anos 1970 (não está claro quando), o ANC passou, aos poucos, a usar o termo "africano" para todos aqueles que não fossem "europeus" e, assim, incluiu em uma única denominação os que o governo chamava de bantus, *coloureds* e indianos. Algumas outras organizações – não está claro quais – tomaram uma decisão semelhante, mas designaram esse grupo como "não brancos" em oposição a "brancos". Nos dois casos, a consequência foi reduzir uma classificação dividida em quatro grupos a uma dicotomia.

No entanto, a decisão, se é que se tratou disso mesmo, foi ambígua. Por exemplo, a organização de indianos, o Congresso Indiano da África do Sul (Saic – South African Indian Congress), aliada ao ANC, continuou a existir, embora seu presidente e outros tenham se tornado membros do Saic e, ao mesmo tempo, do ANC.

Não há a menor dúvida de que, das quatro, a categoria "*coloured*" era a mais incômoda. Esse "grupo" foi constituído, historicamente, a partir de descendentes de várias uniões entre africanos e europeus. Incluiu também pessoas que chegaram das Índias orientais séculos atrás, que se tornaram conhecidas como malaios do Cabo. Na maior parte das vezes, "*coloureds*" eram pessoas que, em outras partes do mundo, têm sido chamadas de "mulatos" e que, nos Estados Unidos, sempre foram consideradas parte da "raça negra", do ponto de vista das leis, agora extintas, que governaram a segregação racial.

Em junho de 1984, Alex la Guma, membro do ANC e *Coloured*, conforme a classificação do governo, escreveu uma carta para o editor do *Sechaba*, jornal oficial do ANC. Ele apresentou a seguinte questão:

> Tomei conhecimento agora de que em conversas, artigos, entrevistas etc. no *Sechaba* sou descrito como "o chamado *Coloured*" (às vezes, com "c" minúsculo). Quando o Congresso decidiu me chamar assim? Na África do Sul, participei ativamente da Congress Alliance [Aliança do Congresso] e fui membro do *Coloured* People's Congress [Congresso do Povo *Coloured*], não de "o chamado Congresso do Povo *Coloured*". Quando trabalhamos para o Congresso do Povo e para a Carta da Liberdade, cantamos "Nós, o povo *Coloured*, temos de lutar para existir [...]". Eu me lembro de que, naquela época, algumas pessoas do chamado Unity Movement [Movimento de Unidade] [uma organização rival do ANC] se referiram ao chamado povo *Coloured*, mas o nosso Congresso não. As velhas publicações do *Sechaba* não mostram quando se decidiu fazer essa mudança nem por quê. Talvez governos, administrações, negociações políticas e sociais durante séculos tenham me chamado de *coloured*. Mas pessoas inteligentes, etnólogos e professores de antropologia, e assim por diante, não se deram ao trabalho de se preocupar com quem eu sou de fato.
> 
> Camarada editor, estou confuso. Preciso de um esclarecimento. Estou me sentindo como um "o chamado" humano, como um humanoide, aquelas coisas que têm todas as características de seres humanos, mas na realidade são artificiais. Outras minorias não são chamadas de "o chamado". Por que eu? Deve ser a "maldição de Cam".

Essa carta recebeu três respostas. A primeira, publicada também na edição de junho, foi do editor:

> Pelo que me lembro, não foi tomada decisão alguma em nosso movimento para alterar de "*Coloured*" para "o chamado *Coloured*". Tudo o que sei é que as pessoas da casa – como Allan Boesak [um dos que o governo denomina *Coloured*] no lançamento da UDF [United Democratic Front (Frente Democrática Unida), uma organização antiapartheid] – cada vez mais têm usado a expressão "os chamados *Coloureds*". Desconfio que o que você observou seja reflexo disso.

Não há muito tempo o *Sechaba* fez uma resenha do livro de Richard Rive, *Writing Black* [Escrevendo a negritude], e nela dissemos:

> Nossa luta pela unidade não nos impede de vermos as diferenças que, se ignoradas, podem causar problemas exatamente para esta unidade que estamos lutando para alcançar. Não basta dizer os chamados *Coloureds* ou colocar a palavra *Coloureds* entre aspas. Uma abordagem positiva deste problema precisa ser cuidadosamente trabalhada porque estamos nos referindo a um grupo de pessoas identificáveis e distinguíveis.
>
> Em outras palavras, o que afirmamos naquela resenha é que é necessário discutir essa questão, e achamos que sua carta pode ser um ponto de partida para essa discussão. Todos os comentários sobre essa questão serão bem-vindos.

Na edição do *Sechaba* de agosto de 1984, apareceu uma carta assinada P.G. Pelos comentários, parece que P.G. também é alguém classificado *Coloured* pelo governo. Ao contrário de Alex la Guma, ele rejeita o termo de maneira inequívoca.

> Eu me lembro da discussão que costumávamos ter, no Cabo Ocidental, sobre o termo *Coloured*, quando nos reuníamos com grupos do Comrades Movement [Movimento de Camaradas]. Esses eram grupos de jovens organizados de forma independente que se juntaram na ação e nos estudos, por ocasião do levante de 1976, e que eram, em geral, pró-ANC. A expressão "o chamado *Coloured*" era usada, com frequência, entre os jovens como maneira popular de expressar a rejeição da terminologia do *apartheid*.
>
> Concordo plenamente com o que foi dito, no *Sechaba*, na resenha do livro de Richard Rive, *Writing Black*, mas acrescentaria que, assim como, nas palavras de vocês, "Não basta dizer os chamados *Coloureds* ou colocar a palavra *Coloureds* entre aspas", seria também errado aceitar o termo "*Coloured*". Digo isso particularmente à luz do fato de a maioria das pessoas rejeitar o termo "*Coloured*". Pessoas do Congresso, pessoas da UDF, grupos civis, grupos da Igreja e sindicatos, líderes populares falam "o chamado *Coloured*" sem que eles, ou as pessoas de quem estão falando, se sintam humanoides. De fato, diz-se que o uso do termo "*Coloured*" faz as pessoas se sentirem artificiais. *Coloured* é um termo que chama atenção pela falta de identidade.
>
> O termo "*Coloured*" não vem de um grupo específico, mas foi precisamente um rótulo fixado em uma pessoa que a Lei de Registro da População, de 1950, define como "quem, pela aparência, obviamente não é branco nem indiano e quem não é membro de uma raça aborígene ou de uma tribo africana". Uma definição baseada na exclusão – ou seja, as pessoas que não são [...]. O termo "*Coloured*" foi dado para

as pessoas que os racistas viam como marginais. O termo "*Coloured*" foi fundamental para o mito racista do africânder branco puro. Aceitar o termo significa permitir que o mito continue [...].

Atualmente, dizem as pessoas, "rejeitamos a estrutura dos racistas, rejeitamos sua terminologia", e elas estão começando a construir o NOVO desafiando o antigo, bem no meio do inimigo. As expressões "pessoa de cor-*Coloured*", assim como "meia-casta", "africânder-pardo" e "filhos bastardos da África do Sul" foram cunhadas pelos racistas. Em vez de alguns de nós ficarmos ofendidos ou chocados por dar uma interpretação muito estreita a esse uso, deveríamos considerar o prefixo "o chamado" como o primeiro passo rumo a uma solução de algo que há anos nos atormenta.

Conseguimos transformar a expressão "o chamado *Coloured*" de maneira positiva. As pessoas agora dizem que temos a escolha de como seremos chamados, e a maioria, com o espírito de tornar a nação conhecida, opta por "sul-africano". O debate pode ter muitas formas, mas não um retrocesso que aceite a expressão "Baasskap" [supremacia do branco]. Se alguém, de fato, precisar de uma subidentidade para a de ser um sul-africano, talvez, por meio de um debate popular, a questão possa ser resolvida.

Na edição de setembro de 1984 do *Sechaba*, Arnold Selby, rotulado pelo governo como europeu, entrou no debate utilizando uma série de categorias que revelaram diferenças entre "nações" e "minorias nacionais":

Vamos começar o bate-bola observando alguns fatos estabelecidos e aceitos:

a) Até hoje, não existe nada equivalente a uma nação sul-africana;

b) A maioria africana é uma nação oprimida, o povo *Coloured* e o povo indiano são diferentes minorias nacionais oprimidas identificáveis, a população branca compreende a minoria opressora da nação;

c) As minorias nacionais de *Coloured*, indianos e brancos não são homogêneas, e sim abarcam outros grupos nacionais ou étnicos. Por exemplo, a comunidade libanesa é, de modo geral, classificada e se vê como branca, os malaios e o povo griqua se veem como parte da nação *Coloured*, as minorias chinesas têm alguns membros classificados como brancos, outros como asiáticos e ainda outros como *Coloured*;

d) A chave do futuro da África do Sul e a solução da questão nacional se encontram na libertação nacional da nação africana. A vitória de nossa revolução democrática nacional, encabeçada pelo Congresso Nacional Africano, que traz consigo a libertação da nação africana, colocará em movimento o processo do nascimento de uma nação sul-africana.

Como afirmado no item b, o povo *Coloured* compreende uma das diferentes minorias nacionais oprimidas identificáveis. Mas a definição de "*Coloured*", a terminologia que surge dela e seu uso na prática da vida diária não emergiram de causas sociais naturais nem foram escolhidos pelo povo *Coloured*. Foram impostos pelos sucessivos regimes que resultaram de sucessivas ondas de agressões, penetração e povoamento da África do Sul pelas nações burguesas europeias, tanto em suas fases comerciais quanto imperialistas quanto após a fundação do Estado agressor sul-africano em 1910. [...]

Agora, deixe-me abordar a tendência que alguns de nós temos de falar de "o chamado" povo *Coloured*. Acredito que isso resulte de dois fatores reais com os quais nos deparamos.

Em primeiro lugar, trata-se da questão de nosso trabalho fora do país. Outros países e nações têm diferentes concepções da expressão "povo *Coloured*", eles não estão preparados para a realidade da minoria nacional *Coloured*, oprimida nacionalmente em nosso país. Quando falamos de nosso país, de sua luta, e do papel e da posição do povo *Coloured* nessa luta, temos de explicar quem é o povo *Coloured*; portanto, muitas vezes, acabamos percebendo que nós mesmos usamos as palavras "o chamado" (favor observar as aspas) para enfatizar a imposição do termo pelos agressores. Da mesma forma que se poderia dizer "os chamados" índios quando nos referimos aos primeiros habitantes do que agora constitui os Estados Unidos. Isso dá uma imagem mais nítida para os estrangeiros que querem conhecer mais nossa luta pela libertação.

Em segundo lugar, não acredito que a tendência de algumas pessoas daqui do jornal a usar as palavras "o chamado" signifique uma rejeição de nossa expressão, em geral aceita, "povo *Coloured*". A meu ver, as palavras são usadas para enfatizar a unidade crescente das minorias nacionais oprimidas, *Coloureds* e indianos, com a maioria oprimida da nação africana. Acredito que o uso dessas palavras indica uma identificação com os negros mais que uma separação entre *Coloureds* e negros. Ao mesmo tempo, seu uso distancia o povo *Coloured* do opressor branco, minoria da nação. Durante muito tempo, a nação da minoria branca opressora tentou sem êxito obter a aceitação da ideia de que o povo *Coloured* é um ramo inferior da nação de brancos, à qual ele é naturalmente aliado. O uso de "o chamado" significa uma rejeição às tentativas do agressor de obter a aceitação da ideologia racista embutida na terminologia científica.

Independentemente de usarmos ou não "o chamado", a realidade é que existe uma minoria nacional de *Coloured* oprimida em nosso país. Em minha opinião, nas condições atuais, não é errado usar "o chamado", desde que seja feito no contexto apropriado para revelar o verdadeiro significado e que não se esqueçam das aspas. Em nenhuma circunstância pode haver uma rejeição da realidade da existência de um povo *Coloured* enquanto uma nação de minoria oprimida.

Observemos que a posição de Selby é, de fato, bem diferente da de P.G. Embora ambos aceitem o uso de "o chamado" antes de "*Coloured*", P.G. o faz porque não há nada que possa ser denominado "*Coloureds*". Selby pensa que os *Coloureds* existem como um povo entre uma variedade de povos que ele chama de "minorias nacionais", mas defende o uso de "o chamado" como tática na comunicação política.

Finalmente, na edição de novembro de 1984, La Guma responde, irredutível:

[P. G.] diz que [a expressão] "o chamado *Coloured*" foi usada como expressão popular de rejeição da "terminologia do *apartheid*". Todavia, depois ele diz que "a maioria, com o espírito de tornar a nação conhecida, opta por 'sul-africano'". Mas o camarada editor não nos fala que deram ao nosso país o nome oficial de África do Sul? Com a autoridade de que ou de quem? Existem algumas pessoas que rejeitam essa "terminologia", chamam o país de "Azânia" (mais uma vez, com a autoridade de quem?) e talvez chamem o resto da população de "os chamados sul-africanos". Muito embora o hino dos bôeres se refira a *Suid-Afrika*, o nome África do Sul é aceito. No entanto, que qualquer minoria (mesmo a chamada) se ache no direito de se chamar de sul-africana deliberadamente por sua própria conveniência me parece um tanto não democrático, se não absolutamente presunçoso, uma vez que o direito obviamente pertence à maioria.

Lamento dizer que eu não sabia (como P. G. parece dizer) que o termo "*Coloured*" surgiu como resultado da definição determinada pela Lei do Registro da População ou pela Lei de Áreas de Grupos. Nasci muito antes dessas leis, de modo que nosso povo deve ser um pouco mais velho que elas. E não poderíamos acreditar que somente nós tenhamos sofrido todas as terríveis experiências descritas por P. G. (famílias divididas, rejeição etc.). Raças miscigenadas ou comunidades periféricas em outras partes do mundo sofrem adversidades e tribulações semelhantes.

No entanto, até mesmo P. G. diz que a expressão "os chamados" não é boa o suficiente, mas "*Coloured*" também não, o que aumenta minha confusão, camarada editor. No entanto, não é o fato de ser chamado de *Coloured* que tem sido "há anos uma tormenta", mas o modo como nosso povo foi e está sendo tratado, seja lá como o chamem, exatamente como o termo "asiático" ou "indiano" em si não atormenta [...]. Enquanto espero com paciência o resultado do "debate de massa" de P. G., gostaria de saber o que sou hoje. Então, camarada editor, me chame do diabo de nome que você preferir, mas, pelo amor de Deus, não me chame de "o chamado".

Fiz essa extensa citação das cartas para mostrar, antes de mais nada, que mesmo o mais amigável dos debates, em certa medida, é apaixonado; em segundo lugar, para mostrar como é difícil resolver a questão tanto no terreno histórico quanto no lógico. Existe um povo *Coloured*, uma minoria nacional *Coloured* ou, ainda, um grupo étnico *Coloured*? Sempre esteve lá? Posso dizer que algumas pessoas acham que sim, que existe e/ou existiu, outras que não, e há ainda outras que são indiferentes e até mesmo quem ignore a categoria.

*Ergo*, o que são? Se existe um fenômeno básico, um povo *Coloured*, deveríamos ser capazes de chegar a um acordo sobre seus parâmetros. Mas, se descobrirmos que não podemos entrar em acordo sobre esse nome que designa um "povo" ou, de fato, sobre quase qualquer outro nome que designe algum povo, talvez isso ocorra porque o conceito de povo não é mero constructo, mas algo que, em cada situação particular, tem limites em constante mudança. Talvez um povo seja algo por suposto inconstante na forma. Mas, se for assim, por que a paixão? Talvez porque, ao que parece, ninguém elucide a inconstância. Se eu estiver certo, temos, de fato, um fenômeno muito curioso, cujas características centrais são a realidade da inconstância e a negação dessa realidade. É muito complicado; na verdade, diria bizarro! O que há no sistema histórico em que nos encontramos que dê origem a esse curioso processo social? Talvez haja um quark a descobrir.

Proponho abordar essa questão de forma gradativa. Primeiro, vamos fazer uma breve revisão das visões existentes nas ciências sociais sobre o conceito de povo. Em seguida, vamos ver o que há na estrutura e nos processos desse sistema histórico para que esse conceito tenha sido produzido. Finalmente, veremos se existe alguma reformulação conceitual que possa ser útil.

Para começar com a literatura das ciências sociais, devemos observar que, de certa forma, o termo "povo" de fato não é usado com tanta frequência. Para ser mais preciso, no caso, os três termos mais comuns são "raça", "nação" e "grupo étnico", todos presumivelmente variações de "povos" no mundo moderno. O último dos três é o mais recente e, na verdade, substituiu o termo "minoria", que era muito usado. Obviamente, cada um desses termos tem muitas variantes, mas não obstante penso que estatística e logicamente eles são os três termos modais.

Uma "raça" é considerada uma categoria genética com uma forma física visível. Houve um grande debate acadêmico nos últimos 150 anos sobre nomes e características das raças. Esse debate é bem famoso e, em grande parte, infame. Uma "nação" é considerada uma categoria sociopolítica, ligada em certa medida a fronteiras reais ou potenciais de um Estado. Um "grupo étnico" é considerado uma categoria cultural que, dizem, tem certos comportamentos permanentes transmitidos de geração em geração e, em geral, *não* está ligada teoricamente às fronteiras do Estado.

Os três termos são usados com incrível inconsistência, obviamente, sem falar dos outros inúmeros termos utilizados. (Já vimos, no debate aqui citado, uma pessoa designar como "minoria nacional" o que outros podiam ter chamado de "grupo étnico".) A maioria dos usuários dos três termos os utiliza para indicar um fenômeno persistente que, em virtude de sua continuidade, não só tem forte impacto no comportamento atual, como proporciona uma base para reivindicações políticas no presente. Ou seja, considera-se que um "povo" é como é ou age como age devido a características genéticas ou a sua história política ou, ainda, a suas normas e seus valores "tradicionais".

Parece que o objetivo dessas categorias é nos possibilitar afirmações com base no passado em vez de baseá-las nos processos "racionais" manipuláveis do presente. Podemos usá-las para explicar por que as coisas são como são e não devem ser mudadas ou por que as coisas são como são e não podem ser mudadas. Ou, ao contrário, podemos usar essas categorias para explicar por que as estruturas atuais devem, de fato, ser substituídas em prol de realidades sociais mais profundas e mais antigas, *ergo*, mais legítimas. A dimensão temporal do passado é central e inerente ao conceito de povo.

Por que alguém quer (ou precisa de) um passado, uma "identidade"? Trata-se de uma pergunta perfeitamente pertinente e, algumas vezes, é feita. Observemos, por exemplo, que, no debate citado, P.G. defende descartar a designação "*Coloured*" em favor de uma categoria mais ampla, "sul-africano", e então diz: "Se alguém, de fato, precisar de uma subidentidade para a de ser um sul-africano [...]". Se [...] indica que há um motivo.

O passado é um modo pelo qual as pessoas são persuadidas a agir no presente como em outras circunstâncias não agiriam. O passado é uma ferramenta que as pessoas utilizam contra outras. É um elemento central na socialização dos indivíduos, na manutenção da solidariedade de grupo, no estabelecimento da legitimação social ou no desafio a ela. Portanto, é, acima de tudo, um fenômeno moral e, por conseguinte, um fenômeno político, sempre um fenômeno contemporâneo. Sem dúvida, é por isso que ele é tão inconstante. Uma vez que o mundo real está em constante mudança, o que é relevante para a política contemporânea está, necessariamente, em constante mudança. *Ergo*, de maneira inevitável, o conteúdo do passado muda constantemente. No entanto, uma vez que o passado é, por definição, uma assertiva do passado constante, ninguém jamais pode admitir que qualquer passado particular em algum momento tenha mudado ou, possivelmente, poderia mudar. Em geral, considera-se que o passado está inscrito em pedra e é irreversível. Na verdade, o passado real, de fato, está inscrito em pedra. Em contrapartida, o passado social, a maneira como compreendemos esse passado real, na melhor das hipóteses, está inscrito em argila úmida.

Se for isso mesmo, faz pouca diferença definirmos o passado tendo em vista grupos geneticamente contínuos (raças), sociopolíticos históricos (nações) ou culturais (grupos étnicos). Eles são todos constructos do conceito de povo, invenções do passado, fenômenos políticos contemporâneos. No entanto, se for assim, temos outro quebra-cabeça analítico. Por que se desenvolveram três termos modais diferentes, quando um talvez tivesse servido? Deve haver motivo para a separação de uma categoria lógica em três categorias sociais. Para descobri-lo, simplesmente temos de observar a estrutura da economia-mundo capitalista.

Cada um desses três termos modais depende totalmente de uma das características da economia-mundo capitalista. O conceito de "raça" está relacionado à divisão axial do trabalho na economia-mundo, à oposição centro-periferia. O conceito de "nação" está relacionado à superestrutura política desse sistema histórico, aos Estados soberanos que formam o sistema interestatal e derivam dele. O conceito de "grupo étnico" está relacionado à criação de estruturas domésticas que permitem a manutenção de grande parte do trabalho não assalariado na acumulação de capital. Nenhum dos três está relacionado diretamente ao conceito de classe. Ou seja, os conceitos de "classe" e de "povo" são definidos de modo ortogonal, o que, como veremos, é uma das contradições desse sistema histórico.

A divisão axial do trabalho na economia-mundo gerou uma divisão espacial do trabalho. Falamos de uma oposição centro-periferia como constitutiva dessa divisão do trabalho. Centro e periferia, estritamente falando, são conceitos relacionais que têm a ver com estruturas de produção com custos diferenciais. A localização desses diferentes processos de produção em zonas espacialmente distantes não é uma característica inevitável e constante da relação. Mas tende a ser usual. Existem várias razões para que isso aconteça. Na medida em que os processos periféricos estão associados à produção primária – o que, de fato, tem ocorrido historicamente, embora muito menos hoje que antes –, existem limitações na relocalização geográfica desses processos, associadas às condições ambientais de cultivo ou aos depósitos geológicos. Em segundo lugar, na medida em que há elementos políticos que mantêm uma série de relações entre o centro e a periferia, o fato de produtos de uma cadeia mercantil cruzarem fronteiras políticas facilita os processos políticos necessários, uma vez que o controle do trânsito de fronteira está entre os maiores poderes reais que os Estados exercem de maneira efetiva. Em terceiro, a concentração de processos centrais em Estados diferentes daqueles onde se concentram processos periféricos tende a criar estruturas políticas internas distintas em cada um deles, diferença que, por sua vez, torna-se um importante pilar de sustentação do sistema interestatal desigual que controla e mantém a divisão axial do trabalho.

Portanto, para simplificar a questão, ao longo do tempo tendemos a chegar a uma situação em que algumas zonas do mundo são, em grande medida, as localidades de processos de produção centrais e outras são, em grande parte, as localidades de processos de produção periféricos. Na realidade, embora haja flutuações cíclicas relativas ao grau da polarização, existe uma tendência secular a uma ampliação dessa disparidade. Essa diferenciação espacial do mundo inteiro adquiriu a forma política de expansão de uma economia-mundo capitalista originalmente centrada na Europa para outra que, finalmente, abrange todo o globo. Isso se tornou conhecido como fenômeno de "expansão da Europa".

Na evolução das espécies humanas no planeta Terra, num período que precede o desenvolvimento da agricultura extensiva, ocorreu uma distribuição de variantes genéticas de tal modo que, no início do desenvolvimento da economia-mundo capitalista, diferentes tipos genéticos em qualquer lugar povoado eram consideravelmente mais homogêneos do que são hoje.

Quando a economia-mundo capitalista se expandiu a partir de sua localização inicial fundamentalmente na Europa, quando concentrações de processos de produção centrais e periféricos tornaram-se cada vez mais muito diferentes geograficamente, categorias "raciais" começaram a se cristalizar em torno de determinados rótulos. Pode ser óbvio que haja uma grande série de traços genéticos que variam – e variam consideravelmente entre diferentes pessoas. No entanto, de modo algum é óbvio que estas tenham de ser codificadas como pertencentes a três, cinco ou quinze agrupamentos reificados que chamamos de "raças". O número de categorias, na verdade a própria existência de qualquer categorização, é uma decisão social. O que observamos é que, enquanto a polarização aumentou, o número de categorias tornou-se cada vez menor. Quando W.E.B. Du Bois disse, em 1900, que "o problema do século XX é o problema da barreira das cores", as cores a que ele se referia, na realidade, se reduziam ao branco e ao não branco.

Raça – e, portanto, racismo – é a expressão, a produtora e a consequência de concentrações geográficas associadas à divisão axial do trabalho. Isso ficou extremamente evidente com a decisão tomada pelo Estado sul-africano, nos últimos vinte anos, de designar os visitantes executivos japoneses não como asiáticos (como são considerados os chineses locais), mas como "brancos honorários". Em um país cujas leis, por suposto, se baseiam na manutenção de categorias genéticas, tudo indica que a genética segue os resultados eleitorais da economia-mundo. Essas decisões absurdas não se limitam à África do Sul. O país simplesmente se envolveu com a ideia de propor mudanças absurdas na lei.

No entanto, a raça não é a única categoria de identidade social que usamos. Aparentemente, ela não é suficiente; usamos também nação. Como dissemos, nação deriva da estruturação *política* do sistema-mundo. Os Estados que, atualmente, integram as Nações Unidas são todos criação do moderno sistema-mundo. A maior parte deles nem sequer existia enquanto nomes ou unidades administrativas há mais de um ou dois séculos. O número dos muito poucos capazes de revelar que tinham um nome ou uma entidade administrativa contínua mais ou menos na mesma localização geográfica, antes do ano 1450, é menor do que imaginamos: França, Rússia, Portugal, Dinamarca, Suécia, Suíça, Marrocos, Japão, China, Irã e Etiópia talvez sejam os casos menos ambíguos – mas é possível até argumentar que mesmo esses passaram a existir como Estados soberanos modernos somente com o surgimento do atual sistema-mundo. Há alguns outros Estados modernos em que se verifica uma história mais descontínua do uso de um nome para descrever uma área específica – Grécia, Índia e Egito, por exemplo. Falemos até de maneira mais arriscada de nomes como Turquia, Alemanha, Itália e Síria. O fato é que, se observarmos a partir da ampla perspectiva de 1450, percebemos que, em muitas entidades que então existiam – por exemplo, Países Baixos da Borgonha, o Sacro Império Romano-Germânico, o Império Mogol –, não há hoje um Estado, e sim, em cada caso, pelo menos três Estados soberanos que podem revelar algum tipo de descendência política, cultural e espacial dessas entidades.

O fato de serem agora três Estados significa que sejam três nações? Há hoje uma nação belga, uma holandesa e uma luxemburguesa? Muitos observadores parecem pensar que sim. Caso seja isso, não será por ter havido *primeiro* um Estado holandês, um belga e um luxemburguês? Acredito que uma análise sistemática da história do mundo moderno mostrará que, em quase todos os casos, o *status* de Estado precedeu o de nação, não o contrário, apesar do mito extensamente disseminado.

Na verdade, a partir do momento em que o sistema interestatal estava em funcionamento, surgiram movimentos nacionalistas em muitas áreas específicas demandando a criação de novos Estados soberanos e, algumas vezes, esses movimentos alcançaram seus objetivos. Mas cabem duas advertências. Esses movimentos, com raras exceções, surgiram dentro de fronteiras administrativas já construídas. Por isso é possível dizer que, apesar de não ser independente, o Estado precedia o movimento. Em segundo lugar, é discutível até que ponto uma "nação", como um sentimento coletivo, se consolida antes da criação do Estado. Consideremos, por exemplo, o caso do povo saarauí. Existe uma nação saarauí? Se perguntar aos que participam do movimento de libertação nacional Frente Polisário, eles dirão que sim e acrescentarão que ela existe há um milênio. Para os marroquinos, porém, nunca existiu nação saarauí, e as pessoas que viveram onde, no passado, havia sido colônia do Saara espanhol sempre fizeram parte da nação marroquina. Como podemos resolver, intelectualmente, essa diferença? A resposta é que não podemos. Se no ano 2000, ou talvez em 2020, o movimento Polisário vencer a guerra atual, terá existido uma nação saarauí. Se o Marrocos vencer, não terá existido uma nação saarauí. Qualquer historiador que escrever em 2100 vai considerá-la questão resolvida ou, o que é mais provável, inexistente.

Por que a constituição de qualquer Estado soberano particular no sistema interestatal cria uma "nação" correspondente, um "povo"? Na realidade, não é difícil compreender. A evidência está a nossa volta. Nesse sistema, os Estados têm problemas de coesão. A partir do momento em que são reconhecidos como soberanos, com frequência se veem logo em seguida ameaçados tanto por uma desintegração interna quanto por uma agressão externa. À medida que se desenvolve um sentimento "nacional", essas ameaças diminuem. Os governos no poder, assim como todos os tipos de subgrupos que fazem parte do Estado em questão, têm interesse em promover esse sentimento. Qualquer grupo que considere vantagem usar os poderes legais estatais para fazer valerem seus interesses contra grupos externos ao Estado, ou de qualquer de suas sub-regiões, tem interesse em promover um sentimento nacionalista como forma de legitimar suas reivindicações. Além disso, os Estados têm interesse na uniformidade administrativa que aumenta a eficácia de suas políticas. O nacionalismo é a expressão, o produtor e a consequência das uniformidades no âmbito do Estado.

Existe outra razão, até mais importante, para a ascensão do nacionalismo. O sistema interestatal não se resume a uma junção dos chamados Estados soberanos. Ele é um sistema hierárquico com uma hierarquia de acordo com o *status* dos membros de cada grupo social, ou seja, estável, mas mutável. Isso significa que mudanças lentas na ordem hierárquica não só são possíveis, mas historicamente usuais. As desigualdades significativas e estáveis, mas não imutáveis, são precisamente o tipo de processo que provoca ideologias capazes de justificar uma posição alta, mas também de desafiar posições inferiores. Chamamos essas ideologias de nacionalismos. Para um Estado, não ser uma nação significa estar fora do jogo de resistir ou de promover a alteração de sua posição na hierarquia. Nesse caso, então, esse Estado não seria parte do sistema interestatal. Entidades políticas que existiram fora e/ou antes do desenvolvimento do sistema interestatal enquanto superestrutura política de uma economia-mundo capitalista não precisavam ser "nações" – e não eram. Uma vez que usamos, de maneira equivocada, a mesma palavra – "Estado" – para descrever tanto essas outras entidades políticas quanto as que foram criadas no sistema interestatal, muitas vezes não percebemos a óbvia ligação inevitável entre o *status* de Estado desses últimos e seu *status* de nação.

Se perguntarmos, então, para o que serve ter duas categorias – raças e nações – em vez de uma, observamos que, enquanto a categorização racial surgiu como modo de expressar e sustentar a antinomia centro-periferia, a categorização nacional teve origem como modo de expressar a concorrência entre Estados na permutação, lenta, mas constante, de sua posição na ordem hierárquica – e, portanto, do grau detalhado de superioridade no sistema, melhor que a classificação racial mais rudimentar. Em termos bastante esquemáticos, poderíamos dizer que raça e racismo unificam sazonalmente as áreas centrais e as periféricas em suas batalhas umas com as outras, enquanto nação e nacionalismo dividem as áreas centrais e as periféricas em uma concorrência sazonal mais complexa, intrazonal e interzonal, pela posição ocupada na intrincada ordem hierárquica. As duas categorias são uma forma de demandar o direito de ter superioridade na economia-mundo capitalista.

Como se não bastasse tudo isso, criamos a categoria do grupo étnico, outrora minoria. Para haver minorias, era preciso haver uma maioria. Durante muito tempo, os analistas disseram que o conceito de minoria não necessariamente se baseia na aritmética, mas se refere ao grau de poder social. Maiorias numéricas podem ser minorias sociais. O lugar a partir do qual avaliamos esse poder social não é, com certeza, o sistema-mundo como um todo, mas o de cada Estado separadamente. Portanto, o conceito de "grupo étnico", na prática, está ligado às fronteiras dos Estados, como ocorre com o conceito de "nação", apesar de este nunca ser incluído na definição. A única diferença é que o Estado tende a ter *uma* nação e *muitos* grupos étnicos.

O sistema capitalista baseia-se não só na antinomia capital-trabalho, que é permanente e fundamental para ele, mas também em uma hierarquia complexa no segmento dos trabalhadores, na qual, embora todo trabalhador seja explorado porque cria mais-valor a ser transferido para outros, alguns trabalhadores "perdem" uma proporção maior do mais-valor por eles criado que outros. A instituição-chave que permite isso é a estrutura doméstica dos trabalhadores assalariados durante parte de sua vida. Essas estruturas domésticas são constituídas de modo que esses trabalhadores assalariados possam receber menos salário por hora do que, de acordo com um cálculo proporcional, é o custo de reprodução do trabalhador. Essa instituição é universal, abrangendo a maioria da força de trabalho mundial. Não vou repetir aqui os argumentos dessa análise já efetuada em outros textos[1]. Quero apenas discutir suas consequências no que diz respeito ao conceito de povo. Onde quer que encontremos trabalhadores assalariados em diferentes tipos de estruturas domésticas, desde os mais bem remunerados estabelecidos em estruturas domésticas mais "semiproletarizadas" até os que recebem uma remuneração mais baixa e se situam em estruturas domésticas mais "proletarizadas", tendemos a perceber que, ao mesmo tempo, esses vários tipos de estruturas domésticas estão dentro de "comunidades" denominadas "grupos étnicos". Ou seja, a hierarquia ocupacional vem acompanhada da "etnicização" da força de trabalho dentro dos limites de determinado Estado. Mesmo sem uma infraestrutura jurídica abrangente para garantir isso, como na África do Sul atual ou anteriormente nos Estados Unidos, a alta correlação entre etnicidade e ocupação é observável em toda parte, desde que as "ocupações" sejam agrupadas em categorias amplas em vez de restritas.

Parece haver várias vantagens na etnicização das categorias ocupacionais. Podemos afirmar que diferentes tipos de relações de produção requerem diferentes tipos de comportamento padrão da força de trabalho. Uma vez que, de fato, tal comportamento não é geneticamente determinado, ele tem de ser ensinado. Os trabalhadores precisam ser socializados em uma série de atitudes razoavelmente específicas. Os pais pertencentes a um grupo étnico são pressionados a socializar

---

[1] Immanuel Wallerstein, *Historical Capitalism* (Londres, Verso, 1983) [ed. bras.: *Capitalismo histórico e civilização capitalista*, trad. Renato Aguiar, Rio de Janeiro, Contraponto, 2001] e *As estruturas domésticas e a formação da força de trabalho na economia-mundo capitalista*, capítulo 6 deste livro, p. 151.

seus filhos de acordo com a série de regras que, precisamente, compõe a "cultura" daquele grupo. É claro que o Estado e o sistema educacional podem fazer isso. Mas, em geral, procuram evitar desempenhar essa função particularista sozinhos ou de maneira muito explícita, uma vez que, para eles, agir assim violaria o conceito de igualdade "nacional". Os poucos Estados dispostos a admitir essa violação sofrem constante pressão para desistirem de fazê-la. Mas os "grupos étnicos" *podem* não só socializar seus respectivos membros cada qual à sua maneira; é a própria definição de grupos étnicos que eles socializam de maneira particular. Assim, o que não é legítimo que o Estado faça entra pela janela dos fundos como comportamento de grupo "voluntário" que defende uma "identidade" social.

Portanto, isso possibilita uma legitimação da realidade hierárquica do capitalismo que não fere uma de suas conhecidas premissas políticas, ou seja, a igualdade formal perante a lei. O quark que procurávamos pode estar aí. Etnicização, ou conceito de povo, resolve uma das contradições básicas do capitalismo histórico – seu ímpeto de igualdade teórica e, ao mesmo tempo, de desigualdade prática – e faz isso utilizando as habilidades mentais dos estratos de trabalhadores do mundo.

Nesse esforço, a própria inconstância das categorias de povo das quais falávamos torna-se crucial. Pois, ao mesmo tempo que o capitalismo enquanto sistema histórico requer desigualdade constante, ele também implica reestruturação constante de processos econômicos. Portanto, o que garante hoje uma série específica de relações sociais hierárquicas amanhã pode não funcionar. O comportamento da força de trabalho deve mudar sem enfraquecer a legitimidade do sistema. Por isso, o surgimento recorrente, a reestruturação e o desaparecimento de grupos étnicos são instrumentos de flexibilidade de valor inestimável para o funcionamento da máquina econômica.

O conceito de povo é um importante constructo institucional do capitalismo histórico. Trata-se de um pilar fundamental e, como tal, tornou-se cada vez mais importante, assim como o sistema desenvolveu maior solidez. Neste sentido, é como o conceito de Estado soberano, que da mesma forma é um pilar fundamental e também se tornou progressivamente importante. Estamos de maneira crescente ligados a essas *Gemeinschaften* [comunidades] básicas formadas em nossa *Gesellschaft* [sociedade] histórica mundial, a economia-mundo capitalista.

As classes são, sem dúvida, um constructo totalmente diferente de povos, como sabiam muito bem Marx e Weber. Classes são categorias "objetivas", ou seja, categorias analíticas, expressões de contradições em um sistema histórico, não descrições de comunidades sociais. A questão é se, e sob quais circunstâncias, pode ser criada uma comunidade de classe. Trata-se da famosa diferenciação entre *an sich* e *für sich* [em si e para si]. As classes *für sich* têm sido uma entidade muito difícil de definir.

Talvez, e neste ponto terminaremos, a razão esteja no fato de os "povos" construídos – as raças, as nações, os grupos étnicos – estarem extremamente correlacionados, mesmo que de maneira imperfeita, com a "classe objetiva". Como consequência, no mundo moderno, uma enorme proporção da atividade política baseada em classes adquiriu a forma de atividade política com base em povos. A porcentagem vai se mostrar até mais alta do que costumamos pensar, se observarmos atentamente as chamadas organizações "autênticas" de trabalhadores que, com muita frequência, tiveram em suas bases "povos" implícitos e *de facto*, mesmo quando utilizavam uma terminologia exclusivamente de classe, sem falar de povo.

Durante mais de cem anos, a esquerda mundial lamentou seu dilema: todos os trabalhadores do mundo com frequência se organizaram sob a forma de "povo". Mas esse não é um dilema passível de ser resolvido. Ele deriva das contradições do sistema. Não pode haver atividade de classe *für sich* que seja inteiramente separada da atividade política baseada no povo. Vemos isso nos chamados movimentos de libertação nacional, em todos os novos movimentos sociais, nos grupos antiburocráticos de países socialistas.

Não faria mais sentido tentar compreender o conceito de povo pelo que ele é? De modo algum, uma realidade social estável, mas um produto histórico da economia-mundo capitalista, complexo e de natureza argilosa, por meio do qual as forças antagônicas lutam umas contra as outras. Neste sistema, jamais será possível abolir o conceito de povo nem relegá-lo a um papel secundário. Em contrapartida, não devemos nos deixar confundir pelas virtudes atribuídas a ele, ou seremos enganados pelas formas como ele legitima o sistema existente. Uma vez que o conceito de povo se torna cada vez mais central para esse sistema histórico, o que precisamos analisar mais atentamente são as possíveis direções, no ponto de bifurcação do sistema, para as quais ele nos empurra rumo às várias saídas alternativas factíveis no processo incerto da transição de nosso sistema atual para um ou uns que o substituirão.

# 5
# A forma nação: história e ideologia
*Étienne Balibar*

> [...] um passado que nunca foi presente e jamais o será.
> *Jacques Derrida*[1]

A história das nações, a começar pela nossa, sempre nos foi apresentada na forma de uma narrativa que lhes atribui a continuidade de uma ideia. A formação da nação aparece, assim, como a realização de um "projeto" secular, marcado por etapas e tomadas de consciência que as ideias pré-concebidas dos historiadores dão a entender como mais ou menos decisivas (onde situar as origens da França? Nos ancestrais gauleses? Na monarquia capetiana? Na Revolução de 1879? etc.), mas que, de toda maneira, se inscrevem em um esquema idêntico: o da manifestação própria da personalidade nacional. Uma representação como essa, certamente, constitui uma ilusão retrospectiva, mas traduz também realidades institucionais constrangedoras. A ilusão é dupla. Ela consiste em acreditar que as gerações que se sucedem durante séculos em um território mais ou menos estável, sob uma designação mais ou menos unívoca, transmitiram umas para as outras uma substância invariante. E consiste em acreditar que a evolução, da qual selecionamos retrospectivamente os aspectos, de modo a nos percebermos como resultado dela, era a única possível, que ela representava um destino. Projeto e destino são duas imagens simétricas da ilusão da identidade nacional. Os "franceses" de 1988 – um terço dos quais tem, no mínimo, um avô "estrangeiro"[2] – só são coletivamente ligados aos

---

[1] Jacques Derrida, *Marges de la philosophie* (Paris, Les Éditions de Minuit, 1972), p. 22 (coleção Critique) [ed. bras.: *Margens da filosofia*, trad. Joaquim Torres Costa e António M. Magalhães, Campinas, Papirus, 1991].

[2] Cf. Gérard Noiriel, *Le Creuset français. Histoire de l'immigration (XIX$^e$-XX$^e$ siècles)* (Paris, Seuil, 1988).

súditos do rei Luís XV (para não falar dos gauleses) por uma sucessão de acontecimentos contingentes cujas causas não têm nada a ver com o destino da "França" nem com o projeto de "seus reis", tampouco com as aspirações de "seu povo".

Mas essa crítica não deve nos impedir de ver a efetividade dos mitos da origem nacional tal como é percebida na atualidade. Basta um exemplo perfeitamente convincente: a Revolução Francesa, em razão das apropriações contraditórias às quais ela é sempre submetida. É possível sugerir (com Hegel e Marx) que, na história de cada nação moderna, só há – quando é o caso – um *único* evento revolucionário fundador (o que explicaria a tentação permanente de repetir suas formas, imitar seus episódios e personagens e, ao mesmo tempo, a tentação de anulá-lo própria dos partidos "extremistas" – seja provando que a identidade nacional é anterior à revolução, seja esperando a realização de uma *nova* revolução que seria a finalização da primeira). O mito das origens nacionais e de sua continuidade, do qual a constituição é facilmente visível na história contemporânea das "jovens" nações resultantes da descolonização (como a Índia ou a Argélia), ainda que se costume esquecer que ele também foi produzido pelas "velhas" nações durante os últimos séculos, é, portanto, uma forma ideológica eficaz, na qual se constrói cotidianamente a singularidade imaginária das formações nacionais, voltando ao passado a partir do presente.

## Do Estado "pré-nacional" ao Estado-nação

Como considerar essa distorção? As "origens" da formação nacional remetem a uma multiplicidade de instituições de antiguidade muito desigual. Algumas são, de fato, bem antigas: a instituição das línguas estatais diferentes ao mesmo tempo das línguas sagradas do clero e dos idiomas "locais" para fins estritamente administrativos, em primeiro lugar, e, em seguida, como línguas aristocráticas, na Europa remonta à Alta Idade Média. Ela está ligada à autonomização e à sacralização do poder monárquico. Da mesma maneira, a formação progressiva da monarquia absoluta provocou efeitos relativos de monopólio monetário, de centralização administrativa e fiscal, de uniformização jurídica e de "pacificação" interna. Assim, revolucionou as instituições da *fronteira* e do *território*. A Reforma e a Contrarreforma precipitaram a transição da concorrência entre a Igreja e o Estado (entre o Estado eclesiástico e o Estado laico) rumo a sua complementaridade (no limite, a religião do Estado).

Em retrospecto, todas essas estruturas nos parecem *pré-nacionais* por terem tornado possíveis algumas características do Estado nacional, ao qual foram finalmente incorporadas com mais ou menos mudanças. Portanto, com isso podemos constatar que a formação nacional resulta de uma longa "pré-história". Mas esta se diferencia essencialmente do mito nacionalista de um destino linear. Em primeiro lugar, ela consiste em uma multiplicidade de eventos qualitativamente distintos, defasados no tempo, nenhum dos quais implica os posteriores. Em seguida, esses eventos não pertencem, por natureza, à história de *uma* nação determinada. Eles tiveram como cenário outras unidades políticas diferentes das que nos parecem, hoje, dotadas de uma personalidade étnica original (assim, do mesmo modo que, no século XX, o aparelho de Estado das "jovens nações" foi prefigurado pelo da colonização, a Idade Média europeia viu o Estado moderno se esboçar na "Sicília", na "Catalunha" ou na "Borgonha"). E, precisamente, eles não pertencem, por natureza, à história do Estado-*nação*, tampouco a outras formas concorrentes (por exemplo, a forma "imperial"). Foi um encadeamento de relações conjunturais, não uma linha de evolução necessária, que os inscreveu mais tarde na pré-história da forma nação. A particularidade dos Estados, quaisquer que sejam eles, é representar a ordem por eles instituída como eterna, mas a prática mostra que ocorre quase o contrário.

Na realidade, todos esses eventos, desde que se repitam e se integrem a novas estruturas políticas, desempenham um papel na gênese das formações nacionais de maneira efetiva. Isso está ligado exatamente a seu caráter institucional, ao fato de possibilitarem que o Estado intervenha sob a forma que, na época, era a sua. Em outras palavras, aparelhos de Estado *não nacionais*, visando a outros objetivos (por exemplo, dinásticos), produziram aos poucos os elementos do Estado nacional ou, se preferirem, involuntariamente eles se "nacionalizaram" e começaram a nacionalizar a sociedade – aqui, podemos pensar na ressurreição do direito romano, no mercantilismo, na domesticação das aristocracias feudais, na formação da doutrina da "razão do Estado" etc. E, quanto mais nos aproximamos do período moderno, mais a pressão imposta pela acumulação desses elementos nos parece forte. O que coloca a questão decisiva do *limiar* da irreversibilidade.

Em que momento, por quais razões esse limiar foi ultrapassado, o que, por um lado, levou ao surgimento da configuração de um sistema de Estados soberanos e, por outro, impôs a difusão gradual da forma nação a quase todas as sociedades humanas ao longo de dois séculos de conflitos violentos? Admito que esse limiar (sem dúvida, impossível de ser identificado com uma única data)[3] corresponde

---

[3] No entanto, se for preciso escolher uma simbolicamente, poderíamos indicar os meados do século XVI: término da conquista espanhola do Novo Mundo, explosão do império dos Habsburgo, fim das guerras dinásticas na Inglaterra, início da guerra de independência holandesa.

ao desenvolvimento das estruturas de mercado e das relações de classe próprias do capitalismo moderno (particularmente, a proletarização da força de trabalho que a faz escapar aos poucos das relações feudais e corporativas). Mas essa tese comumente admitida demanda vários esclarecimentos.

É impraticável "deduzir" a forma nação das relações de produção capitalistas. A circulação monetária e a exploração do trabalho assalariado não implicam logicamente *uma* forma determinada de Estado. Além disso, o espaço de realização imposto pela acumulação – o mercado mundial capitalista – inclui uma tendência intrínseca a ultrapassar qualquer limitação nacional que pudesse ser instituída por frações determinadas do capital social ou imposta por meios "extraeconômicos". Nessas condições, será que é possível continuar a ver na formação da nação um "projeto burguês"? É provável que essa formulação dos filósofos liberais da história – retomada pelo marxismo – constitua, por sua vez, um mito histórico. Mas parece que poderíamos eliminar a dificuldade retomando o ponto de vista de Braudel e de Wallerstein, que não relacionam a constituição das nações com a abstração do mercado capitalista, e sim com sua forma histórica concreta: a de uma "economia-mundo", sempre organizada e hierarquizada em um "centro" e uma "periferia", aos quais correspondem diferentes métodos de acumulação e de exploração da força de trabalho e entre os quais se estabelecem relações de troca desigual e de dominação[4].

As unidades nacionais se constituem a partir da estrutura global da economia-mundo, em função do papel que nela desempenham em determinado período, a começar pelo centro. Ou melhor, elas se constituem umas contra as outras enquanto instrumentos concorrentes da dominação do centro sobre a periferia. Esse primeiro esclarecimento é fundamental, porque ele substitui o capitalismo "ideal" de Marx e, sobretudo, um "capitalismo histórico", dos economistas marxistas, no qual os fenômenos precoces do imperialismo e a articulação das guerras com a colonização desempenham papel decisivo. De certa maneira, toda "nação" moderna é produto da colonização: ela sempre foi, em alguma medida, colonizadora ou colonizada – às vezes, ambas.

---

[4] Fernand Braudel, *Civilisation matérielle, Économie et capitalisme*, v. 2: *Les Jeux de l'échange*; v. 3: *Le Temps du monde* (Paris, Armand Colin, 1979) [ed. bras.: *Civilização material. Economia e capitalismo*, v. 2: *Os jogos das trocas*; v. 3: *O tempo do mundo*, trad. Telma Costa, São Paulo, Martins Fontes, 1998]; Immanuel Wallerstein, *The Modern World-System*, v. 1: *Capitalist Agriculture and the Origin of the European World-Economy in the Sixteenth Century* (Nova York, Academic Press, 1974); v. 2: *Le Mercantilisme et la consolidation de l'économie-monde européenne: 1600-1750* (Paris, Flammarion, 1984).

Mas um segundo esclarecimento é necessário. Uma das indicações mais importantes de Braudel e de Wallerstein consiste em mostrar que, na história do capitalismo, *outras formas "estatais" diferentes da forma nacional surgiram* e se mantiveram durante certo tempo em concorrência com ela antes de serem finalmente refreadas ou instrumentalizadas: a forma de *império* e, sobretudo, a da *rede* político-comercial transnacional, centrada em uma ou várias *cidades*[5]. Essa forma nos mostra que não havia uma forma política em si "burguesa", mas *várias* (podemos considerar o exemplo da Hanse [Liga Hanseática], mas a história das Províncias Unidas [República das Sete Províncias Unidas dos Países Baixos] no século XVII foi estreitamente determinada por essa alternativa que repercute em toda a vida social, inclusive na vida religiosa e intelectual). Em outras palavras, a burguesia capitalista nascente parece ter "hesitado" – de acordo com as circunstâncias – entre várias formas de hegemonia. Digamos, ainda, que existiam *burguesias diferentes*, ligadas a setores distintos de exploração de recursos da economia-mundo. Se as "burguesias nacionais" finalmente triunfaram antes mesmo da Revolução Industrial (mas à custa de "atrasos" e "compromissos" e, portanto, de fusões com outras classes dominantes), provavelmente foi porque elas tinham necessidades externa e interna de utilizar as tropas dos Estados existentes e, ao mesmo tempo, porque tinham de submeter o campesinato à nova ordem econômica, penetrar na área rural para transformá-la em mercado de compradores de bens manufaturados e de fontes inesgotáveis de força de trabalho "livre". Em última análise, portanto, são as configurações concretas da luta de classes, não a "simples" lógica econômica, que explicam a constituição dos Estados nacionais, cada qual com sua história, e a transformação correspondente das formações sociais em formações nacionais.

## A nacionalização da sociedade

A economia-mundo não é um sistema autorregulado, globalmente invariável, cujas formações sociais seriam apenas efeitos locais: trata-se de um sistema de exigências submetido à dialética imprevisível de suas contradições internas. É globalmente necessário que o controle dos capitais que circulam no espaço de acumulação seja efetuado no centro; mas a *forma* sob a qual essa concentração ocorreu foi objeto de luta constante. O privilégio da forma nação decorre do fato

---

[5] Cf. Fernand Braudel, *Le Temps du monde*, cit., p. 71 e seg.; Immanuel Wallerstein, *Capitalist Agriculture and the Origin of the European World-Economy in the Sixteenth Century*, cit., p. 165 e seg.

de, localmente, ela ter permitido (pelo menos, por todo um período histórico) controlar lutas de classes heterogêneas e, com isso, ter feito surgir não só uma "classe capitalista", mas também *burguesias* propriamente ditas, burguesias de Estado ao mesmo tempo capazes de hegemonia política, econômica, cultural, e *produzidas* por essa hegemonia. Burguesia dominante e formações sociais burguesas se constituíram reciprocamente por um "processo, sem sujeito", reestruturando o Estado na forma nacional e modificando o *status* de todas as outras classes, o que explica a gênese simultânea do nacionalismo e do cosmopolitismo.

Por mais simplificada que ainda seja, essa hipótese leva a uma consequência fundamental para a análise da nação como forma histórica: é preciso que renunciemos, de uma vez por todas, aos esquemas lineares de evolução, não só no que diz respeito a modos de produção, mas também no que se refere a formas políticas. Nada nos impede, a partir de então, de verificar se, em uma nova fase da economia-mundo, estruturas estatais concorrentes do Estado-nação não tendem a se formar de novo. Na realidade, existe uma estreita solidariedade implícita entre a ilusão de uma evolução necessária, unilinear, das formações sociais e a aceitação não crítica do Estado-nação como "última forma" da instituição política, destinada a se perpetuar indefinidamente (em vez de dar espaço a um hipotético "fim do Estado")[6].

Para salientar a indeterminação relativa do processo de constituição e de evolução da forma nação, tomemos o viés de uma pergunta propositalmente provocadora: *Para quem, hoje, é tarde demais?* Ou seja, quais são as formações sociais que, apesar da exigência global da economia-mundo e do sistema de Estados suscitados por ela, não podem *mais* efetuar completamente sua transformação em nações – se não de modo exclusivamente jurídico e à custa de intermináveis conflitos sem saída decisiva? Uma resposta *a priori*, até mesmo genérica, é sem dúvida impossível, mas é evidente que a questão se coloca não só no que diz respeito às "novas nações", instituídas após a descolonização, à transnacionalização dos capitais e das comunicações, à constituição de máquinas de guerra planetárias etc., mas também no que se refere às "velhas nações" hoje afetadas pelos *mesmos* fenômenos.

---

[6] Deste ponto de vista, não é de se espantar que a teoria marxista "ortodoxa" da sucessão linear dos modos de produção tenha sido oficializada na União das Repúblicas Socialistas Soviéticas (URSS) com o triunfo do nacionalismo, ainda mais porque ela permitiu que se visse o "primeiro Estado socialista" como a nova nação universal.

Podemos ficar tentados a dizer: é demasiado tarde para que os Estados independentes, formalmente iguais e representados nas instituições conhecidas com precisão como "internacionais", se tornem todos nações autocentradas, cada uma com seu ou seus discursos nacionais relativos à cultura, à administração e ao comércio, com sua força militar independente, seu mercado interno protegido, sua moeda e suas empresas concorrenciais de escala mundial e, sobretudo, com sua burguesia dirigente (seja uma burguesia capitalista privada, seja uma *"nomenklatura"* [membros privilegiados] de Estado, uma vez que de uma forma ou de outra toda burguesia é uma burguesia de Estado). Mas podemos também nos sentir tentados a dizer o contrário: o campo da reprodução das nações, do desenvolvimento da forma nação atualmente não está mais aberto, exceto nas antigas periferias e semiperiferias; no que diz respeito ao antigo "centro", ele entrou na fase de decomposição, em graus diversos, das estruturas nacionais ligadas a suas antigas formas de dominação, mesmo que o fim dessa decomposição esteja longe e, ao mesmo tempo, seja incerto. No entanto, é claro que, nessa hipótese, as futuras nações não seriam semelhantes às do passado. O fato de em toda parte (Norte e Sul, Leste e Oeste) assistirmos, hoje, a uma explosão geral do nacionalismo não permite resolver esse tipo de dilema: ele faz parte da universalidade formal do sistema internacional dos Estados. O nacionalismo contemporâneo, qualquer que seja sua linguagem, nada diz sobre a idade real da forma nação em relação ao "tempo do mundo".

Na realidade, para que se veja isso com mais clareza, é preciso incluir outra característica da história das formações nacionais. Trata-se do que eu chamaria de *nacionalização atrasada da sociedade*, que concerne essencialmente às próprias velhas nações. Ela é tão atrasada que, em última análise, parece uma obra inacabada. Um historiador, Eugen Weber (e depois dele outros estudos), mostrou muito bem que, no caso da França, a escolarização generalizada, a unificação dos costumes e das crenças pelas migrações de mão de obra inter-regionais e pelo serviço militar e a subordinação dos conflitos políticos e religiosos à ideologia patriótica não se deram antes do início do século XX[7]. Sua demonstração nos leva a pensar que, enfim, o campesinato francês só foi "nacionalizado" no momento em que ia desaparecer enquanto classe majoritária (ainda que esse desaparecimento, sabemos, tenha sido postergado pelo protecionismo essencial à política nacional). Por sua vez, o trabalho mais recente de Gérard Noiriel mostra que, desde o fim do

---

[7] Eugen Weber, *La Fin des terroirs* (Paris, Fayard, 1983).

século XIX, a "identidade francesa" continua a depender da capacidade de integrar populações de imigrantes. A questão é saber se essa capacidade atinge, hoje, seu limite; ou melhor, se ela pode continuar a se realizar da mesma forma[8].

Para circunscrever completamente as razões da estabilidade relativa da formação nacional, não basta se referir, então, ao limite inicial de sua emergência. É preciso se perguntar como foram superados, na prática, o desenvolvimento desigual das cidades e dos campos, a industrialização e a desindustrialização, a colonização e a descolonização, as guerras e a repercussão das revoluções, a constituição dos "blocos" supranacionais... todos eventos e processos que, no mínimo, corriam o risco de uma deriva dos conflitos de classes que os levaria a ultrapassar os limites nos quais eles tinham sido mais ou menos facilmente confinados pelo "consenso" do Estado nacional. Podemos dizer que, na França, *mutatis mutandis*, como nas antigas formações burguesas, o que permitiu resolver as contradições provocadas pelo capitalismo, começar a refazer a forma nação enquanto ela nem sequer tinha sido concluída (ou impedi-la de se desfazer antes mesmo que fosse arruinada), foi a instituição do Estado *nacional-social*, ou seja, de um Estado "intervencionista" na própria reprodução da economia e, sobretudo, na formação dos indivíduos, nas estruturas da família, da saúde pública e, de modo mais genérico, em todo o espaço da "vida privada". Tendência presente desde a origem da forma nação – vou retomar essa questão adiante –, mas que se tornou dominante ao longo dos séculos XIX e XX, cujo resultado é subordinar totalmente a existência dos indivíduos de todas as classes ao *status* de cidadãos do Estado-nação, ou seja, a seu atributo de nacionais[9].

## Produzir o povo

Uma formação social só se reproduz como nação à medida que o indivíduo é instituído como *homo nationalis*, desde seu nascimento até sua morte, por uma rede de aparatos e práticas cotidianas e, ao mesmo tempo, como *homo oeconomicus, politicus, religiosus*... É por isso que a questão da crise da forma nação, se introduzida a partir de agora, de fato é a questão de saber em que condições históricas

---

[8] Gérard Noiriel, *Immigrés et prolétaires, Longwy, 1880-1980* (Paris, Presses Universitaires de France, 1984) e *Le Creuset français. Histoire de l'immigration XIXᵉ-XXᵉ siècles* (Paris, Seuil, 1988).

[9] Para alguns detalhamentos complementares sobre esta questão, cf. meu estudo "Propositions sur la citoyenneté", em Catherine Wihtol de Wenden (org.), *La Citoyenneté* (Paris, Edilig-Fondation Diderot, 1988).

essa instituição é possível: graças a que formas simbólicas empregadas em práticas materiais elementares? Colocar essa questão é outra maneira de perguntar a que transição na civilização corresponde a nacionalização das sociedades, quais são os aspectos da individualidade entre os quais se move a nacionalidade.

A questão crucial é a seguinte: em que circunstância a nação é uma "comunidade"? Ou melhor, como a forma de comunidade que institui a nação se distingue especificamente de outras comunidades históricas?

Descartemos logo as antíteses tradicionalmente ligadas a essa noção. Em primeiro lugar, a da comunidade "real" e a da comunidade "imaginária". *Toda comunidade social, reproduzida pelo funcionamento de instituições, é imaginária,* ou seja, se baseia na projeção da existência individual na trama de uma narrativa coletiva, no reconhecimento de um *nome* comum e nas tradições vivenciadas como características de um passado imemorial (mesmo quando fabricadas e inculcadas em circunstâncias recentes). Mas isso equivale a dizer que, em determinadas condições, *somente comunidades imaginárias são reais.*

No caso das formações nacionais, o imaginário que se insere assim no real é o de "povo". É o de uma comunidade que se reconhece antecipadamente na instituição estatal, que a reconhece como "sua" diante de outros Estados e, sobretudo, inscreve suas lutas políticas em seu horizonte: por exemplo, ao formular suas aspirações de reforma e de revolução social como projetos de transformação de "seu Estado" nacional. Sem isso, não é possível haver "monopólio da violência organizada" (Max Weber) nem "vontade nacional-popular" (Gramsci). Mas esse povo não existe por natureza e, mesmo quando ele é tendencialmente constituído, de uma vez por todas, não existe. Nenhuma nação moderna possui uma base "étnica" dada, mesmo que provenha de uma luta de independência nacional. Ao mesmo tempo, nenhuma nação moderna, por mais "igualitária" que seja, corresponde à extinção dos conflitos de classes. Portanto, o problema fundamental é produzir o povo, ou melhor, é que o próprio povo *se produza* permanentemente como comunidade nacional. Ou ainda: é produzir o efeito de unidade, graças ao qual o povo aparece, aos olhos de todos, "como um povo", ou seja, como a base e a origem do poder político.

Rousseau foi o primeiro a conceber explicitamente a questão nestes termos: "O que faz com que um povo seja um povo?". Na realidade, essa pergunta não é diferente da que surgiu há pouco: como os indivíduos são nacionalizados, ou seja, socializados na forma dominante do pertencimento nacional? O que nos permite descartar, logo, outro dilema artificial: não se trata de opor uma identidade coletiva a identidades individuais. De fato, *toda identidade é individual*, mas jamais existe identidade individual que não seja histórica, ou seja, construída em um campo de valores sociais, de normas de comportamento e de símbolos coletivos. Jamais (mesmo nas práticas "simbióticas" dos movimentos de massa ou na "intimidade" das relações afetivas) os indivíduos se identificam uns com os outros, tampouco adquirem uma identidade isolada, noção intrinsecamente contraditória. A verdadeira questão é saber como as referências dominantes da identidade individual se transformam com o tempo e o contexto institucional.

Não é possível nos contentar em responder à questão da produção histórica do povo (ou da individualidade nacional) pela descrição das conquistas, dos deslocamentos de população e das práticas administrativas da "territorialização". Os indivíduos destinados a se perceber como membros de uma única nação são reunidos a partir do exterior, de origens geográficas múltiplas, como nas nações de imigração (França, Estados Unidos), ou então levados a se reconhecer mutuamente no interior de uma fronteira histórica que os continha. O povo é constituído a partir de diversas populações submetidas a uma lei comum. Mas, em todos os casos, um modelo de sua unidade deve "antecipar" essa constituição: o processo de unificação (cuja eficácia podemos avaliar, por exemplo, na mobilização coletiva para a guerra, ou seja, na capacidade de enfrentar coletivamente a morte) pressupõe a constituição de uma forma ideológica *específica*. Ela deve ser um fenômeno de massa e, ao mesmo tempo, um fenômeno de individualização, deve realizar uma "interpelação dos indivíduos enquanto sujeitos" (Althusser) muito mais eficaz que a simples inculcação de valores políticos, ou melhor, integrando essa inculcação em um processo mais elementar (que podemos denominar "primário") de fixação dos afetos do amor e do ódio e de representação de "si". Ela deve se tornar *a priori* uma condição da comunicação entre os indivíduos (os "cidadãos") e entre os grupos sociais — não suprimindo todas as diferenças, mas as relativizando e subordinando-as a eles, de modo que a diferença simbólica entre "nós" e os "estrangeiros" prevaleça e seja vivenciada como irredutível. Em outras palavras, é preciso retomar a terminologia proposta por Fichte em *Discursos à nação alemã*, de 1808, de acordo com a qual as "fronteiras externas" do Estado tornam-se também "fronteiras internas" ou — o que dá no mesmo — as fronteiras externas são imaginadas permanentemente como a projeção e a proteção de uma personalidade coletiva interna, que cada um traz consigo e que lhe permite habitar o tempo e o espaço do Estado como um lugar onde sempre foi, onde sempre será "sua casa".

Qual poderá ser essa forma ideológica? De acordo com as circunstâncias, a denominaremos patriotismo ou nacionalismo, faremos um levantamento dos eventos que favorecem sua constituição ou que revelam sua força, relacionaremos sua origem aos métodos políticos, uma combinação de "força" e de "educação" (como diziam Maquiavel e Gramsci) que, de alguma maneira, permite ao Estado fabricar a consciência popular. Mas essa fabricação ainda é apenas um aspecto externo. Para compreender as razões mais profundas de sua eficácia, vamos nos voltar, então, para a analogia com a *religião*, como é costume da filosofia e da sociologia há três séculos, fazendo do nacionalismo e do patriotismo uma religião, mesmo que não seja *a* religião dos tempos modernos.

Há necessariamente algo que é verdade nessa resposta. Não só porque, formalmente, as religiões também instituem formas de comunidade a partir da "alma" e da identidade individual, uma vez que prescrevem uma "moral" social, mas também porque o discurso teológico forneceu seus modelos para a idealização da nação, para a sacralização do Estado, que permitem instituir entre os indivíduos o vínculo do sacrifício e conferir às regras do direito a marca da "verdade" e da "lei"[10]. Todas as comunidades nacionais tiveram de ser representadas, em algum momento, como um "povo eleito". No entanto, as filosofias políticas da época clássica já tinham reconhecido a insuficiência dessa analogia, também evidenciada pelo fracasso das tentativas de estabelecer "religiões civis", pelo fato de a "religião do Estado" constituir, em última análise, apenas uma forma transitória da ideologia nacional (mesmo quando essa transição dura muito tempo e produz efeitos importantes sobrepondo lutas religiosas a lutas nacionais) e pelo interminável conflito que opõe a universalidade teológica à universalidade do nacionalismo.

Na realidade, é preciso refletir sobre o contrário: a ideologia nacional comporta incontestavelmente significantes ideais (antes mesmo de qualquer *nome* da nação, da "pátria") pelos quais podem ser transferidos o sentimento do sagrado, os afetos de amor, de respeito, de sacrifício, de temor que solidificaram as comunidades religiosas, mas a transferência somente ocorre porque se trata de *outro tipo* de comunidade. A própria analogia se baseia em uma diferença mais profunda sem a qual não seria possível compreender que a identidade nacional, integrando em alguma medida as formas da identidade religiosa, acaba tendencialmente substituindo-a e obrigando-a a se "nacionalizar".

---

[10] Sobre todas essas questões, é evidentemente decisiva a obra de Ernst Hartwig Kantorowicz, *Mourir pour la patrie et autres textes* (Paris, Presses Universitaires de France, 1985).

## Etnicidade fictícia e nação ideal

Chamo de *etnicidade fictícia* a comunidade instituída pelo Estado nacional. Trata-se de uma expressão voluntariamente complexa, na qual o termo "ficção", de acordo com o que indiquei antes, não deve ser considerado com o sentido de uma pura e simples ilusão sem efeitos históricos, mas, ao contrário, por analogia com a *persona ficta* da tradição jurídica, com o sentido de um efeito institucional de uma "fabricação". Nenhuma nação possui naturalmente uma base étnica, mas, à medida que as formações sociais se nacionalizam, as populações que elas incluem, desmembram ou dominam são "etnicizadas", ou seja, representadas no passado ou no futuro *como se* formassem uma comunidade natural, que possui por si própria uma identidade de origem, de cultura, de interesses, que transcende os indivíduos e as condições sociais[11].

A etnicidade fictícia não se confunde pura e simplesmente com a *nação ideal* que é objeto do patriotismo, mas lhe é indispensável, pois sem ela a nação se revelaria precisamente apenas uma ideia ou uma abstração arbitrária: o apelo ao patriotismo não se dirigiria *a ninguém*. É ela que permite ver, no Estado, a expressão de uma unidade preexistente, de avaliar com frequência sua "missão histórica" a serviço da nação e, por consequência, idealizar a política. Ao constituir o povo como uma unidade ficticiamente étnica, baseada em uma representação universalista que atribui a todo indivíduo uma identidade étnica e única e que reparte, assim, a humanidade inteira em diferentes etnicidades correspondentes de maneira potencial ao mesmo número de nações, a ideologia nacional faz muito mais que justificar as estratégias utilizadas pelo Estado para controlar as populações, ela inscreve de antemão suas exigências no sentimento de "pertencimento", no duplo sentido do termo: o que faz que se pertença a si mesmo e que se pertença a outros semelhantes. O que faz com que se possa ser interpelado enquanto indivíduo, *em nome* da coletividade da qual exatamente ele tem o nome. A naturalização do pertencimento e a sublimação da nação ideal são duas faces de um mesmo processo.

Como produzir a etnicidade? E como produzi-la de tal modo que ela justamente não se mostre como ficção, e sim como a mais natural das origens? A história nos mostra que existem duas vias convergentes: *a língua* e *a raça*. Na maior parte dos

---

[11] Digo "que elas incluem", mas seria preciso acrescentar: *ou que elas excluem*, pois a etnicização do povo nacional e a dos outros se dá simultaneamente: não há mais diferença histórica a não ser a étnica (assim, os judeus devem ser também "um povo"). Sobre a etnicização das populações colonizadas, cf. Jean-Loupe Amselle e Elikia M'Bokolo, *Au Coeur de l'ethnie. Ethnies, tribalisme et État en Afrique* (Paris, La Découverte, 1985).

casos, elas são associadas, pois só sua complementaridade permite que se represente o "povo" como uma unidade absolutamente autônoma. Ambas enunciam que o caráter nacional (que também podemos chamar de sua alma ou seu espírito) é imanente ao povo. Contudo, as duas projetam uma transcendência em relação aos indivíduos reais, às relações políticas. Elas constituem duas maneiras de enraizar as populações históricas em um fato de "natureza" (a diversidade das línguas tanto quanto a das raças aparecem como destino), mas também como duas maneiras de dar um sentido a sua existência, de ultrapassar sua contingência. No entanto, as circunstâncias fazem com que ora uma, ora outra seja dominante, pois elas não se baseiam no desenvolvimento das mesmas instituições e não apelam para os mesmos símbolos, para as mesmas idealizações da identidade nacional. Essa articulação diferente de uma etnicidade com dominância linguística ou com dominância racial tem consequências políticas evidentes. Por essa razão e para que a análise fique clara, devemos começar a examiná-las separadamente.

A comunidade de língua, que parece a noção mais abstrata, na realidade, é a mais concreta, uma vez que liga os indivíduos a uma origem que pode ser a cada momento atualizada, que tem como conteúdo o *ato comum* de suas próprias interações, de sua comunicação discursiva utilizando os instrumentos da linguagem falada e uma grande quantidade constantemente renovada de textos escritos e gravados. Isso não quer dizer que essa comunidade seja imediata, sem limites internos, tampouco que a comunicação seja na realidade "transparente" entre todos os indivíduos. Mas esses limites são sempre relativos: mesmo que os indivíduos com condições sociais muito diferentes jamais se comuniquem de forma direta entre si, são ligados por uma cadeia ininterrupta de discursos intermediários. Eles não estão isolados nem juridicamente nem de fato.

Acima de tudo, não cabe imaginar que essa situação seja tão antiga quanto o mundo. Ao contrário, ela é de maneira marcante recente. Os antigos impérios e as sociedades do Antigo Regime se basearam na sobreposição de "línguas" incompatíveis entre si para os dominadores e os dominados, para as esferas sagradas e as profanas, entre as quais tinha de existir todo um sistema de traduções[12]. Nas

---

[12] Ernest Gellner, *Nations and Nationalism* (Oxford, Blackwell, 2006 [Ithaca, Cornell University Press, 1983]), e Benedict Anderson, *Imagined Communities. Reflections on the Origin and Spread of Nationalism* (Londres, Verso, 1983) [ed. bras.: *Comunidades imaginadas: reflexões sobre a origem e a difusão do nacionalismo*, trad. Denise Bottmann, São Paulo, Companhia das Letras, 2008], cujas análises têm pontos de vista opostos como o "materialismo" e o "idealismo", insistem com toda a razão sobre essa questão.

formações nacionais modernas, os tradutores são escritores, jornalistas, políticos, atores que falam a língua "do povo", de uma forma que parece ainda mais natural porque imprimem a ela mais distinção. A tradução tornou-se, antes de mais nada, uma tradução interna entre "níveis de língua". As diferenças sociais são expressas e relativizadas enquanto diferentes modos de praticar a língua nacional, que supõem um código comum e até mesmo uma norma comum[13]. Esta, como se sabe, é inculcada pela escolarização generalizada, que exerce a função primária.

Esse é o motivo pelo qual existe uma estreita correlação histórica entre a formação nacional e o desenvolvimento da escola como instituição "popular", não limitada às formações especializadas ou à cultura das elites, mas que serve de alicerce para toda a socialização dos indivíduos. Que a escola seja também o lugar de inculcação – às vezes de contestação – de uma ideologia nacionalista é um fenômeno derivado, rigorosamente menos indispensável que o anterior. Digamos que a escolarização seja a principal instituição que produz a etnicidade como comunidade linguística. Mas não é a única: o Estado, as trocas econômicas e a vida familiar em certo sentido também são escolas, órgãos da nação ideal reconhecível por uma língua "comum" que lhe pertence "como propriedade exclusiva". Na realidade, o que é decisivo não é só que a língua nacional seja oficializada, fundamentalmente é muito mais que ela possa se revelar o próprio elemento da vida do povo, a realidade de que cada um pode se apropriar, à sua maneira, sem, no entanto, destruir a identidade. Não há contradição, mas complementaridade, entre a instituição de *uma* língua nacional e a defasagem, o contraste cotidiano das "linguagens de classe" que, precisamente, não são línguas diferentes. Todas as práticas linguísticas convergem para um único "amor à língua", que se dirige não à norma escolar nem aos usos particulares, mas à "língua materna", ou seja, ao ideal de uma origem comum projetado a certa distância e por trás das aprendizagens e dos usos especializados e que, por isso mesmo, se torna a metáfora do amor mútuo dos nacionais[14].

---

[13] Cf. Renée Balibar, *L'Institution du français. Essai sur le colinguisme des Carolingiens à la République* (Paris, Presses Universitaires de France, 1985).

[14] Poderemos encontrar apaixonantes sugestões de Jean-Claude Milner sobre esta questão, mais em *Les Noms indistincts* (Paris, Seuil, 1983) [ed. bras.: *Os nomes indistintos*, trad. Procópio Abreu, Bauru, Companhia de Freud, 2006], p. 43 e seg., que em *L'Amour de la langue* (Paris, Seuil, 1978) [ed. bras.: *O amor da língua*, trad. Paulo Sérgio de Souza Júnior, Campinas, Editora da Unicamp, 2012]. Sobre a alternativa da "luta de classes" e a "guerra das línguas" na União Soviética, no momento em que se impõe a política do "socialismo em um único país", cf. Françoise Gadet, Jean-Marc Gaymann, Yvan Mignot e Élisabeth Roudinesco, *Les Maîtres de la langue* (Paris, François Maspero, 1979).

Poderíamos, então, nos perguntar – independentemente das questões históricas precisas que a história das línguas nacionais coloca, das dificuldades de sua unificação ou de sua imposição, de sua transformação em idioma ao mesmo tempo "popular" e "culto", da qual se sabe ela está muito longe de realizar hoje em todos os Estados nacionais, apesar do trabalho de seus intelectuais auxiliados por diversos órgãos internacionais – *por que a comunidade da língua não é suficiente* para a produção da etnicidade?

Talvez isso esteja relacionado às propriedades paradoxais que, devido à estrutura do significante linguístico, ela confere à identidade individual. Em certo sentido, é sempre no elemento de linguagem que os indivíduos são interpelados como sujeitos, pois toda interpelação é da ordem do discurso. Toda "personalidade" é construída com palavras, nas quais se enunciam o direito, a genealogia, a história, as escolhas políticas, as qualidades profissionais, a psicologia. Mas a construção linguística da identidade é, por definição, *aberta*. Nenhum indivíduo "escolhe" sua língua materna, não pode "mudá-la" à vontade. Contudo, é sempre possível se apropriar de várias línguas, se tornar, de outra maneira, portador do discurso e das transformações da língua. A comunidade linguística leva a uma memória étnica terrivelmente constrangedora (Roland Barthes chegou a chamá-la, um dia, de "fascista"), mas que, no entanto, possui uma estranha plasticidade: ela naturaliza imediatamente o saber adquirido. Em certo sentido, de maneira *rápida demais*. Trata-se de uma memória coletiva que se perpetua à custa do esquecimento individual das "origens". O imigrante da "segunda geração" – noção que, desse ponto de vista, adquire significado estrutural – habita a língua nacional (e, por meio dela, a própria nação) de uma forma espontânea, tão "hereditária", tão imperiosa pela afetividade e pelo imaginário, quanto o filho de um dessas "terras" que dizem ser inteiramente daqui (e dos quais a maior parte, ainda há pouco tempo, no dia a dia, não falava a língua nacional). A língua "materna" não é necessariamente a da mãe "real". A comunidade da língua é uma comunidade *atual* que dá o sentimento de ter existido *sempre*, mas que não prescreve nenhum destino às sucessivas gerações. De forma ideal, ela "assimila" qualquer um, não impede ninguém. Enfim, ela afeta todo indivíduo de maneira visceral (na forma em que ele se constitui como sujeito), mas sua particularidade histórica está ligada apenas a instituições intercambiáveis. Quando as circunstâncias permitem, ela pode ser útil a nações diferentes (como o inglês ou o espanhol e até mesmo o francês) ou sobreviver ao desaparecimento "físico" de populações que a utilizaram (como o latim, o grego "antigo", o árabe "literário"). Por estar ligada às fronteiras de determinado povo, ela então tem necessidade de um suplemento de particularidade ou de um princípio de fechamento, de exclusão.

Esse princípio é a comunidade de raça. Mas, aqui, devemos prestar atenção para entendermos bem. Todas as espécies de características somáticas ou psicológicas, visíveis ou invisíveis, são capazes de servir para constituir a ficção de uma identidade racial e, portanto, para representar diferenças naturais e hereditárias entre grupos sociais, seja dentro de uma mesma nação, seja fora de suas fronteiras. Discuti em outro lugar a evolução dos estigmas da raça e a relação que eles mantêm com diferentes imagens históricas do conflito social. Aqui, devemos nos fixar apenas no núcleo simbólico que permite identificar de forma ideal raça e etnicidade e conceber a unidade de raça como a origem ou a causa da continuidade histórica de um povo. Ora, diferentemente da comunidade linguística, não se trata de uma prática de fato comum a *todos* os indivíduos que formam uma unidade política. Não temos, aqui, o equivalente da comunicação. Trata-se, então, em certo sentido, de uma ficção de segundo grau. Entretanto, essa ficção também tira sua eficácia de práticas cotidianas, de relações que estruturam de imediato a "vida" dos indivíduos. E, acima de tudo, enquanto a comunidade da língua só pode instituir a igualdade dos indivíduos "naturalizando" ao mesmo tempo a desigualdade social das práticas linguísticas, a comunidade de raça dissolve as desigualdades sociais em uma "semelhança" ainda mais ambivalente: ela etniciza a diferença social que manifesta antagonismos inconciliáveis, dando-lhe a forma de uma divisão entre o "verdadeiro" e o "falso" nacional.

Penso que, assim, podemos esclarecer esse paradoxo. O núcleo simbólico da ideia de raça (e de seus equivalentes demográficos culturais) é o conceito de genealogia, ou seja, simplesmente a ideia de que a filiação dos indivíduos transmite de uma geração para outra uma substância biológica e, ao mesmo tempo, espiritual e os inscreve na mesma ocasião em uma comunidade temporal denominada "parentesco". Por isso, *desde* que a ideologia nacional enuncia a proposição de que os indivíduos que constituem um mesmo povo são parentes entre si (ou, no modo prescritivo, deveriam constituir um círculo de parentesco ampliado), estamos diante deste segundo modo de etnicização.

Aqui faremos a objeção de que uma representação como essa caracteriza sociedades e comunidades que nada têm de nacional. Mas é precisamente nessa questão que entra em jogo a inovação que articula a forma nação com a ideia moderna de raça. Esta se correlaciona com o desaparecimento tendencial das genealogias "privadas", tais como eram (e ainda são) codificadas pelos sistemas tradicionais de casamento preferencial e de linhagem. *A ideia de uma comunidade de raça faz sua aparição quando as fronteiras do parentesco se dissolvem no âmbito do clã, da comunidade de vizinhança e, pelo menos teoricamente, da classe social para serem recolocadas nos limites da nacionalidade*: quando nada impede a aliança com qualquer dos "concidadãos" e, ao contrário, ela aparece como a única "normal", "natural". A comunidade de raça é suscetível de ser representada como uma grande família ou como o invólucro comum das relações familiares (a *comunidade das famílias* "francesas", "americanas", "argelinas")[15]. A partir de então, todo indivíduo tem sua família, qualquer que seja sua condição social, mas a família – como a propriedade – torna-se uma relação contingente entre indivíduos. Para falar mais sobre isso, será preciso, então, iniciar uma discussão da história da família, instituição que, neste caso, por um curto período, desempenha um papel tão central quanto o da escola e que é onipresente no discurso da raça.

## A família e a escola

Esbarramos, aqui, nas lacunas da história da família, que continua submetida aos pontos de vista dominantes do direito matrimonial e da "vida privada" como questão literária e antropológica. O grande tema da historiografia recente da família é a emergência da "família nuclear" ou estrita (constituída por pai, mãe e filhos), sobre a qual se discute para saber se constitui um fenômeno especificamente "moderno" (séculos XVIII e XIX) ligado às formas burguesas da sociabilidade (tese de Ariès e de Shorter) ou se é resultado de uma evolução possibilitada há muito tempo pelo direito eclesiástico e pelo controle das autoridades cristãs sobre o casamento (tese de Goody)[16]. De fato, essas posições não são incompatíveis. Mas, acima de tudo, têm tendência a lançar na obscuridade a questão que, para nós, é a mais decisiva: a correlação que se estabelece, aos poucos, desde a instituição do estado civil e da codificação da família (cujo protótipo é o Código Napoleônico), entre a dissolução das relações de parentesco "ampliado" e a penetração das relações familiares pela intervenção do Estado nacional, que vai da regulamentação da herança à organização do controle da natalidade. Observemos, aqui, que nas sociedades nacionais

---

[15] Acrescentemos, aqui, que temos um *critério* garantido da comutação entre o racismo e o nacionalismo: todo discurso sobre a pátria ou sobre a nação que associa essas noções em "defesa da família" – sem sequer falar da natalidade – já está instalado no universo do racismo.

[16] Philippe Ariès, *L'Enfant et la vie familiale sous l'Ancien Régime* (Paris, Points, 2014, [1973]) (coleção Histoire); Edward Shorter, *Naissance de la famille moderne, XVIII$^e$-XX$^e$* (Paris, Seuil, 1977); Jack Goody, *L'Évolution de la famille et du mariage en Europe* (Paris, Armand Colin, 1985).

contemporâneas, salvo em algumas "maníacas" pela genealogia, algumas "nostálgicas" da aristocracia, a genealogia não é mais um saber teórico nem um objeto da memória oral, e tampouco registrada e conservada de forma *privada*: hoje, é *o Estado que constitui e detém o arquivo das filiações e das alianças.*

Nesse caso também é preciso distinguir um nível superficial e um nível profundo. O superficial é o discurso que enaltece a família, precocemente associado ao nacionalismo na tradição política, sobretudo na francesa (constitutivo do nacionalismo conservador). O nível profundo é a emergência simultânea da "vida privada", da "intimidade familiar" restrita *e* da política familiar do Estado que faz surgir no espaço público a nova noção de população e as técnicas demográficas de sua mensuração, de seu controle moral e sanitário, de sua reprodução. De modo que a intimidade familiar moderna é exatamente o contrário de uma esfera autônoma às margens da qual se interromperiam as estruturas estatais. Ela é a esfera na qual as relações entre indivíduos são imediatamente encarregadas de uma função "cívica" e se tornam possíveis por meio da ajuda constante do Estado, a começar pelas relações entre os sexos organizadas para a procriação. É também o que permite compreender o tom anarquista que adquirem com facilidade os comportamentos sexualmente "desviantes" nas formações nacionais modernas, enquanto nas sociedades anteriores eles tinham mais um tom de heresia religiosa. A saúde pública e a segurança social substituíram o confessor, não literalmente, mas introduzindo uma nova "liberdade" e, ao mesmo tempo, uma nova assistência, uma nova missão e, portanto, também uma nova demanda. Assim, à medida que o parentesco ligado à linhagem, a solidariedade das gerações e as funções econômicas da família ampliada se dissolvem, o que ocorre não é uma microssociedade natural nem uma relação contratual simplesmente "individualista", mas uma nacionalização da família que, em contrapartida, tem a identificação da comunidade nacional com um parentesco simbólico, delimitado por normas de pseudoendogamia e suscetível de se projetar, talvez mais ainda que em uma ascendência, em uma *descendência comum.*

Por isso, a ideia do eugenismo é sempre latente na relação recíproca entre a família "burguesa" e a sociedade de forma nacional. Também por isso o nacionalismo secretamente está relacionado com o sexismo: não tanto como manifestações de uma mesma tradição autoritária, mas na medida em que a desigualdade dos papéis sexuais no amor conjugal e na criação dos filhos constitui o espaço de fixação para a mediação jurídica, econômica, educativa e médica do Estado. Enfim, por isso, a representação do nacionalismo como um "tribalismo", grande alternativa dos sociólogos para sua interpretação religiosa, é ao mesmo tempo mistificadora e reveladora. Mistificadora porque imagina o nacionalismo como uma regressão a formas de comunidade arcaicas, na realidade incompatíveis com o Estado-nação (vê-se bem isso no estado inacabado da constituição nacional em todos os lugares onde subsistem fortes solidariedades de linhagem ou tribais). Mas reveladora da substituição operada pela nação de um imaginário do parentesco por um outro, que subentende a transformação da própria família. É também o que nos obriga a nos perguntar em que medida a forma nação pode continuar a se reproduzir indefinidamente (pelo menos como forma dominante) a partir do momento em que a transformação da família é "concluída", ou seja, a partir do momento em que as relações entre os sexos e a procriação escapam completamente da ordem genealógica. Atingiríamos, então, o limite das possibilidades materiais de conceber o que são "raças" humanas e de investir essa representação na produção da etnicidade. Mas, sem dúvida, não chegamos a esse ponto.

Portanto, Althusser não estava errado, em seu esboço de definição dos "aparelhos ideológicos de Estado", ao sugerir que o núcleo da ideologia dominante das sociedades burguesas passou do binômio família-Igreja para o binômio família-escola[17]. No entanto, minha vontade é fazer duas emendas nessa formulação. Em primeiro lugar, eu não diria que esta ou aquela dessas instituições constitui por si só *um* "aparelho ideológico de Estado": o que essa expressão designa de forma apropriada é mais o funcionamento combinado de *várias* instituições dominantes. Em seguida, eu proporia pensar que a importância contemporânea da escolarização e da célula familiar não vem unicamente do lugar funcional que elas assumem na reprodução da força de trabalho, mas também do fato de elas subordinarem essa reprodução à constituição de uma etnicidade fictícia, ou seja, à articulação entre uma comunidade linguística *e* uma comunidade de raça implícita nas políticas populacionais (o que Foucault chamou, com um termo sugestivo, mas ambíguo, de sistema dos "biopoderes")[18]. Talvez escola e família tenham outros aspectos ou mereçam ser analisadas de acordo com outros pontos de vista. Sua história começa bem antes do aparecimento da forma nação e pode continuar depois disso. Mas o que faz com que, juntas, constituam o aparelho

---

[17] Cf. Louis Althusser, "Idéologie et appareils idéologiques d'État", em *Positions (1964-1975)* (Paris, Éditions Sociales, 1976).

[18] Michel Foucault, *La Volonté de savoir* (Paris, Gallimard, 1976) [ed. bras.: *História da sexualidade*, v. 1: *A vontade do saber*, trad. J. A. Guilhon Albuquerque e Maria Thereza da Costa Albuquerque, Rio de Janeiro, Paz e Terra, 2014].

ideológico dominante nas sociedades burguesas, que se traduz por sua interdependência crescente e por sua tendência a repartir exaustivamente o tempo da formação dos indivíduos, é sua importância nacional, ou seja, sua importância imediata para a produção da etnicidade. Nesse sentido, existe apenas um "aparelho ideológico do Estado" dominante nas formações sociais burguesas, que utiliza para seus próprios fins as instituições escolares e familiares e, de maneira acessória, outras instituições acrescentadas à escola e à família, cuja existência está na base da hegemonia do nacionalismo.

Uma observação para concluir essa hipótese. Articulação e até mesmo complementaridade não significam harmonia. A etnicidade linguística e a racial (ou hereditária) são, em certo sentido, exclusivas uma da outra. Sugeri, anteriormente, que a comunidade linguística é aberta, enquanto a comunidade de raça aparece, por princípio, fechada (pois, do ponto de vista teórico, ela leva a manter, indefinidamente até o fim das gerações, fora da comunidade ou em suas margens "inferiores", "estrangeiras", os que, de acordo com seus critérios, não são autenticamente nacionais). Nos dois casos, são representações ideais. Sem dúvida, o simbolismo da raça combina o elemento da universalidade antropológica no qual ele se baseia (a cadeia das gerações, o absoluto do parentesco estendido a toda a humanidade) com um imaginário de segregação e de interdições. Mas, na prática, as migrações, os casamentos endogâmicos continuam a transgredir os limites assim projetados (mesmo onde políticas coercitivas criminalizam a "mestiçagem"). O verdadeiro obstáculo à mistura das populações é constituído mais por diferenças de classes que tendem a reconstituir fenômenos de casta. É preciso redefinir sem cessar a substância hereditária da etnicidade: ontem, a "germanidade", a "raça francesa" ou "anglo-saxã"; hoje, a "europeidade" ou a "ocidentalidade"; amanhã, talvez, a "raça mediterrânea". Ao contrário, a abertura da comunidade linguística é uma abertura ideal, ainda que tenha como suporte material a possibilidade de traduzir línguas entre elas e, portanto, a capacidade de os indivíduos multiplicarem suas competências linguísticas.

Formalmente igualitário, o pertencimento à comunidade linguística – sobretudo pelo fato de ela ser mediada pela instituição escolar – recria logo divisões, normas diferenciais que as recortam tão maciçamente quanto as diferenças de classes. Quanto mais as sociedades burguesas são escolarizadas, mais as diferenças de competência linguística (portanto, literária, "cultural", tecnológica) funcionam como diferenças de casta, atribuindo aos indivíduos "destinos sociais" diferentes. Nessas condições, não é de espantar que elas sejam diretamente associadas a *habitus* corporais (para falar como Pierre Bourdieu) que conferem ao ato de fala com suas características pessoais, não universalizáveis, a função de um estigma racial ou quase racial (e que sempre ocupam um lugar muito importante na formulação do "racismo de classe"): sotaque "estrangeiro" ou "regional", elocução "popular", "erros" na forma de se expressar ou, ao contrário, "correção" ostentatória designando de imediato o pertencimento de um locutor a alguma população e espontaneamente remetidas a uma origem familiar, a uma posição hereditária[19]. A produção da etnicidade é também a racização da língua e a verbalização da raça.

Não é indiferente – nem do ponto de vista da política imediata, nem no que diz respeito à evolução da forma nação, ao seu papel no futuro na instituição das relações sociais – que uma ou outra representação da etnicidade seja dominante. Na realidade, ela leva a duas atitudes radicalmente diferentes concernentes ao problema da integração e da assimilação, duas formas de fundamentar a ordem jurídica e de nacionalizar as instituições[20].

A "nação revolucionária" francesa se constituiu, de início, de forma privilegiada, em torno do símbolo da língua: ela ligou estreitamente a unidade política com a uniformidade linguística, a democratização do Estado com o rechaçamento coercitivo dos "particularismos" culturais, dos quais a "gíria" era objeto de fixação. Por sua vez, a "nação revolucionária" americana construiu seus ideais de origem com um duplo rechaçamento: o da exterminação dos "indígenas" ameríndios e o da diferença entre os homens livres "brancos" e os escravos "negros". A comunidade linguística herdada da "nação mãe" anglo-saxã não representou um problema, pelo menos aparentemente, até a imigração hispânica lhe conferir o significado de um símbolo de classe *e* de uma marca racial. O "nativismo" estava implícito na história da ideologia nacional francesa até que, no fim do século XIX, a colonização, por um lado, a intensificação das importações de mão de obra e a segregação

---

[19] Cf. Pierre Bourdieu, *La Distinction: Critique sociale du jugement* (Paris, Minuit, 1979) [ed. bras.: *A distinção: crítica social do julgamento*, trad. Daniela Kern e Guilherme J. F. Teixeira, Porto Alegre, Zouk, 2011]; *Ce que parler veut dire: L'économie des échanges linguistiques* (Paris, Fayard, 1982) [ed. bras.: *A economia das trocas linguísticas: o que falar quer dizer*, trad. Sergio Miceli et al., São Paulo, Edusp, 1996]. Cf. também a crítica dos membros do Collectif "Révoltes logiques", em *L'Empire du sociologue* (Paris, La Découverte, 1984), que trata fundamentalmente da forma como Bourdieu *fixa* os papéis sociais como "destinos" e atribui diretamente a seu antagonismo uma função de reprodução do "todo" (o capítulo sobre a língua é de Françoise Kerleroux).

[20] Cf. algumas indicações preciosas em Françoise Gadet e Michel Pêcheux, "L'Anthropologie linguistique entre le Droit et la Vie", em *La Langue introuvable* (Paris, François Maspero, 1981), cap. 3, p. 38-40.

dos trabalhadores manuais devido a sua origem étnica, por outro, levam à constituição do fantasma da "raça francesa". Ao contrário, ele foi explicitado muito rapidamente na história da ideologia nacional americana, que apresenta a formação do povo americano como o cadinho de uma nova raça, mas também como uma combinação hierárquica de diferentes aportes étnicos, à custa de difíceis analogias entre a imigração europeia ou asiática e as desigualdades sociais herdadas da escravidão e reforçadas pela exploração econômica dos negros[21].

Essas diferenças históricas não impõem absolutamente nenhuma fatalidade – elas são sobretudo matéria de lutas políticas –, mas modificam profundamente as condições em que se apresentam os problemas de assimilação, de igualdade de direitos, de cidadania, de nacionalismo e de internacionalismo. Podemos efetivamente nos perguntar se, à medida que a "construção europeia" tentar transferir para o âmbito "comunitário" funções e símbolos do Estado nacional, ela se orientará em matéria de produção da etnicidade fictícia *mais* no sentido da instituição de um "colinguismo europeu" (e qual) ou *mais* no sentido da idealização da "identidade demográfica europeia", concebida principalmente por oposição às "populações do Sul" (turcos, árabes, negros)[22]. Cada "povo", produto de um processo nacional de etnicização, é hoje obrigado a encontrar sua própria via para ultrapassar o exclusivismo ou a ideologia identitária no mundo das comunicações transnacionais e das relações de forças planetárias. Ou melhor, cada indivíduo é obrigado a encontrar na transformação do imaginário de "seu" povo os meios de abandoná-lo para se comunicar com os indivíduos de outros povos que têm os mesmos interesses e, para alguns, o mesmo futuro que o dele.

---

[21] Sobre o "nativismo" americano, cf. Rachel Ertel, Geneviève Fabre e Élise Marienstras, *En Marge. Les minorités aux États-Unis* (Paris, François Maspero, 1974), p. 25 e seg.; Michael Omi e Howard Winant, *Racial Formation in the United States. From the 1960s to the 1980s* (Londres, Routledge/Kegan Paul, 1986), p. 120. É interessante ver que, somente hoje, nos Estados Unidos, se desenvolve um movimento (dirigido contra a imigração latino-americana) que demanda que o inglês seja *oficializado* como língua nacional.

[22] Com o crescimento dessa alternativa, na realidade é crucial a seguinte questão: as instituições administrativas e escolares da futura "União Europeia" vão admitir o árabe, o turco e até mesmo algumas línguas asiáticas e africanas em pé de igualdade com o francês, o alemão e o português ou vão considerá-las línguas "estrangeiras"?

# 6
# As estruturas domésticas e a formação da força de trabalho na economia-mundo capitalista

*Immanuel Wallerstein*

As unidades domésticas constituem uma das estruturas institucionais essenciais da economia-mundo capitalista. É sempre um erro analisar instituições sociais trans-historicamente, como se fossem um gênero do qual cada sistema histórico tivesse produzido uma variante ou espécie. Para ser mais preciso, as múltiplas estruturas institucionais de um determinado sistema histórico são, basicamente, específicas àquele sistema e são parte de uma *série* de instituições inter-relacionadas que constituem as estruturas operacionais do sistema.

O sistema histórico, nesse caso, é a economia-mundo capitalista enquanto entidade histórica singular em desenvolvimento gradual. As estruturas domésticas localizadas nesse sistema podem ser mais bem entendidas por meio da análise de como elas se adaptam a uma série de instituições desse sistema, mais que por meio de sua comparação a instituições hipoteticamente paralelas (não raro com a mesma designação nominal) em outros sistemas históricos. Na verdade, é possível racionalmente duvidar da existência de algum paralelo com nossa "estrutura doméstica" nos sistemas anteriores (o mesmo poderia ser dito dos conceitos institucionais como "Estado" e "classe"). O uso de expressões como "estrutura doméstica" trans-historicamente é, na melhor das hipóteses, uma analogia.

Mais que comparar supostos conjuntos de características de instituições possivelmente paralelas, abordaremos o problema do ponto de vista interno da economia-mundo capitalista em desenvolvimento. A acumulação incessante do capital é a característica que define esse sistema e a sua *raison d'être*. Ao longo do tempo, essa acumulação incessante leva à mercantilização de tudo, ao crescimento absoluto da produção mundial e a uma complexa e sofisticada divisão social do trabalho. O objetivo da acumulação pressupõe um sistema de distribuição polarizada no qual a maioria da população mundial serve como força de trabalho produtora de mais-valor que, de alguma maneira, é distribuído entre uma minoria remanescente da população mundial.

Do ponto de vista dos acumuladores do capital, quais são os problemas apresentados pelas formas como é produzida e reproduzida essa força de trabalho mundial? Penso que os acumuladores podem ser vistos como detentores de três interesses principais:

1. Eles se beneficiam por terem uma força de trabalho cujo tempo em atividade varia. Ou seja, empreendedores individuais vão querer ter apenas gastos diretamente relacionados com a produção e, portanto, não vão querer pagar antecipadamente a remuneração por um contrato futuro ou pelo tempo de trabalho não utilizado. Ao mesmo tempo, quando querem produzir, também querem ter pessoas dispostas a trabalhar. A variação pode ser decenal, anual, semanal ou até mesmo de hora em hora.

2. Eles se beneficiarão por terem uma força de trabalho cuja atuação é variável no espaço. Ou seja, empreendedores individuais vão querer situar suas empresas ou ressituá-las de acordo com alguns custos por eles considerados (custos de transporte, custos históricos da força de trabalho etc.) sem grandes restrições devido à distribuição geográfica vigente da força de trabalho mundial. A variação no espaço pode ser de um continente para outro, da área rural para a urbana ou de um lugar específico nas proximidades para outro.

3. Eles se beneficiarão por terem o nível do custo da força de trabalho o mais baixo possível. Ou seja, os empreendedores individuais vão querer que seus custos diretos (na forma de salários, pagamentos monetários indiretos e pagamentos em bens e serviços) sejam minimizados, pelo menos, no médio prazo.

Cada uma dessas opções a que os empreendedores individuais têm de aderir (sob pena de serem eliminados da arena econômica por bancarrota) se encontra, parcialmente, em contradição com os interesses dos acumuladores de capital enquanto classe mundial. Nessa situação, os acumuladores necessitam garantir que a força de trabalho mundial seja reproduzida em número relacionado com o nível de produção mundial e que essa força de trabalho não se organize como uma força de classe que ameace a existência do sistema como tal. Assim, enquanto classe mundial, algumas reformulações (garantir um nível adequado de demanda eficaz no mundo inteiro, uma reprodução a longo prazo da força de trabalho mundial e um mecanismo adequado de defesa política do sistema, permitindo que os executivos recebam parte do excedente) podem parecer necessárias.

O problema, então, do ponto de vista dos acumuladores de capital (em seus papéis contraditórios enquanto uma série de indivíduos em concorrência e, ao mesmo tempo, classe coletiva) é: no que se refere à formação da força de trabalho, que tipos de instituição seriam ideais? Vamos sugerir vários caminhos do desenvolvimento histórico de estruturas "domésticas" que têm sido adequados a esse objetivo. As necessidades contraditórias dos empreendedores enquanto indivíduos e enquanto classe podem se conciliar melhor se os determinantes da oferta da força de trabalho tiverem consistência de melaço: as instituições fluem (ou seja, elas reagem com flexibilidade a várias pressões do "mercado"), mas fluem lentamente. A "estrutura doméstica" como desenvolvida ao longo da história do capitalismo parece ter precisamente esse caráter. Seus limites são maleáveis, não obstante exibem uma firmeza no curto prazo incrustada tanto em seus próprios interesses econômicos quanto na psicologia social de seus membros.

Existem três caminhos principais nos quais os limites têm sido mantidos maleáveis de maneira moderada. O primeiro tem sido uma pressão contínua para quebrar a ligação entre a organização da estrutura doméstica e a territorialidade. Na fase inicial, essa foi a pressão, durante muito tempo observada, que liberou cada vez mais as pessoas de um compromisso (físico, jurídico e emocional) com uma pequena unidade particular de terra. Na segunda fase, em geral em período posterior à primeira, essa foi a pressão que reduziu, mas nunca eliminou completamente, a coabitação como a base dos compromissos legais e sociopsicológicos com uma estrutura de renda compartilhada. Tal fenômeno tem sido entendido, a meu ver muito incorretamente, como o surgimento da família nuclear.

O segundo caminho é que, enquanto a economia-mundo capitalista se desenvolvia gradualmente ao longo do tempo, ficou cada vez mais claro que a divisão social da produção se baseava em uma força de trabalho mundial parcialmente assalariada. Esse "parcialismo" era duplo. Houve (a) uma dispersão das estruturas domésticas do mundo ao longo de uma curva que representava a porcentagem do trabalho produtivo total remunerado com salários. Desconfio que uma análise estatística correta da economia-mundo capitalista como um todo revelaria que essa curva teve menos inclinação e mais sinuosidade ao longo do tempo histórico. E (b), de fato, nenhuma estrutura doméstica na economia-mundo capitalista se localizava nos extremos da curva. Isso significa que, na verdade, todas as formas de remuneração das estruturas domésticas individuais eram de trabalho com salário "parcial".

No terceiro, as formas de participação das estruturas domésticas na força de trabalho eram cada vez mais estratificadas em termos de etnicidade/povo e de gênero. Ao mesmo tempo, a ideologia da igualdade de oportunidades era crescentemente professada e implementada. A conciliação desses dois impulsos foi possível porque a estratificação real era flexível, uma vez que as próprias linhas fronteiriças da etnicidade (inclusive as regras da endogamia) eram maleáveis. Embora as linhas fronteiriças relativas ao gênero fossem menos maleáveis que as da etnicidade, ainda assim constantemente foi possível redefinir quais papéis ocupacionais cabiam a cada lado da linha divisória da estratificação por gênero.

Observemos que, em cada um desses aspectos (territorialidade, trabalho assalariado e estratificação étnica e por gênero), a estrutura envolvia uma tensão – a quebra da territorialidade, mas algum papel para a coabitação; um sistema de trabalho assalariado, mas somente parcial; um sistema de estratificação étnica e de gênero, mas moderado por uma ideologia de oportunidades iguais. É precisamente essa tensão, essa "intermediação", que possibilita a manipulação (até certo ponto) da força de trabalho mundial pelos acumuladores. Foi exatamente a mesma tensão que criou tanto o vigor quanto as ambiguidades da reação da força de trabalho mundial – uma reação do ponto de vista da consciência social (lealdades a um povo, uma classe, uma estrutura doméstica) e da consciência política (envolvimento em movimentos).

A eficácia da estrutura doméstica do ponto de vista dos acumuladores pode ser vista como uma unidade de compartilhamento da renda (comensalidade no sentido figurado) se comparada com duas alternativas hipotéticas. Uma delas é uma "comunidade" (comuna) de cinquenta ou cem e até mais pessoas. A segunda é uma unidade isolada muito pequena (uma única pessoa ou uma família nuclear em que nenhum filho é adulto). A comunidade foi, sem dúvida, uma unidade frequente de reprodução social em sistemas históricos anteriores. Houve tentativas ocasionais (a maior parte delas sem êxito) de reproduzir unidades desse tamanho na economia-mundo capitalista. É claro que as unidades muito pequenas existiram, mas também parece terem sido evitadas por serem consideradas algo "inviável".

O que de fato aconteceu foi que estruturas domésticas com compartilhamento da renda real tendiam a ser de tamanho intermediário. Para evitar unidades muito pequenas, com frequência as estruturas domésticas extrapolavam as redes de parentesco e incorporavam pessoas que não faziam parte da família. Para evitar unidades muito grandes, tanto os limites sociais quanto os jurídicos das obrigações mútuas foram aumentados. Por que essa tendência ao intermediário – tanto em relação ao tamanho como à composição – prevaleceu?

A principal desvantagem das unidades muito pequenas era que o nível de renda-salário necessário para garantir a reprodução coletiva era nitidamente mais alto que o das unidades médias. Onde o nível dos salários era muito baixo, as próprias famílias procuravam ampliar seus limites de sobrevivência. Mas isso, sem dúvida, era também de interesse dos acumuladores.

A principal desvantagem das unidades muito grandes era que o nível da quantidade de trabalho requerido para garantir a sobrevivência era bastante baixo. Por um lado, os acumuladores não gostavam disso, porque reduzia a pressão para as pessoas entrarem no mercado de trabalho assalariado. Por outro, os membros da força de trabalho descobriram que se criou uma tensão entre os integrantes da comunidade que sentiam poder desfrutar de alguma mobilidade imediata e os que não podiam. Era possível "mudar" de uma unidade doméstica. Era muito difícil "mudar" de comunidade.

As estruturas institucionais não são dadas. Elas tendem a ser locais de, ou melhor, objetos de tentativas contraditórias de moldá-las. Houve duas lutas básicas em torno da instituição da estrutura doméstica. A primeira entre os habituais interesses opostos dos trabalhadores agrupados em uma unidade doméstica e os dos acumuladores que tinham poder em determinada localidade e/ou em determinado Estado. A segunda tinha a ver com a contradição entre os objetivos almejados pelos acumuladores no que se refere às estruturas domésticas e sua frequente necessidade de se envolver em ações que enfraqueciam esses objetivos. Consideremos uma de cada vez.

A estrutura doméstica como unidade de compartilhamento de renda pode ser vista como uma fortaleza tanto para acomodação quanto para resistência aos padrões de alocação da força de trabalho preferidos pelos acumuladores. À medida que a responsabilidade pela reprodução da força de trabalho cada vez mais se transferia da "comunidade" para a "estrutura doméstica" por pressão do "Estado", a própria maleabilidade da instituição (no que diz respeito aos seus membros, seus limites, sua localização e à combinação de formas de trabalho), que era tão útil para os capitalistas, também o era para resistir às pressões ou driblá-las a curto prazo. De fato, até o surgimento dos movimentos, e mesmo depois, a tomada de decisão pela estrutura doméstica talvez tenha sido a principal arma política diária disponível para a força de trabalho mundial. Os impulsos que frequentemente foram analisados como atávicos eram muitas vezes reações sociopolíticas em defesa de determinados valores de uso ou simplesmente esforços para minimizar o grau de exploração. O fato de as demandas das estruturas domésticas variarem de maneira imprevisível (por exemplo, às vezes a favor de mais mulheres tornarem-se assalariadas, outras vezes contra), na verdade, pode ser explicado se considerarmos essas demandas como táticas mais que como estratégias, como reações imediatas a uma situação política imediata.

As formas reais de conflito entre a estrutura doméstica, como espaço de resistência política pela força de trabalho mundial, e o controle econômico dos acumuladores e das estruturas estatais e como isso varia sistematicamente no tempo e no espaço constituem um tópico que merece muita elaboração. Não farei isso aqui. Para ser mais preciso, vou me voltar para o impacto da contradição no interior dos mecanismos econômicos básicos do próprio capitalismo. O capitalismo envolve a mercantilização, mas, como já enfatizamos, somente uma mercantilização parcial. No entanto, além disso, a mercantilização tem sido, de fato, um mecanismo constante para evitar as estagnações cíclicas da economia-mundo. O resultado pode ser resumido como se segue: apesar de e contra seus próprios interesses de longo prazo, constantemente os acumuladores pressionam para que haja mercantilização de tudo e, em particular, da vida cotidiana. A descrição do processo secular da mercantilização da vida cotidiana comprometeu grande parte dos esforços das ciências sociais durante dois séculos. No longo prazo, esse processo secular garante o fim do sistema. Entrementes, ele se traduz em estruturas domésticas cuja dinâmica interna tem sido cada vez mais mercantilizada, desde a preparação dos alimentos até a limpeza e o conserto dos acessórios e das roupas, assim como os cuidados relacionados às crianças, à enfermagem e ainda o tratamento psicológico. A mercantilização crescente da vida cotidiana tem contribuído para um declínio da coabitação e do parentesco como determinantes dos limites. Entretanto, o objetivo final dessa pressão secular não é, a meu ver, o "indivíduo" ou a "família nuclear", mas uma unidade cuja coesão resulta cada vez mais da função que ela desempenha de compartilhamento da renda.

Marshall Berman usou como título de seu livro sobre a experiência da modernidade uma metáfora de Marx no *Manifesto Comunista**: "Tudo o que era sólido e

---

* Karl Marx e Friedrich Engels, *Manifesto Comunista* (trad. Osvaldo Coggiola, São Paulo, Boitempo, 1998 [1848]), p. 43. (N. E.)

estável se desmancha no ar"[1]. Isso aparece como a conclusão de uma análise de Marx do incessante "revolucionar" dos meios e das relações de produção. Essa passagem continua: "Tudo o que era sagrado é profanado" e, então, culmina no que penso que é a passagem mais relevante para nós, neste contexto: "E os homens são obrigados finalmente a encarar sem ilusões a sua posição social e as suas relações com os outros homens". Isso tinha acabado de começar a acontecer de diversas maneiras. O que faz a maioria desnudar suas reais condições de vida é a estrutura doméstica do proletário, que durante a vida inteira compartilha renda, desarraigado de seus vínculos, outrora indissolúveis, com o território, de parentesco e com a coabitação. É por isso que se torna politicamente impossível mantê-los nesse nível mínimo. A própria expansão da mercantilização é a mais profunda politização. Se tudo o que é sagrado é profanado, então não há justificativa para a distribuição de renda desigual. Mesmo a reação individualista de "mais para mim" se traduz em "pelo menos, minha parte justa". Essa é a mensagem política mais radical que se pode imaginar.

Desta maneira, fica claro por que os esforços dos acumuladores foram sempre para criar uma estrutura doméstica "intermediária" – para romper as formas de organização da força de trabalho das "comunidades" mais antigas, sim, mas também para retardar a inexorável e lenta proletarização. Portanto, não é por acaso que atualmente questões em torno da vida familiar, dos direitos de gênero e da organização da vida cotidiana continuam a ser questões políticas centrais. Na verdade, essas questões têm se tornado mais agudas precisamente pelo avanço secular da proletarização, considerado com profunda desconfiança pelos acumuladores, mas com frequência também com uma perturbadora apreensão pelas forças de trabalho mundiais, cujos movimentos sociais desenvolveram posições ambivalentes sobre o assunto. E, no entanto, em diversos sentidos, ele é a chave para a estruturação da consciência de classe e, portanto, para a possibilidade desses próprios movimentos.

---

[1] Marshall Berman, *All That is Solid Melts into Air* (Londres, Verso, 1983) [ed. bras.: *Tudo que é sólido desmancha no ar*, trad. Carlos Felipe Moisés e Ana Maria L. Ioriatti, São Paulo, Companhia das Letras, 1986].

# Parte III
## Classes: polarização e sobredeterminação

# 7
# Conflito de classes na economia-mundo capitalista
*Immanuel Wallerstein*

O conceito de classe social não foi inventado por Karl Marx. Os gregos o conheciam, e ele ressurgiu no pensamento social europeu do século XVIII e nos escritos que sucederam à Revolução Francesa. A contribuição de Marx foi tripla. Em primeiro lugar, ele argumentou que *toda* história é a história da luta de classes. Em segundo, apontou para o fato de que uma classe *an sich* [em si] não era necessariamente uma classe *für sich* [para si]. Em terceiro, deu argumentos para demonstrar que o conflito fundamental do modo de produção capitalista se dava entre burgueses e proletários, entre os proprietários e os não proprietários dos meios de produção. (Isso é muito diferente da sugestão de que o antagonismo principal se dá entre um setor produtivo e um setor não produtivo, nos quais os proprietários ativos foram agrupados com trabalhadores como pessoas produtivas em oposição às não produtivas que vivem de renda.)

Como a análise de classes foi usada com objetivos revolucionários, pensadores não revolucionários, em sua maioria, a puseram de lado, e muitos, se não a maior parte, rejeitaram com veemência sua legitimidade. Cada um dos três principais argumentos de Marx sobre classes tem sido, desde então, objeto de violentas controvérsias.

Para o argumento segundo o qual o conflito de classes era a forma fundamental de conflito de grupos, Max Weber respondeu alegando que classe era apenas uma das três dimensões envolvidas na formação dos grupos, sendo as outras duas *status* e ideologia, e que, em certa medida, as três tinham a mesma relevância. Muitos discípulos de Weber foram mais longe e afirmaram enfaticamente que o conflito primário ou "primordial" era o do grupo de *status*.

Para o argumento de acordo com o qual as classes existiam *an sich* em qualquer circunstância e que, em determinados períodos, eram *für sich*, vários psicólogos sociais afirmaram enfaticamente que o único constructo significativo era o chamado "subjetivo". Os indivíduos só eram membros dessas classes quando eles próprios se consideravam como tais.

Para o argumento segundo o qual a burguesia e o proletariado eram os dois principais grupos polarizados no modo de produção capitalista, muitos analistas responderam alegando que existiam mais de duas "classes" (citando o próprio Marx) e que, com o tempo, a "polarização" estava diminuindo mais que aumentando.

Cada um desses contra-argumentos para as premissas marxianas, à medida que foram aceitos, teve o efeito de enfraquecer a estratégia política derivada da análise marxista original. Como consequência, um contra-ataque consistiu em apontar as bases ideológicas desses contra-argumentos, o que, obviamente, foi feito muitas vezes. Mas, dado que distorções ideológicas envolvem incorreções teóricas, na realidade, no longo prazo é mais eficaz, do ponto de vista tanto intelectual quanto político, se concentrar na discussão da utilidade teórica dos conceitos conflitantes.

Além disso, o ataque contínuo às premissas marxianas sobre classe e conflito de classes se associou às realidades do mundo para criar uma incerteza intelectual interna no campo marxista que, com o tempo, adquiriu três formas: debate sobre o significado da chamada "questão nacional"; debate sobre o papel dos estratos sociais (particularmente do "campesinato" e da "pequena burguesia" e/ou da "nova classe trabalhadora"); debate sobre a utilidade dos conceitos de hierarquização espacial global ("centro" e "periferia") e do conceito de "troca desigual" a eles relacionado.

A "questão nacional" começou, de início, a incomodar os movimentos marxistas (e socialistas) no século XIX, principalmente nos impérios austro-húngaro e russo. A "questão camponesa" se popularizou com a Revolução Chinesa entre as duas guerras. O papel dependente da "periferia" tornou-se questão central após a Segunda Guerra Mundial, na esteira da Conferência de Bandung, da descolonização e do "terceiro-mundismo". Na realidade, essas três "questões" são variantes de um tema: como interpretar as premissas marxianas; quais são, de fato, as bases da formação de classe e da consciência de classe na economia-mundo capitalista considerando que, aos poucos, ela evoluiu historicamente; e como conciliar descrições do mundo concernentes a essas premissas com as definições políticas em curso pelos grupos envolvidos com elas.

Em vista desses debates históricos, proponho discutir o que a natureza do modo de produção capitalista nos diz sobre quem são, de fato, burgueses e proletários e quais são as consequências *políticas* das diversas maneiras como tanto os burgueses quanto os proletários se encaixam na divisão do trabalho capitalista.

O que é o capitalismo enquanto modo de produção? Esta não é uma questão fácil e, por isso, ainda não foi amplamente discutida. A meu ver, parece que existem diversos elementos que se combinam para constituir o "modelo". O capitalismo é o *único* modo de produção no qual a *maximização* da criação do excedente é remunerada *per se*. Em todos os sistemas históricos, existiram *uma* produção para *uso* e *uma* produção para *troca*, mas somente no capitalismo todos os produtores são remunerados essencialmente por um valor de troca relacionado com o que produzem e penalizados à medida que o negligenciam. As "remunerações" e as "penalidades" são mediadas por uma estrutura denominada "mercado". Trata-se de uma estrutura, não de uma instituição. É uma estrutura moldada por *muitas instituições* (políticas, econômicas, sociais e, até mesmo, culturais) e é a principal arena da luta econômica.

Não só o excedente é maximizado em benefício próprio, mas também aqueles que o utilizam para acumular mais capital de modo a produzir ainda mais excedente são mais remunerados. Assim, a pressão é por uma expansão constante, embora a premissa individualista do sistema ao mesmo tempo torne impossível a expansão *constante*.

Como funciona a busca de lucro? Funciona criando proteções legais para empresas específicas (que podem variar de tamanho, ou seja, desde individuais até organizações bem grandes, inclusive agências estatais) se apropriarem do mais-valor criado pelo trabalho dos produtores diretos. No entanto, se todo o mais-valor (ou sua maior parte) fosse consumido pelos poucos proprietários ou gestores das "empresas", não teríamos capitalismo. Isso foi, de fato, mais ou menos o que aconteceu em diversos sistemas pré-capitalistas.

Além disso, o capitalismo envolve estruturas e instituições que remuneram principalmente os segmentos dos proprietários e gestores que usam apenas *parte* do mais-valor para seu próprio consumo e outra parte (em geral maior) para investir mais. A estrutura do mercado garante que aqueles que não acumulam capital (mas consomem o mais-valor), com o tempo, fiquem economicamente em desvantagem em relação aos que de fato acumulam capital.

Portanto, podemos designar como burguesia aqueles que recebem uma parte do mais-valor que não criaram e utilizam uma parcela dele para acumularem capital.

O que define o burguês não é uma profissão específica nem mesmo o *status* legal de proprietário (embora historicamente isso tenha sido importante), mas o fato de ele obter, seja como indivíduo, seja membro de uma coletividade, uma parte do excedente que ele não criou e estar em posição de investir (mais uma vez, individualmente ou como integrante de uma coletividade) parte desse excedente em bens de capital.

Há uma gama de arranjos organizacionais que pode permitir isso, dos quais o modelo clássico do "livre empreendedor" é apenas um. Quais são os arranjos organizacionais que prevalecem em determinados períodos em diferentes Estados (pois esses arranjos dependem de estrutura legal), por um lado, é função das condições de desenvolvimento da economia-mundo como um todo (e do papel de um Estado específico nessa economia-mundo); por outro, depende das formas resultantes da luta de classes na economia-mundo (e no Estado específico). Assim, como todos os outros constructos sociais, a burguesia não é um fenômeno estático. É a designação de uma classe no processo de recriação perpétua e, portanto, em constante mudança de forma e de composição.

Em certa medida, isso é tão óbvio (pelo menos de acordo com algumas premissas epistemológicas) que revela um truísmo. Todavia, a literatura está repleta de avaliações sobre se alguns grupos locais eram ou não "burgueses" (ou "proletários") de acordo com um modelo de arranjo organizacional derivado de outro lugar e tempo do desenvolvimento histórico da economia-mundo capitalista. *Não existe tipo ideal*. É bastante curioso que, embora o "tipo ideal" seja um conceito metodológico de Weber, muitos weberianos compreendem que, na prática, ele não existe, *ao contrário* de muitos marxistas que, de fato, constantemente utilizam "tipos ideais".

Se aceitarmos que não existe tipo ideal, não podemos explicar (ou melhor, fazer abstrações) com base em atributos, mas somente em processos. Como um indivíduo se torna burguês, permanece burguês, deixa de ser burguês? O caminho básico para alguém se tornar burguês é o êxito no mercado. Como alguém chega a uma posição para atingir seu objetivo, inicialmente, é uma questão secundária. Os caminhos são variados. Um dos modelos é o de Horatio Alger: diferenciação das classes trabalhadoras por meio de um esforço extra. (Tal modelo tem notável semelhança com a via "verdadeiramente revolucionária", de Marx, do feudalismo para o capitalismo). Outro modelo é o de Oliver Twist: êxito por ter talento. Existe também o modelo de Horace Mann: demonstração de potencial via desempenho na educação formal.

Mas a via do trampolim é menor. Muitos tornam-se burgueses por herança. O acesso à piscina é desigual e, às vezes, inconsistente. Contudo, a questão crucial é: determinado indivíduo (ou empresa) consegue nadar? Ser burguês requer habilidades que nem todo mundo tem: astúcia, firmeza, diligência. Em todas as épocas, existe uma porcentagem de burgueses que não tem êxito no mercado.

No entanto, o mais importante é que há um grande grupo que prospera, do qual muitos, se não a maioria, almejam desfrutar das recompensas de sua situação. Uma das potenciais recompensas é, de fato, não ter dificuldade de competir no mercado. Mas uma vez que, em princípio, é previsível que o mercado proporcione rendimentos, há uma pressão estruturada para achar os meios de manter o nível de renda sem contribuir com um nível de trabalho correspondente. Trata-se do esforço – social e político – para transformar habilidade em *status*. Este é nada mais que a fossilização das remunerações alcançadas por meio de esforços anteriores.

O problema para a burguesia é que a dinâmica do capitalismo está localizada na economia, não nas instituições políticas e culturais. Portanto, há sempre novos burgueses sem *status* pleiteando o acesso a ele. E, uma vez que um alto *status* não tem valor se muitas pessoas o tiverem, os *nouveaux riches* – os novos bem-sucedidos – estão sempre buscando expulsar outros para ocuparem seu lugar. O alvo óbvio é que o segmento dos antigos bem-sucedidos continue atuando com seu *status* adquirido, mas não tenha mais êxito no mercado.

*Ergo*, em qualquer período, existem sempre três segmentos da burguesia: os *nouveaux riches*; "os que mantêm o *status* sem investir mais"; e os descendentes dos burgueses que ainda atuam de acordo com as regras do mercado. Para avaliar as relações desses três subgrupos, devemos ter em mente que, quase sempre, a terceira categoria é a maior e, usualmente, maior que a soma das outras duas. Essa é a fonte básica da relativa estabilidade e "homogeneidade" da classe burguesa.

No entanto, há períodos em que a porcentagem da burguesia formada por *nouveaux riches* e "os que mantêm o *status* sem investir mais" aumenta. Penso que costumam ser períodos de recessão econômica nos quais observamos tanto mais falências quanto um aumento da concentração de capital.

Nesses períodos, o que tem acontecido em geral é que uma disputa política *interna da burguesia* torna-se bem aguda. Com frequência, ela é definida terminologicamente como a luta entre "progressistas" e "reacionários", na qual os grupos "progressistas" reivindicam que os "direitos" institucionais e o acesso ao mercado sejam definidos e redefinidos conforme o desempenho no mercado ("igualdade de oportunidades"), e os grupos "reacionários" enfatizam a manutenção dos privilégios adquiridos anteriormente (a chamada "tradição"). Penso que a Revolução Inglesa é um exemplo claro desse tipo de conflito entre burgueses.

O que torna a análise dessas lutas políticas tão controversa e o resultado real com muita frequência ambíguo (e fundamentalmente "conservador") é o fato de o maior segmento da burguesia (mesmo durante o conflito) ter direitos de privilégio tanto no que diz respeito à "classe" quanto ao "*status*". Ou seja, enquanto indivíduos e subgrupos, não importa qual das duas definições prevalece, é provável que eles não sejam automaticamente derrotados. Portanto, de maneira geral, eles são indecisos ou oscilantes do ponto de vista político e anseiam por "acordos". E, se não conseguem firmar esses acordos imediatamente, devido às paixões do outro subgrupo, aguardam até que a ocasião seja favorável (o que, no caso da Inglaterra, corresponde a 1688-1689).

Ao mesmo tempo, uma análise desses conflitos entre burgueses com base na retórica dos grupos contenciosos seria confusa. Não estou sugerindo que esses conflitos não sejam importantes ou irrelevantes para os processos contínuos da economia-mundo capitalista.

Esses conflitos entre burgueses são precisamente parte dos "rearranjos" recorrentes do sistema impelido pelas recessões econômicas, parte do mecanismo de renovação e revitalização do principal motor do sistema, a acumulação de capital. Esses conflitos eliminam do sistema certo número de parasitas inúteis, levam estruturas sociopolíticas a uma maior harmonia com a mudança de redes de atividade econômica e dão um ar ideológico à mudança estrutural ininterrupta. Se alguém quiser chamar isso de "progresso", pode. Eu preferiria reservar o termo para tipos mais básicos de transformações sociais.

Essas outras transformações sociais a que me refiro não são consequência do caráter de desenvolvimento gradual da burguesia, e sim do caráter de desenvolvimento gradual do proletariado. Se definimos a burguesia como formada por aqueles que recebem mais-valor sem tê-lo criado e usam parte dele para acumular capital, o proletariado é constituído por aqueles que cedem parte do valor que criaram para outras pessoas. Neste sentido, no modo de produção capitalista só existem burgueses e proletários. A polaridade é estrutural.

Deixemos bem claro o que faz essa abordagem do conceito de proletários. Ela elimina, como característica *definidora* do proletário, o pagamento de *salários* para o produtor. Em vez disso, ela parte de outra perspectiva. O produtor cria valor. O que acontece com esse valor? Existem três possibilidades lógicas. O produtor "é dono" de (e, portanto, retém) *todo* esse valor, de *parte* dele ou de *nenhuma* parte. Se ele não retém todo esse valor e, portanto, "transfere" parte ou todo para alguém mais (ou para alguma "empresa"), ele nada recebe em troca, ou recebe bens, dinheiro ou bens e dinheiro.

Se, na realidade, o produtor retém *todo* o valor produzido por si mesmo durante a vida inteira, ele não está participando do sistema capitalista. Mas um produtor como esse é um fenômeno muito mais raro nos limites da economia-mundo capitalista do que comumente admitimos. Uma análise mais detalhada do chamado "agricultor de subsistência" revela que, com muita frequência, de fato, ele transfere mais-valor para alguém por outros meios.

Se eliminarmos esse grupo, as outras possibilidades lógicas formam uma matriz de oito tipos de proletários, dos quais somente um corresponde ao modelo clássico: o trabalhador que transfere todo o valor que criou para o "proprietário" e, em troca, recebe dinheiro (ou seja, salário). Em outras células da matriz, podemos colocar tipos conhecidos como o pequeno produtor (ou "médio camponês"), o agricultor arrendatário, o parceiro, o peão e o escravo.

Obviamente, há outra dimensão que é parte da definição de cada "tipo". Trata-se da questão sobre em que medida o trabalhador, sob as pressões do mercado, aceita desempenhar o papel de maneira específica (que nós, cinicamente, chamamos de trabalho "livre") ou se o faz por causa das exigências de algum aparato político (que chamamos com mais franqueza de trabalho "forçado" ou "coagido"). Outra questão se refere à duração do contrato de trabalho: diário, semanal, anual ou vitalício. E uma terceira é se a relação do produtor com determinado proprietário poderia ser transferida para outro proprietário sem o consentimento do produtor.

O grau de coerção e a duração do contrato se entrecruzam com o modo de pagamento. Por exemplo, no Peru do século XVII o *mita* era um trabalho assalariado forçado, mas com duração determinada. O contrato de trabalho por tempo determinado era uma forma de trabalho pela qual o produtor transferia todo o valor criado e, em troca, recebia grande quantidade de bens. Ele tinha duração limitada. O peão transferia todo o valor, em teoria recebia dinheiro, mas na prática recebia bens, e o contrato em teoria era anual, mas na prática se mantinha durante o resto da vida. A diferença entre um peão e um escravo, na verdade, existia na "teoria" e em dois aspectos na prática. O primeiro era que um proprietário de terras podia "vender" um escravo, mas não era usual vender um peão. E o segundo era que, se aparecesse alguém que oferecesse dinheiro ao peão, este podia legalmente encerrar seu "contrato". O escravo não podia fazer o mesmo.

Não construí uma morfologia por sua própria importância, mas para esclarecer alguns *processos* da economia-mundo capitalista. Existem grandes diferenças entre as várias formas de trabalho no que se refere a suas implicações econômicas e políticas.

Do ponto de vista econômico, penso ser possível dizer, para todos os processos de trabalho que podem ser supervisionados de maneira simples (ou seja, por um custo mínimo), que provavelmente a assalariada é, entre as formas de trabalho, a mais bem remunerada. E, portanto, sempre que possível, quem recebe o mais-valor preferiria não se relacionar com o produtor como assalariado, mas como algo diferente disso. Para ser mais preciso, os processos de trabalho que requerem uma supervisão mais onerosa são menos dispendiosos se parte do excedente, em vez de ser gasta com os custos de supervisão, voltar para o produtor. O caminho mais fácil para isso é via salários, e essa é a fonte histórica (e contínua) do sistema assalariado.

Uma vez que, do ponto de vista da burguesia, os salários são um modo relativamente oneroso de remuneração do trabalho, é fácil compreender por que o trabalho assalariado *nunca* foi a forma exclusiva de trabalho na economia-mundo capitalista – até relativamente pouco tempo, nem sequer foi a principal.

No entanto, o capitalismo tem suas contradições. Uma básica é que o que é lucrativo, no curto prazo, não necessariamente o é no longo prazo. A capacidade do sistema, como um todo, de se expandir com regularidade (é necessário manter a taxa de lucro) esbarra no gargalo de uma demanda mundial insuficiente. Uma das maneiras de resolver isso é por meio da transformação social de alguns processos produtivos baseados no trabalho não assalariado em assalariado. Isso tende a aumentar a parcela do valor produzido retida pelo produtor e, assim, a aumentar a demanda mundial. Como resultado, no mundo inteiro, a *porcentagem* total de trabalho assalariado como forma de trabalho tem crescido continuamente durante toda a história da economia-mundo capitalista. Trata-se do que costuma ser chamado de "proletarização".

A forma de trabalho tem também grande influência política. De fato, é possível argumentar que, à medida que o rendimento do produtor aumenta e os direitos legais formais se expandem, *até certo ponto* a consciência de classe dos proletários se expande. Digo até certo ponto porque, conforme o grau de expansão do rendimento e dos "direitos", na realidade o "proletário" torna-se um "burguês", *vivendo do mais-valor de outros*, e o efeito mais imediato disso se dá na consciência de classe. Burocratas/especialistas do século XX são um nítido exemplo dessa mudança qualitativa que, de fato, às vezes é visível nos padrões de vida de coortes específicas.

Mesmo que essa maneira de abordar as categorias "burguesas" e proletárias evidencie o papel dos "camponeses", da "pequena burguesia" ou, ainda, da "nova classe trabalhadora", uma pergunta possível seria qual é sua relevância para a questão "nacional" e para os conceitos de "centro" e "periferia".

Para falar disso, temos de observar uma questão muito recorrente hoje: o papel do Estado no capitalismo. O papel fundamental do Estado como instituição na economia-mundo capitalista é aumentar as vantagens de uns contra outros no mercado – ou seja, *reduzir* a "liberdade" do mercado. Todos são a favor disso, desde que sejam os beneficiários da "distorção"; se perdem com isso, todos se opõem. É tudo questão de que boi será sacrificado.

Os modos de aumentar as vantagens são muitos. O Estado pode transferir renda, tomando-a de uns e dando-a para outros. O Estado pode restringir o acesso ao mercado (de mercadorias ou de trabalho) em favor daqueles que, assim, participam do oligopólio ou do oligopsônio. O Estado pode reprimir pessoas que se organizam com o objetivo de mudar as ações praticadas por ele. E é evidente que o Estado pode atuar não só em sua jurisdição, mas em outras. Isso pode ser lícito (regras concernentes ao trânsito para além das fronteiras) ou ilícito (interferência nas questões internas de outro Estado). Sem dúvida, o conflito armado é um dos mecanismos usados.

É crucial entender que o Estado é um tipo específico de instituição. Sua "soberania", uma noção do mundo moderno, é o direito à monopolização (regulação) do uso legítimo da força dentro de suas fronteiras e se encontra em uma posição em parte sólida para interferir de maneira efetiva no fluxo de fatores de produção. Obviamente, também é possível que grupos sociais específicos alterem posições de supremacia, modificando fronteiras do Estado; é o caso tanto de movimentos separatistas (ou em prol da autonomia) quanto de movimentos de anexação (ou federação).

É essa capacidade realista que os Estados têm de interferir no fluxo de fatores de produção que propicia as bases políticas da divisão do trabalho estrutural na economia-mundo capitalista como um todo. Avaliações usuais do mercado podem explicar avanços iniciais recorrentes voltados para a especialização (vantagens naturais ou socio-históricas na produção de uma mercadoria ou de outra), mas é o sistema estatal que consolida, impõe e amplia os padrões, e o uso de seu aparato é requerido com frequência para rever o padrão da divisão mundial do trabalho.

Além disso, a capacidade que têm os Estados de interferirem nos fluxos torna-se diferenciada. Ou seja, Estados do centro tornam-se mais fortes que os periféricos e usam o poder diferencial para manter um grau diferenciado de liberdade de fluxo interestatal. De maneira mais precisa, os Estados centrais historicamente fizeram acordos para que o dinheiro e os bens do mundo inteiro durante todo o tempo circulassem mais "livremente" que os trabalhadores. A razão disso é que, assim, os Estados centrais têm recebido os benefícios da "troca desigual".

Na verdade, a troca desigual é simplesmente parte do processo mundial de apropriação do excedente. Nossa análise será equivocada se tentarmos considerar literalmente o modelo de *um* proletário relacionado ao de *um* burguês. De fato, o mais-valor que o produtor cria passa por uma série de pessoas e de empresas. Portanto, é verdade que *muitos* burgueses *compartilham* o mais-valor de *um* proletário. A parte exata de diferentes grupos nessa cadeia (proprietários, comerciantes, consumidores intermediários) está sujeita a muitas mudanças históricas, e ela própria é uma variável analítica fundamental no funcionamento da economia-mundo capitalista.

Essa cadeia de transferência de mais-valor com frequência (muitas vezes? Quase sempre?) atravessa fronteiras nacionais, e, quando isso ocorre, operações estatais intervêm para que a partilha entre burgueses favoreça os que estão instalados nos Estados centrais. Essa é a troca desigual, um mecanismo no processo abrangente da apropriação do mais-valor.

Uma das consequências sociogeográficas desse sistema é a distribuição desequilibrada da burguesia e do proletariado nos diferentes Estados, uma vez que os países centrais contêm nacionalmente uma porcentagem maior de burgueses que os periféricos. Além disso, há diferenças sistemáticas nos *tipos* de burgueses e de proletários localizados nas duas áreas. Por exemplo, a porcentagem de proletários assalariados é sistematicamente maior nos Estados centrais.

Uma vez que os Estados são a arena principal de conflito político em uma economia-mundo capitalista e que o funcionamento desse tipo de economia é tal que a composição das classes nacionais varia bastante, é fácil compreender por que as políticas de Estados diferencialmente localizados em relação à economia-mundo devem ser tão diferentes. Portanto, também é fácil compreender que usar o aparato político de determinado Estado para mudar a composição social e a função econômica-mundo da produção nacional não muda *per se* o sistema-mundo capitalista enquanto tal.

No entanto, é claro que essas diversas movimentações nacionais para uma mudança na posição estrutural (que, com frequência, chamamos equivocadamente de "desenvolvimento") afetam – na verdade, no longo prazo, de fato transformam – o sistema-mundo. Mas fazem isso pela variável interveniente de seu impacto na consciência de classe do proletariado no mundo inteiro.

Portanto, centro e periferia são simplesmente expressões para localizar parte crucial do sistema de apropriação do excedente pela burguesia. Para simplificar bastante, o capitalismo é um sistema no qual o mais-valor do proletariado é apropriado pelo burguês. Quando esse proletariado está localizado em um país diferente daquele em que está esse burguês, um dos mecanismos que tem afetado o processo de apropriação é a manipulação que controla fluxos para além das fronteiras do Estado. Isso resulta em padrões de "desenvolvimento desigual" que se resumem nos conceitos de centro, semiperiferia e periferia. Trata-se de uma ferramenta intelectual para auxiliar a análise das múltiplas formas de conflito de classes na economia-mundo capitalista.

# 8
# Marx e a história: ênfases frutíferas e infrutíferas[1]

*Immanuel Wallerstein*

Via de regra, a maioria dos analistas (e, particularmente, os analistas marxistas) tende a enfatizar as ideias historiográficas mais duvidosas de Marx e, nesse processo, tende a negligenciar, então, suas ideias mais originais e frutíferas. Talvez seja o que se deveria esperar, mas não é muito útil.

Cada qual tem seu Marx, eles dizem, e isso sem dúvida é verdade. Na realidade, eu acrescentaria que cada qual tem seus dois Marx, lembrando os debates dos últimos trinta anos concernentes ao jovem Marx, à quebra epistemológica etc. Meus dois Marx não são cronologicamente sucessivos. Eles se desenvolvem a partir do que me parece uma contradição interna fundamental em sua epistemologia, que resulta em duas diferentes historiografias.

Por um lado, Marx é o supremo rebelde contra o pensamento liberal burguês, um pensamento com sua antropologia centrada no conceito de natureza humana, seus imperativos categóricos kantianos, suas crenças na lenta, mas inevitável, melhora da condição humana, suas preocupações com o indivíduo em busca de liberdade. Ao contrário de toda essa série de concepções, Marx sugeriu a existência de múltiplas realidades sociais, cada uma com sua diferente estrutura, localizada em mundos distintos, sendo cada mundo definido de acordo com seu modo de produção. A questão era descobrir como esses modos de produção funcionavam por trás de suas camuflagens ideológicas. Por conseguinte, precisamente uma crença em "leis universais" impedia o reconhecimento das particularidades

---

[1] Texto publicado anteriormente na revista *Que Faire Aujourd'hui*, n. 23-24, 1983, com ligeiras modificações.

de cada modo de produção, a descoberta dos segredos de seu funcionamento e, assim, a análise sem equívocos dos rumos da história.

Por outro lado, com sua antropologia linear, Marx aceitou o universalismo na medida em que aceitou a ideia de uma marcha histórica inevitável em direção ao progresso. Seus modos de produção parecem enfileirados como garotos no pátio da escola – por altura, ou seja, de acordo com o grau de desenvolvimento das forças produtivas. (Essa é, de fato, a fonte da enorme dificuldade causada pelo conceito do modo de produção asiático, que parece ter desempenhado o papel de um garoto desordeiro que se recusou a seguir as normas e entrar na fila de maneira correta.)

O segundo Marx é, decerto, bem mais aceitável para os liberais, e foi com este que eles se prepararam para lidar intelectual e politicamente. O outro Marx é muito mais incômodo. Os liberais o temem e o rejeitam; na verdade, eles negam sua legitimidade intelectual. Diabo ou herói, o primeiro Marx é o único que me parece interessante e que ainda tem algo a nos dizer.

O que está em jogo nessa distinção são as diferentes expectativas em relação ao desenvolvimento capitalista, que derivam de mitos históricos opostos. Podemos construir nossa história do capitalismo em torno de um dentre dois protagonistas: o burguês triunfante ou as massas empobrecidas. Qual desses dois é a figura-chave dos cinco séculos da história da economia-mundo capitalista? Como avaliaremos a época do capitalismo histórico? Como globalmente positiva por levar, em termos dialéticos, sua negação e sua *Aufhebung* [supressão]? Ou como globalmente negativa por causar o empobrecimento da grande maioria da população mundial?

Que a escolha dessa visão tenha reflexos em todas as análises detalhadas me parece bem evidente. Citarei apenas um exemplo, o comentário fortuito de um autor contemporâneo. Eu o cito precisamente por se tratar de um comentário feito por acaso e, portanto, de maneira ingênua. Em uma discussão acadêmica e perspicaz sobre as visões de Saint-Just a respeito da economia durante a Revolução Francesa, o autor conclui que seria apropriado descrever Saint-Just como "anticapitalista" e que essa descrição poderia, de fato, ser ampliada para incluir o capitalismo industrial. Em seguida, ele acrescenta: "Neste sentido, poderíamos dizer que Saint-Just é menos progressista que alguns de seus predecessores ou contemporâneos"[2]. Mas por que "menos" em vez de "mais" progressista? Esse é o xis da questão.

---

[2] Charles-Albert Michalet, "Economie et politique chez Saint-Just. L'exemple de l'inflation", *Annales Historiques de la Revolution Française*, v. LV, n. 191, 1968, p. 105-6.

Marx era, sem dúvida, um homem do Iluminismo, um smithiano, um jacobino, um saint-simoniano. Ele mesmo disse isso. Ele estava profundamente imbuído das doutrinas do liberalismo burguês, assim como todos os bons intelectuais de esquerda do século XIX. Ou seja, compartilhava com todos os colegas o tipo de protesto permanente e quase instintivo contra qualquer coisa que cheirasse a *Ancien Régime* – privilégio, monopólio, direitos senhoriais, ociosidade, piedade, superstição. Em oposição a esse mundo que tinha os dias contados, Marx era a favor de tudo o que fosse racional, sério, científico, produtivo. O trabalho árduo era uma virtude.

Mesmo que, de algum modo, Marx tivesse certas reservas com relação a essa nova ideologia (e ele não tinha muitas), achava útil do ponto de vista tático declarar fidelidade a esses valores e, por isso, usá-los politicamente contra os liberais, deixando que eles se enforcassem na própria corda. Na verdade, não era muito difícil para ele mostrar que os liberais descartavam os próprios princípios sempre que a ordem era ameaçada em seus Estados. Assim, para Marx era um fácil estratagema restringir os liberais a suas palavras, estimular a lógica do liberalismo o máximo possível e, assim, obrigar os liberais a engolirem o remédio que prescreviam para todos os demais. Seria possível argumentar que um dos principais slogans de Marx era mais liberdade, mais igualdade, mais fraternidade.

Não há dúvida de que, de tempos em tempos, ele ficava tentado a dar asas à imaginação e arriscar um futuro antissaint-simoniano. No entanto, é evidente que ele hesitou em ir muito longe nessa direção, talvez temendo jogar água no moinho do voluntarismo utópico e anarquista que sempre considerou repugnante e, de fato, pernicioso. São precisamente os pontos de vista deste Marx – o burguês liberal – que deveríamos abordar com muito ceticismo.

Em vez desse, é o outro Marx, o Marx que considerou a história complexa e sinuosa, o Marx que salientou a análise da especificidade dos diferentes sistemas históricos, o Marx que, assim, foi o crítico do capitalismo enquanto sistema histórico, que devemos trazer de volta para a frente do palco. O que Marx descobriu quando analisou detalhadamente o processo histórico do capitalismo? Descobriu não só a *luta* de classes, que afinal de contas foi o fenômeno de "todas as sociedades existentes até agora", mas também uma *polarização* das classes. Essa foi sua hipótese mais radical e mais audaciosa e, por isso, a que foi atacada com mais veemência.

No início, os partidos e os pensadores marxistas brandiram essa concepção que, por ser catastrófica, parecia confirmar o futuro. Mas, no mínimo desde 1945, intelectuais antimarxistas descobriram que era relativamente fácil demonstrar que, longe de terem empobrecido, os trabalhadores industriais nos países ocidentais viviam melhor que seus avós e, como consequência, não ocorrera empobrecimento, nem mesmo relativo, para não falar do absoluto.

Além disso, eles estavam certos. E ninguém sabia disso melhor que os próprios trabalhadores industriais, que eram a base social principal dos partidos de esquerda nos países industriais. Sendo assim, os partidos e os pensadores marxistas logo começaram a bater em retirada desse tema. Talvez não se tratasse de uma derrota, mas no mínimo passaram a hesitar em mencionar o assunto. Aos poucos, as referências à polarização e ao empobrecimento (bem como à decadência do Estado) diminuíram radicalmente ou desapareceram, refutadas, ao que parecia, pela própria história.

Ocorreu, assim, uma espécie de abandono não planejado e desordenado de um dos *insights* mais perspicazes que tivera nosso Marx, pois Marx era bem mais arguto sobre a *longue durée* [o longo prazo de duração] do que o consideramos com frequência. O fato é que a polarização é uma hipótese historicamente correta, não é falsa, e é possível demonstrar isso em termos empíricos, desde que utilizemos como unidade de cálculo a única entidade que de fato importa para o capitalismo, a economia-mundo capitalista. Nessa entidade, há ao longo de quatro séculos não só uma polarização de classes relativa, como também absoluta. E, se isso ocorre, onde se encontra o caráter progressista do capitalismo?

É evidente que temos de especificar o que queremos dizer com polarização. A definição de modo algum é óbvia. Antes de mais nada, temos de fazer uma distinção entre, por um lado, a distribuição social da riqueza material (definida de forma abrangente) e, por outro, a bifurcação social que resulta dos dois processos, o de proletarização e o de burguesificação.

No que diz respeito à distribuição da riqueza, há várias maneiras de calculá-la. Precisamos decidir, de início, qual será a unidade de cálculo, não só a unidade espacial (já indicamos nossa preferência pela economia-mundo em detrimento do Estado nacional ou da empresa), mas também a unidade temporal. Estamos falando da distribuição durante uma hora, uma semana, um ano, trinta anos? Cada cálculo pode levar a resultados diferentes – e até mesmo incompatíveis. Na realidade, a maioria das pessoas está interessada em dois cálculos temporais. Um deles é relativo a um prazo bem curto e pode ser chamado de cálculo para a sobrevivência. O outro pode ser denominado cálculo vital e é usado para medir a qualidade de vida, a avaliação social da vida diária que alguém leva efetivamente.

O cálculo para a sobrevivência é, por natureza, variável e efêmero. É o cálculo vital que nos fornece a melhor medida, objetiva e subjetivamente, da polarização material em qualquer circunstância. As comparações desses cálculos vitais devem ser de preferência intergeracionais, abarcando um longo período. No entanto, neste caso, as comparações intergeracionais não significam aquelas entre membros de uma linhagem apenas, pois nesta há interferência de um fator, a taxa de mobilidade social em áreas específicas da economia-mundo, irrelevante da perspectiva do sistema-mundo como um todo. Para ser mais preciso, devemos comparar estratos paralelos da economia-mundo em momentos históricos sucessivos, sendo cada estrato mensurado durante o tempo de vida da coorte. A questão é se, para determinado estrato, a experiência vital em um momento histórico é mais fácil ou mais difícil que em outro e se, em qualquer circunstância, ao longo do tempo houve ou não lacuna maior entre o estrato mais alto e o mais baixo.

O cálculo deve envolver não só a renda vital total, mas também o resultado da divisão dessa renda pelo número total de horas de trabalho destinado a sua obtenção (qualquer que seja a forma), de modo a coletarmos os números que vão servir de base para uma análise comparativa. Deve-se considerar também a longevidade dos indivíduos, mas, de preferência, calculada após completarem um ano ou até mesmo cinco anos de idade (para eliminar o efeito de melhorias sanitárias que podem ter reduzido a taxa de mortalidade infantil sem necessariamente afetar a saúde dos adultos). Finalmente, deve-se fazer um esforço para incluir no cálculo (ou índice) os vários etnocídios que, ao privarem muitas pessoas de qualquer descendente, desempenharam um papel na melhora do destino de algumas outras.

Se, enfim, fosse obtida uma boa quantidade de números, calculados durante um longo período e em toda a economia-mundo, estou certo de que eles demonstrariam que, nos últimos quatrocentos anos, tem havido uma polarização material significativa na economia-mundo capitalista. Para ser bem claro, penso que, atualmente, o trabalho da grande maioria (ainda rural) da população da economia-mundo capitalista é mais árduo e demanda mais tempo em troca de uma remuneração menor que há quatrocentos anos.

Não tenho a menor intenção de idealizar a vida das camadas populares de épocas anteriores; quero apenas comparar o nível de oportunidades que as pessoas tinham em geral com o de seus descendentes hoje. O fato de trabalhadores qualificados em um país ocidental estarem melhor economicamente que *seus* ancestrais diz pouco sobre os padrões de vida de um trabalhador sem qualificação em Calcutá atualmente, para não falar de um trabalhador agrícola temporário no Peru ou na Indonésia.

Alguém poderá objetar que estou sendo muito "economicista" ao usar o balancete da renda material como medida do conceito marxista de proletarização. Afinal de contas, alguns argumentam que o que importa são as relações de produção. Sem dúvida, esse é um comentário plausível. Vejamos, portanto, a polarização como uma bifurcação social, uma transformação de múltiplas relações em simples antinomia entre burguês e proletário. Ou seja, vejamos não só a proletarização (conceito sempre à disposição na literatura marxista), mas também a burguesificação (sua contrapartida lógica que, no entanto, raramente é discutida nessa mesma literatura).

Também nesse caso devemos especificar o que queremos dizer com esses termos. Se, por definição, um burguês só puder ser um industrial típico de Frengland no começo do século XIX, e um proletário só puder ser a pessoa que trabalha nessa fábrica industrial, será quase certo que não tem havido muita polarização de classes na história do sistema capitalista. Seria possível argumentar, inclusive, que a polarização tem diminuído. No entanto, se forem definidos como um verdadeiro burguês e um verdadeiro proletário todos aqueles que vivem do rendimento *atual*, ou seja, que não dependem de fontes de renda herdadas (capital, propriedade, privilégios etc.), e que a diferença entre eles é que uns vivem do mais-valor (burgueses) criado pelos outros (proletários), sem haver com frequência o desempenho de um duplo papel por parte dos indivíduos, é possível argumentar que, de fato, ao longo dos séculos cada vez mais pessoas podem ser identificadas, sem ambiguidade, com uma das duas categorias e que isso é consequência de um processo estrutural ainda longe de ser completado.

O argumento ficará mais claro se esses processos forem observados de perto. O que acontece de fato na "proletarização"? Trabalhadores no mundo inteiro vivem em pequenos grupos de "estruturas domésticas" em que os rendimentos são compartilhados. Esses grupos constituídos de pessoas que não são todas obrigatoriamente parentes, tampouco necessariamente moram na mesma residência, quase sempre dependem de alguma renda-salário. Mas poucas vezes também subsistem apenas com a renda-salário. A esta eles adicionam uma pequena produção de mercadorias, aluguéis, doações e benefícios sociais e (o que não é menos importante) uma produção de subsistência.

Assim, combinam múltiplas fontes de renda, obviamente em proporções muito diferentes de acordo com os diversos lugares e épocas. Portanto, podemos

pensar na proletarização como o processo de crescente dependência da renda-
-salário como porcentagem do todo. É completamente a-histórico pensar que
uma estrutura doméstica, de repente, de 0% passe a depender 100% dos salários.
É mais provável que, dadas as mudanças nas estruturas domésticas, às vezes em
breves períodos, digamos que essa dependência tenha passado de 25% para 50%.
Foi, por exemplo, o que, de certa forma, ocorreu no caso clássico das *enclosures*
inglesas no século XVIII.

Quem ganha com a proletarização? Tudo indica que não são os capitalistas. Quando a porcentagem da renda de uma estrutura doméstica proveniente dos salários aumenta, o nível de salários deve simultaneamente ser *aumentado*, não reduzido, para que se aproxime do nível *mínimo* requerido para a reprodução. Talvez vocês considerem absurdo esse argumento. Se esses trabalhadores não recebiam anteriormente o salário mínimo necessário para sua sobrevivência física, como puderam sobreviver? No entanto, na realidade, ele não é absurdo. Se a renda-
-salário é apenas uma pequena proporção da renda total da estrutura doméstica, o empregador do trabalhador assalariado pode pagar por hora um salário *menor que o mínimo*, fazendo com que os outros "componentes" da renda total da estrutura doméstica "cubram" a diferença entre o salário pago e o mínimo necessário para a sobrevivência. Assim, o trabalho necessário para obter uma renda acima do mínimo recebido, por meio do trabalho de subsistência ou da pequena produção de mercadorias, de modo que "a média corresponda" a um nível mínimo para toda a estrutura doméstica serve, de fato, como "subsídio" para o empregador do trabalhador assalariado, trata-se de uma transferência para esse empregador de um mais-valor adicional. Isso é o que explica as tabelas de cargos e salários com valores escandalosamente baixos das áreas periféricas da economia-mundo.

A principal contradição do capitalismo é bem conhecida. Ela se dá entre o interesse do capitalista como empreendedor individual que procura maximizar seus lucros (e, portanto, minimizar seus custos de produção, inclusive salários) e seu interesse enquanto membro de uma classe que só pode ganhar dinheiro se seus membros conseguirem realizar seus lucros, ou seja, vender o que produzem. Portanto, os capitalistas precisam de compradores, o que, com frequência, pode significar que eles necessitam aumentar o rendimento em dinheiro dos trabalhadores.

Não farei, aqui, uma revisão dos mecanismos pelos quais as repetidas estagnações da economia-mundo levam a crescimentos descontínuos, mas necessários (ou seja, fases), do poder de compra de algum (ele varia conforme a época) setor da população mundial. Só vou dizer que um dos mais importantes mecanismos de crescimento real do poder de compra é o processo que chamamos de proletarização. Embora esta possa servir aos interesses no curto prazo (somente a estes) dos capitalistas enquanto classe, vai contra seus interesses enquanto empregadores individuais, e, portanto, em geral a proletarização ocorre apesar desses interesses, não por causa deles. A demanda pela proletarização vem mais do outro lado. Os trabalhadores se organizam de diversas formas e por meio delas alcançam algumas de suas demandas, o que na verdade lhes permite chegar ao piso de uma renda real mínima baseada no salário. Ou seja, por seus próprios esforços, os trabalhadores tornam-se proletarizados e, então, gritam vitória!

Da mesma maneira, o verdadeiro caráter da burguesificação é bem diferente do que somos levados a acreditar. A imagem sociológica marxista clássica do burguês está impregnada de contradições epistemológicas na própria base do marxismo. Por um lado, os marxistas sugerem que o burguês empreendedor progressista é o oposto do aristocrata rentista ocioso. Por outro, entre os burgueses, contrastam o capitalista mercantil, que compra barato e vende caro (portanto, especulador e manipulador financeiro ocioso), com o capitalista industrial que "revoluciona" as relações de produção. Tal contraste é muito mais intenso se esse capitalista industrial seguir o caminho "verdadeiramente revolucionário" para o capitalismo, ou seja, se ele se assemelhar ao herói das fábulas liberais, um homenzinho que, por meio do esforço, torna-se um grande homem. Foi dessa maneira inacreditável, mas profundamente enraizada, que os marxistas se tornaram uns dos melhores propiciadores da celebração do sistema capitalista.

Essa descrição quase leva ao esquecimento da outra tese marxista sobre a exploração do trabalhador, a que adquire a forma da extração do mais-valor dos trabalhadores pelo mesmo industrial que, então, logicamente, se junta às fileiras dos ociosos ao lado do comerciante e do "aristocrata feudal". Mas se eles estão todos da mesma maneira nesse caminho principal, por que, então, devemos gastar tanto tempo explicando em detalhes as diferenças, discutindo a evolução histórica das categorias, as supostas regressões (por exemplo, a "aristocratização" de burguesias que desejam *vivre noblement* [viver na nobreza]), as traições (de algumas burguesias que, ao que parece, recusam "desempenhar seu papel histórico")?

Esse é um retrato sociológico correto? Da mesma forma que os trabalhadores que vivem em estruturas domésticas que combinam o rendimento de múltiplas fontes (sendo apenas uma equivalente ao salário), os capitalistas (em especial, os grandes) vivem em empresas que, na realidade, combinam rendas provenientes de muitas fontes de investimento – rendas, especulação, lucros de transações comerciais, lucros de produção "normais", manipulação financeira. Uma vez que essas rendas são em forma de dinheiro, para os capitalistas, todas elas equivalem à mesma coisa, um meio de continuar essa incessante e infernal acumulação à qual foram condenados.

Nesse ponto, as contradições psicossociológicas de sua posição entram na imagem. Há muito tempo, Max Weber observou que a lógica do calvinismo contradiz a "lógica-psíquica" do homem. A lógica nos diz que é impossível ao homem saber o destino de sua alma porque, se ele pudesse saber quais são as intenções do Senhor, por esse simples fato ele limitaria o poder de Deus, e Deus não seria mais onipotente. Mas, psicologicamente, o homem se recusa a aceitar que não pode, de modo algum, mudar seu destino. Essa contradição levou ao "compromisso" teológico calvinista. Se não é possível *saber* as intenções do Senhor, é preciso pelo menos *reconhecer* uma decisão negativa via "sinais externos", sem necessariamente, na ausência desses sinais, chegar à conclusão inversa. Assim, a moral passa a ser: levar uma vida honesta e próspera é necessário, mas não é uma condição suficiente para a salvação.

Essa mesmíssima contradição ainda hoje é enfrentada pelos burgueses, embora com roupagem mais laica. Logicamente, o Senhor dos capitalistas requer que os burgueses não façam outra coisa a não ser acumular. E ele pune os que violarem essa ordem, levando-os, mais cedo ou mais tarde, à bancarrota. Mas, realmente, nem todos se divertem muito se não fizerem outra coisa a não ser acumular. De vez em quando, alguém quer provar os frutos da acumulação. O demônio do "aristocrata feudal" ocioso, trancado na alma do burguês, emerge das sombras, e o burguês procura *vivre noblement*. Mas, para *vivre noblement*, é preciso ser um rentista no amplo sentido da palavra, ou seja, ter fontes de renda que exijam pouco esforço para obtê-la, "garantidas" politicamente e passíveis de ser "herdadas".

Portanto, o que é "natural", o que cada participante privilegiado nesse mundo capitalista "busca", não é mudar do *status* de rentista para o de empreendedor, mas precisamente o contrário disso. Os capitalistas não querem se tornar "burgueses". Eles preferem infinitamente se tornar "aristocratas feudais".

Se, no entanto, cada vez mais, os capitalistas estão se burguesificando, não é por vontade própria, e sim apesar dela. Em grande medida, trata-se de algo semelhante à proletarização, que não ocorre por causa de, e sim apesar da vontade dos capitalistas. Na realidade, esse paralelismo vai mais longe. Se o processo de burguesificação prossegue, em parte se deve às contradições do capitalismo e, em parte, às pressões dos trabalhadores.

Objetivamente, quando o sistema capitalista se expande, torna-se mais racionalizado, provoca uma concentração maior, a concorrência torna-se cada vez mais drástica. Aqueles que negligenciam o imperativo da acumulação sofrem ainda, de maneira mais rápida, certa e feroz, os contra-ataques dos concorrentes. Assim, cada lapso na direção da "aristocratização" é sempre penalizado de forma mais severa *no mercado mundial*, requerendo uma reestruturação interna da "empresa", principalmente se ela for grande e (quase) nacionalizada.

Filhos ou filhas que buscarem herdar a direção de uma empresa devem de imediato receber um treinamento externo, intensivo e "universal". Aos poucos, o papel do administrador tecnocrata se expandiu. É esse administrador que personifica a burguesificação da classe capitalista. Uma burocracia estatal, desde que possa realmente monopolizar a extração do mais-valor, a personificaria perfeitamente, tornando *todos* os privilégios dependentes da atividade *em curso* mais que, em alguma medida, da herança individual ou de classe.

É óbvio que esse processo é levado adiante pela classe trabalhadora. Todos os seus esforços para assumir os controles da atividade econômica e para eliminar a injustiça tendem a refrear os capitalistas e os fazem recuar para a burguesificação. A ociosidade aristocrática feudal torna-se extremamente evidente e muitíssimo perigosa do ponto de vista político.

É desse modo que o prognóstico historiográfico de Karl Marx se mostra satisfatório: a polarização entre duas grandes classes, a de burgueses e a de proletários, tanto materialmente quanto socialmente. Mas por que, entre as ênfases historiográficas frutíferas e infrutíferas que podem derivar da leitura de Marx, essa distinção completa é importante? Ela tem muita relevância quando se chega à questão de teorizar a "transição" para o socialismo, na realidade, de teorizar "transições" em geral. O Marx que falou do capitalismo como "progressista" diante do que ocorrera antes fala também de revoluções burguesas, da revolução burguesa como uma pedra angular das múltiplas transições "nacionais" do feudalismo ao capitalismo.

O próprio conceito de "revolução" burguesa, deixando de lado suas qualidades empíricas duvidosas, nos leva a pensar em uma revolução proletária à qual, em certa medida, ela está ligada tanto como precedente quanto como pré-requisito. A modernidade torna-se a soma dessas duas sucessivas "revoluções". Na verdade, a sucessão não se dá sem dificuldade nem é gradual; de forma precisa, ela é violenta e disjuntiva. Mas, apesar disso, é inevitável, da mesma maneira que o capitalismo sucedeu ao feudalismo. Esses conceitos envolvem toda uma estratégia para a luta das classes trabalhadoras, uma estratégia repleta de culpa moral dos burgueses que negligenciaram seus papéis históricos.

Contudo, se não existem "revoluções" burguesas, mas apenas lutas mutuamente destrutivas de setores capitalistas vorazes, não há nem um modelo para copiar, nem um "atraso" sociopolítico para superar. Pode até ser o caso de se evitar toda a estratégia "burguesa". Se a transição do feudalismo para o capitalismo não foi progressista nem revolucionária, se em vez disso foi uma grande salvação dos estratos dominantes que lhes permitiu fortalecer seu controle sobre as massas trabalhadoras e aumentar o grau de exploração (agora estamos falando a língua do outro Marx), poderíamos concluir que, mesmo se, hoje, é inevitável *uma* transição, não se trata *inevitavelmente* de uma transição para o socialismo (ou seja, para um mundo igualitário no qual a produção seja para o valor de uso). Poderíamos concluir que a questão-chave, hoje, é a direção da transição global.

Que o capitalismo conhecerá, num futuro não muito distante, sua morte, me parece tanto certo quanto desejável. Trata-se de algo fácil de demonstrar por meio de uma análise de suas contradições endógenas "objetivas". Também me parece não haver dúvida de que a natureza de nosso mundo futuro continua a ser uma questão aberta, que depende do resultado das lutas atuais. Na realidade, a estratégia de transição é a chave de nosso destino. É provável que não encontremos uma boa estratégia se nos dedicarmos inteiramente a uma apologia do caráter progressista histórico do capitalismo. Esse tipo de ênfase historiográfica corre o risco de acarretar uma estratégia que nos leve a um "socialismo" não mais progressista que o sistema atual, a um avatar, por assim dizer, desse sistema.

# 9
# O burguês (a burguesia) como conceito e realidade

*Immanuel Wallerstein*

"*Définir le bourgeois? Nous ne serions pas d'accord.*"*

Ernest Labrousse (1955)

Na mitologia do mundo moderno, o protagonista típico é o burguês. Herói para uns, vilão para outros, inspiração ou atrativo para a maioria, ele tem sido quem modela o presente e o destruidor do passado. Em inglês, tendemos a evitar o termo "burguês", preferindo em geral a expressão "classe média" (ou classes). É uma pequena ironia não haver nenhuma forma singular apropriada para "classe(s) média(s)", apesar do vangloriado individualismo do pensamento anglo-saxão. Os linguistas nos informam que o termo surgiu na forma latina, *burgensis*, em 1007, e foi registrado na França como *burgeis* no ano 1100. Inicialmente, designava o habitante de um *bourg* [burgo], uma área urbana, mas um habitante que era "livre"[1]. No entanto, livre de quê? Livre das obrigações que constituíam o vínculo social e o nexo econômico de um sistema feudal. O burguês *não* era um camponês *nem* um servo, mas também *não* era um nobre.

Assim, desde o começo havia tanto uma anomalia quanto uma ambiguidade. A anomalia era que não havia um lugar lógico para o burguês na estrutura hierárquica e no sistema de valores do feudalismo com suas três ordens clássicas que, por sua vez, só se cristalizaram no exato momento em que o conceito de

---

\* "Definir o burguês? Não entraríamos em acordo." (N. T.)
[1] George Matoré, *Le Vocabulaire et la société médiévale* (Paris, Presses Universitaires de France, 1985), p. 292.

"burguês" estava nascendo². E a ambiguidade era o fato de o burguês ser então (como é até hoje) tanto um termo honorável como um termo de escárnio, um termo de admiração e também de reprovação. Dizem que Luís XI ficou orgulhoso com o título honorífico de "burguês de Berna"³. Mas Molière escreveu sua sátira cáustica sobre *"le bourgeois gentilhomme"* [o burguês nobre], e Flaubert disse: *"J'appelle bourgeois quiconque pense bassement"* [chamo de burguês todo aquele que pensa de maneira vil].

O fato de o burguês medieval não ter sido lorde nem camponês fez com que, finalmente, ele fosse visto como membro de uma classe intermediária, ou seja, uma classe média. E isso deu origem a outra ambiguidade. Todos os moradores urbanos eram burgueses ou somente alguns? O artesão era burguês, simplesmente um pequeno-burguês, ou de forma alguma era burguês? Quando o termo passou a ser usado, na prática ele foi identificado com certo nível de renda – o de alguém rico – que indicava tanto as possibilidades de consumo (estilo de vida) quanto as de investimento (capital).

Foi em torno desses dois eixos – consumo e capital – que o uso do termo se desenvolveu. O estilo de vida de um burguês poderia ser comparado com o do nobre ou com o do camponês e do artesão. Em comparação com o camponês e o artesão, um estilo burguês indicava conforto, boas maneiras, limpeza. Comparado ao nobre, indicava certa ausência de magnificência autêntica e certa inconveniência no comportamento social (ou seja, a ideia do *nouveau riche*). Muito depois, quando a vida urbana se tornou mais rica e mais complexa, o estilo de vida de um burguês poderia também ser contrastado com o de um artista ou um intelectual, representando ordem, convenção social, sobriedade, obtusidade, ao contrário de tudo aquilo que era visto como espontâneo, mais livre, mais alegre, mais inteligente, em última análise o que chamamos hoje de "contracultura". Enfim, o desenvolvimento capitalista possibilitou que um proletário adotasse um estilo de vida pseudoburguês, sem que ele adotasse ao mesmo tempo o papel econômico de um capitalista, e foi isso que rotulamos como "emburguesamento".

Mas se o burguês como Babbitt tem sido a peça central do discurso cultural moderno, é o burguês enquanto capitalista que tem sido a peça central do discurso político-econômico moderno. Burguês significa aquele que capitaliza os meios

---

² George Duby, *Les Trois Ordres ou L'Imaginaire du féodalisme* (Paris, Gallimard, 1978).

³ Marius Canard, "Essai de sémantique: Le mot 'bourgeois'", *Revue de philosophie française et de litterature*, n. XXVII, p. 33.

de produção, empregando trabalhadores em troca de salários; os trabalhadores, por sua vez, fazem coisas para serem vendidas em um mercado. Na medida em que os ganhos com as vendas são maiores que os custos de produção, inclusive os dos salários, falamos da existência de lucro, que presumivelmente é o objetivo do burguês capitalista. Existem aqueles que celebram as virtudes deste papel social – o burguês como empreendedor criativo. E existem os que denunciam os vícios deste papel social – o burguês como explorador parasita. Mas admiradores e críticos são unânimes em dizer que o burguês, esse burguês capitalista, tem sido a força dinâmica central da vida econômica moderna, para todos desde o século XIX, para muitos desde o século XVI, para uns poucos até há mais tempo.

## Definições do século XIX

Da mesma maneira que o conceito de "burguês" significava um estrato intermediário entre o nobre/proprietário de terras e o camponês/artesão, a era do burguês, ou da sociedade burguesa, chegou a ser definida em duas direções: para trás no tempo, como progresso em comparação com o feudalismo; e para frente no tempo, diante da promessa (ou ameaça) do socialismo. Essa própria definição foi um fenômeno do século XIX, que por si só se via e sempre foi considerado pela maioria das pessoas como o século do triunfo burguês, o momento histórico típico burguês – como conceito e como realidade. O que representa mais a civilização burguesa em nosso consciente coletivo que a era vitoriana, oficina do mundo, centro do fardo do homem branco, onde o sol nunca se põe – responsável, científica, civilizada?

A realidade burguesa – tanto a cultural quanto a político-econômica – tem sido, assim, algo que todos conhecemos com familiaridade e descrita de maneira marcante e semelhante pelas três grandes correntes ideológicas do século XIX: o conservadorismo, o liberalismo e o marxismo. Em suas concepções sobre o burguês, as três tenderam a concordar a respeito de sua função ocupacional (nos primeiros tempos, em geral, um mercador, mais tarde um empregador do trabalhador assalariado e um proprietário dos meios de produção, principalmente alguém cujos trabalhadores eram produtores de mercadorias), de seu motor econômico (o lucro almejado, o desejo de acumular capital) e de seu perfil cultural (prudente, racional, voltado aos próprios interesses). Seria possível pensar que, diante dessa unanimidade que emergiu no século XIX em torno de um conceito central, teríamos continuado a usá-lo sem hesitar e com pouca discussão. Todavia, Labrousse nos diz que jamais vamos chegar a um acordo sobre uma definição e, por isso, nos exorta a observar detalhadamente a realidade empírica, considerando a maior variedade de situações possível. Além disso, embora Labrousse tenha feito sua exortação em 1955, tenho a impressão de que a comunidade acadêmica não aceitou seu desafio. Por que aconteceu isso? Observemos cinco contextos nos quais, no trabalho de historiadores e de outros cientistas sociais, o conceito de burguês (e de burguesia) é usado de uma forma que resulta em desconforto – se não deles, de muitos de seus leitores. Talvez, se analisarmos esses desconfortos, possamos encontrar elementos que nos ajudem a adequar melhor o conceito à realidade.

1. Os historiadores descrevem, com frequência, um fenômeno designado como "aristocratização da burguesia". Alguns argumentam, por exemplo, que isso ocorreu no século XVII nas Províncias Unidas dos Países Baixos[4]. O sistema na França do *Ancien Régime* de uma *noblesse de robe* [nobreza de toga], criado pela venalidade de ofício, foi praticamente uma institucionalização desse conceito. Sem dúvida, trata-se do que Thomas Mann descreveu em *Os Buddenbrook* – o caminho típico de transformação nos padrões sociais de uma família abastada e de seus sucessores, desde o grande empreendedor ao consolidador econômico, ao patrono das artes e, depois desses tempos, ao libertino decadente ou ao inconformista idealista-hedonista.

O que devemos notar? Que, por alguma razão e em determinado momento biográfico, um burguês parece renunciar tanto a seu estilo cultural quanto a seu papel político-econômico em prol de um papel "aristocrático" que, desde o século XIX, não era necessariamente o de quem tinha um título de nobreza, mas simplesmente o de quem possuía uma antiga riqueza. O símbolo formal tradicional desse fenômeno foi a aquisição de grandes propriedades de terras, marcando a mudança do proprietário de fábrica burguês residente em áreas urbanas para o nobre proprietário de terras residente na área rural.

Por que um burguês faria isso? A resposta é óbvia. No que diz respeito ao *status* social, do ponto de vista do discurso cultural do mundo moderno, sempre foi verdade – desde o século XI até hoje – que, em certa medida, é "melhor" ou mais desejável ser um aristocrata que um burguês. Diante disso, na atualidade, essa ideia surpreende por duas razões. Uma delas é que somos constantemente informados por todos de que a personalidade dinâmica em nosso processo político-

---

[4] Daniel Jeen Roorda, "The Ruling Classes in Holland in the Seventeenth Century", em John Selwyn Bromley e Ernst Heinrich Kossman (orgs.), *Britain and the Netherlands*, v. II (Groningen, J. B. Wolters, 1964), p. 119; e "Party and Faction", *Acta Historiae Nederlandica*, v. II, 1967, p. 196-7.

-econômico é e era – desde o século XIX, desde o século XVI, desde talvez até muito mais tempo – o burguês. Por que alguém ia querer desistir de estar no centro do palco para ocupar um canto sempre mais arcaico do cenário social? A segunda razão é que, enquanto o que chamamos de feudalismo ou de ordem feudal celebrava a nobreza em suas manifestações ideológicas, o capitalismo deu origem a outra ideologia que celebrava precisamente o burguês. Essa nova ideologia tem predominado, pelo menos no centro da economia-mundo capitalista, durante os últimos 150-200 anos. No entanto, o fenômeno dos *Buddenbrook* continua a acontecer rapidamente. E, na Grã-Bretanha, mesmo hoje, um título de nobreza vitalício é considerado uma honra.

2. Um importante conceito polêmico no pensamento contemporâneo – conhecido nos escritos marxistas, mas de forma alguma limitado a eles – é o da "deslealdade da burguesia" a seu papel histórico. Na verdade, esse conceito se refere ao fato de que em alguns países, naqueles que são menos "desenvolvidos", a burguesia local (nacional) deixou de desempenhar seu papel econômico "normal" ou esperado para se tornar proprietária de terras ou rentista, ou seja, "aristocrata". Mas, no que diz respeito à sua biografia pessoal, isso significa mais que sua aristocratização; do ponto de vista coletivo, trata-se de sua aristocratização coletiva. Ou seja, é questão de saber qual é o melhor momento para essa mudança se considerarmos uma espécie de calendário nacional. De acordo com uma teoria implícita sobre estágios de desenvolvimento, em determinado momento a burguesia assume o controle do aparelho de Estado, cria uma chamada "burguesia estatal", industrializa o país e, com isso, acumula coletivamente quantias significativas de capital – em suma, segue a garantida trilha histórica da Grã-Bretanha. Após esse momento, talvez não tenha tanta importância que, individualmente, os burgueses se "aristocratizem". Contudo, antes dele, essas mudanças individuais tornam mais difícil (e até mesmo impossível) a transformação coletiva nacional. No século XX, esse tipo de análise serviu como base de uma estratégia política significativa. Ela foi usada na Terceira Internacional pelos partidos e seus sucessores, como a justificativa da chamada "teoria dos dois estágios da revolução nacional", segundo a qual os partidos socialistas têm a responsabilidade não só de fazer a revolução proletária (segundo estágio), mas também de desempenhar um papel muito grande na execução da revolução burguesa (primeiro estágio). O argumento é que o primeiro estágio é historicamente "necessário" e que, uma vez que a burguesia nacional em questão "traiu" seu papel histórico, passa a ser incumbência do proletariado desempenhar esse papel por ela.

Ora, toda essa concepção é duplamente curiosa. É curioso que se pense que uma classe social, o proletariado, tenha tanto a obrigação quanto a possibilidade social de desempenhar tarefas históricas (seja qual for o meio utilizado por ele) de outra classe social, a burguesia. (Cabe notar, de passagem, que, embora a estratégia tenha sido, de fato, lançada por Lênin, ou no mínimo com sua bênção, ela lembra muito o moralismo dos socialistas utópicos que Marx e Engels condenaram.) Mas a ideia de "traição" é ainda mais curiosa quando vista do ângulo da própria burguesia. Por que uma burguesia nacional "trairia" seu papel histórico? É presumível que ela tenha tudo a ganhar desempenhando esse papel. E, uma vez que conservadores, liberais e marxistas concordam que os burgueses capitalistas estão sempre em busca de seus próprios interesses, como é que, neste caso, eles agem como se não os vissem? Parece mais que um enigma, parece ser uma afirmação que se contradiz. A estranheza da própria ideia é ainda mais intensa por ter sido comprovado, quantitativamente, que o número de burguesias nacionais que se supõem ter "traído" seus papéis históricos não é pequeno, mas muito grande – na realidade, a ampla maioria.

## Propriedade e controle

3. A linguagem da "aristocratização da burguesia" tendia a se aplicar a situações de países europeus fundamentalmente no período do século XVI ao XVIII, e a da "traição da burguesia", a situações em zonas não europeias no século XX. No entanto, há uma terceira linguagem que se aplicava sobretudo a situações da América do Norte e da Europa ocidental no fim dos séculos XIX e XX. Em 1932, Adolf Berle e Gardiner Means escreveram um famoso livro no qual chamaram atenção para uma tendência existente na história estrutural das corporações modernas, tendência que eles denominaram "separação entre a propriedade e o controle"[5]. Com isso, eles querem dizer que houve mudança de uma situação em que o proprietário legal de uma empresa era também seu administrador para outra em que os proprietários legais eram muitos (ou seja, a corporação moderna), espalhados e quase totalmente reduzidos a investidores de capital monetário, enquanto os administradores, que tinham todo o poder de tomar as decisões econômicas concretas, não eram necessariamente sequer proprietários parciais e, do ponto de vista formal, eram empregados assalariados. Como todo mundo agora reconhece,

---

[5] Adolf Berle e Gardiner Means, *The Modern Corporation and Private Property* (Nova York, Harcourt Brace & World, 1932).

essa realidade do século XX não corresponde à descrição do papel econômico do burguês feita pelos liberais ou pelos marxistas no século XIX.

O surgimento dessa forma de empresa, ou seja, da corporação, provocou outras modificações além de mudar as estruturas em seu topo. Ele gerou também um novo estrato social. No século XIX, Marx previra que, uma vez que se desse a concentração do capital, ao longo do tempo ocorreria uma crescente polarização das classes, de modo que finalmente só permaneceriam uma burguesia (muito pequena) e um proletariado (bastante numeroso). Com isso, na prática, ele queria dizer que, durante o desenvolvimento capitalista, dois grandes agrupamentos sociais, os pequenos produtores agrícolas e os pequenos artesãos urbanos, ambos independentes, desapareceriam via um duplo processo: uns poucos se tornariam empreendedores em larga escala (ou seja, burgueses), e a maioria se tornaria trabalhador assalariado (ou seja, proletário). Embora, em sua maioria, os liberais não fizessem previsões nessa mesma direção, nada da própria previsão de Marx era incompatível com as teses liberais, uma vez que a dele era mera descrição social. Conservadores, como Carlyle, achavam a previsão de Marx basicamente correta e se arrepiavam com a ideia.

Na realidade, Marx estava certo, e os membros daquelas duas categorias sociais de fato diminuíram dramaticamente em todo o mundo nos últimos 150 anos. Mas, desde a Segunda Guerra Mundial, sociólogos observam, a ponto de ter se tornado lugar-comum, que o desaparecimento daqueles dois estratos ocorreu de mãos dadas com a emergência de um novo estrato. A linguagem que começou a ser usada foi que, enquanto a "antiga classe média" estava desaparecendo, uma nova "nova classe média" surgia[6]. Com nova classe média se referiam ao crescente estrato de profissionais predominantemente assalariados que ocuparam postos de administradores ou bem próximos de administradores em estruturas corporativas, em virtude das habilidades adquiridas nas universidades – no início, sobretudo, os "engenheiros", mais tarde, os advogados e os profissionais da área de saúde, os especialistas em marketing, os analistas de informática, e assim por diante.

Duas coisas devem ser salientadas aqui. Antes de mais nada, uma confusão linguística. Essas "novas classes médias" são consideradas um "estrato intermediário" (como no século XI), mas agora se situam entre a "burguesia" ou os "capitalistas" ou, ainda, os "altos administradores" e o "proletariado" ou os "trabalhadores". A burguesia do século XI era o estrato *médio*, mas no século XX a terminologia é

---

[6] Para um exemplo extraordinário, ver Charles Wright Mills, *White Collar* (Nova York, Oxford University Press, 1951).

usada para descrever o estrato mais alto, em uma situação em que muitos continuam a se referir a três estratos identificáveis. Essa confusão foi agravada na década de 1960 com as tentativas de rebatizar as "novas classes médias" como "novas classes trabalhadoras", buscando, assim, reduzir os três estratos para dois[7]. Essa alteração no nome foi alimentada, principalmente, por suas implicações políticas, mas chamou atenção para outra realidade que passava por mudanças: as diferenças do estilo de vida e do nível de renda entre os trabalhadores qualificados e esses profissionais assalariados estavam diminuindo.

Em segundo lugar, era muito difícil descrever essas "novas classes médias" com as categorias de análise do século XIX. Elas satisfaziam alguns dos critérios de ser "burguês". Eram "ricas"; tinham algum dinheiro para investir (mas não muito, e investiam sobretudo em ações e títulos); sem dúvida, estavam em busca de seus interesses econômicos e políticos. Mas tendiam a ser comparadas aos trabalhadores assalariados, uma vez que viviam basicamente dos pagamentos atuais recebidos por seu trabalho (mais que de ganhos provenientes de alguma propriedade); neste sentido, eram "proletárias". E seu frequente estilo de vida quase hedonístico aliviava a tensão puritana associada à cultura burguesa; neste sentido, eram "aristocráticas".

4. Havia, no Terceiro Mundo, um estrato análogo ao das "novas classes médias". Quando um país depois do outro se tornou independente após a Segunda Guerra Mundial, analistas começaram a observar o crescimento de um estrato bem significativo – profissionais diplomados empregados pelo governo, que por seus níveis de renda se tornavam praticamente ricos em comparação com a maioria de seus compatriotas. Na África, onde esses profissionais se destacavam mais em vista da ausência, na prática, de outros tipos de pessoas "ricas", foi criado um novo conceito para designá-los: "burguesia administrativa". Esta era, de fato, tradicionalmente "burguesa" no estilo de vida e nos valores sociais. Representava a base social de muitos regimes, a ponto de Frantz Fanon argumentar que os Estados unipartidários africanos eram "ditaduras da burguesia", precisamente dessa burguesia[8]. No entanto, sem dúvida, esses servidores civis não eram, de modo algum, burgueses no sentido de desempenhar qualquer dos papéis econômicos tradicionais do burguês, enquanto empreendedor, empregador do trabalhador assalariado, inovador, aventureiro, maximizador de lucros. Bom, isso não está totalmente certo. Os burgueses administrativos

---

[7] Ver, por exemplo, André Gorz, *Stratégie ouvrière et néocapitalisme* (Paris, Seuil, 1964).
[8] Frantz Fanon, *The Wretched of the Earth* (Nova York, Grove, 1964), p. 121-63 [ed. bras.: *Os condenados da terra*, trad. Enilce Albergaria Rocha, Juiz de Fora, Editora UFJF, 2006].

desempenhavam, com frequência, esses papéis econômicos clássicos, mas, quando o faziam, não eram enaltecidos por isso, e sim denunciados por "corrupção".

5. Há uma arena final na qual o conceito de burguesia e/ou das classes médias chegou a desempenhar um papel confuso, mas central – de maneira específica, na análise da estrutura do Estado no mundo moderno. Mais uma vez, se observarmos as doutrinas conservadora, liberal ou a marxista, o advento do capitalismo foi considerado, de alguma maneira, correlacionado e estritamente ligado ao controle político do aparelho estatal. Os marxistas disseram que uma economia capitalista pressupunha um Estado burguês, uma visão resumida de maneira mais sucinta no aforismo segundo o qual "o Estado é o comitê executivo da classe dominante"[9]. O cerne da interpretação da história pelos Whigs era que o esforço em direção à liberdade humana continuava de forma paralela nas arenas econômica e política. O *laissez-faire* pressupunha uma democracia representativa ou, pelo menos, um regime parlamentar. E de que os conservadores reclamavam, a não ser da profunda relação entre o nexo do dinheiro e o declínio das instituições tradicionais (sobretudo, no âmbito das estruturas estatais)? Quando os conservadores falavam da Restauração, o que eles tinham a intenção de restaurar era a monarquia e o privilégio aristocrático.

E, no entanto, observemos algumas vozes persistentemente dissonantes. No baluarte do triunfo burguês, a era vitoriana, Walter Bagehot analisou no próprio momento do triunfo o papel essencial contínuo da monarquia para a manutenção das condições que permitem que um Estado moderno, um sistema capitalista, sobreviva e prospere[10]. Max Weber enfatizou que a burocratização do mundo, para ele o processo crucial da civilização capitalista, nunca seria factível no próprio topo do sistema político[11]. E Joseph Schumpeter afirmou que, uma vez que a burguesia era, de fato, incapaz de ouvir as advertências de Bagehot, o edifício do poder inevitavelmente ia desmoronar. Por insistir em dominar, a burguesia provocaria sua própria morte[12]. Os três estavam argumentando que a equação da economia burguesa e do Estado burguês não era tão simples quanto parecia.

---

[9] Karl Marx e Friedrich Engels, *The Communist Manifesto* (Nova York, International Publishers, 1948) [ed. bras.: *Manifesto Comunista*, trad. Osvaldo Coggiola, São Paulo, Boitempo,1998].

[10] Walter Bagehot, *The English Constitution* (Londres, Chapman & Hall, 1964 [1867]).

[11] Max Weber, *Economy and Society*, v. III (Nova York, Bedminster, 1968), por exemplo, p. 1.403-5 [ed. bras.: *Economia e sociedade*, 2 v., trad. Régis Barbosa e Karen Elsabe Barbosa, Brasília, Editora UnB, 2009].

[12] Joseph Schumpeter, *Capitalism, Socialism and Democracy* (Nova York, Harper & Brothers, 1942), cap. 12 [ed. bras.: *Capitalismo, socialismo e democracia*, trad. Luiz Antonio Oliveira de Araújo, São Paulo, Editora Unesp, 2017].

Do ponto de vista dos marxistas, a teoria do Estado, a da base de classes do Estado (burguês), tem sido uma das questões mais controversas dos últimos trinta anos, de maneira mais relevante nos debates entre Nicos Poulantzas e Ralph Miliband[13]. A "relativa autonomia do Estado" tornou-se um clichê que desfruta de grande apoio. A que ela se refere, senão ao fato de haver agora tantas versões admitidas de "burguesia" e de "classes médias" que é difícil argumentar que qualquer uma delas controle o Estado de forma direta como diz o aforismo marxista? Nem sequer a combinação delas parece totalizar uma única classe ou um único grupo.

## O conceito reconsiderado

Portanto, o conceito de burguês, tal como se mostra para nós desde suas origens medievais, por meio de suas personificações na Europa do *Ancien Régime* e, depois, mediante o industrialismo do século XIX, parece difícil de ser usado com clareza quando falamos do mundo do século XX. Parece mais difícil ainda usá-lo como o fio de Ariadne para interpretar o desenvolvimento histórico do mundo moderno. Todavia, ninguém parece disposto a descartá-lo de vez. Não conheço nenhuma interpretação histórica significativa deste nosso mundo moderno em que não se encontre o conceito de burguesia ou, alternativamente, o de classes médias. E por uma boa razão. É difícil contar uma história sem seu principal protagonista. No entanto, quando um conceito apresenta um problema persistente de não corresponder à realidade – em todas as interpretações ideológicas conflitantes relevantes dessa realidade –, talvez seja a hora de revê-lo e reavaliar suas características essenciais.

Deixem-me começar tratando de outra parte curiosa da história intelectual. Todos estamos bem cientes de que o proletariado – se preferirem, os trabalhadores assalariados – não existiu em todos os períodos da história; na verdade, foi constituído ao longo do tempo. Houve um tempo em que a maioria dos trabalhadores do mundo era produtor rural agrícola e recebia um rendimento que tinha muitas formas diferentes, mas raramente de salário. Hoje, uma grande (e cada vez maior) parte da força de trabalho mundial é urbana, e um número considerável dela recebe um rendimento em forma de salário. Alguns chamam essa mudança

---

[13] Ralph Miliband, *The State in Capitalist Society* (Londres, Weidenfeld & Nicolson, 1969); Nicos Poulantzas, *Political Power and Social Classes* (Londres, NLB/Sheed and Ward, 1973 [1968]) [ed. bras.: *Poder político e classes sociais*, trad. Maria Leonor F. R. Loureiro e Danilo Enrico Martuscelli, Campinas, Editora da Unicamp, 2019, coleção Marx 21]; e ver o debate na *New Left Review*, n. 58-59, 82 e 95.

de "proletarização", e outros, de "formação da classe trabalhadora"[14]. Há muitas teorias sobre esse processo, que é tema de diversos estudos.

Também estamos cientes, mas isso é menos importante para muitos de nós, de que a porcentagem de pessoas que deve ser chamada de burguês (qualquer que seja a definição) é bem maior hoje que em outras épocas, e não há dúvida de que tenha aumentado paulatinamente talvez desde o século XI, e com toda a certeza desde o século XVI. No entanto, que eu saiba, quase ninguém fala de "burguesificação" como processo paralelo ao de "proletarização". E ninguém escreveu um livro sobre a formação da burguesia; para ser mais preciso, foram escritos livros sobre "*les bourgeois conquérants*" [os burgueses conquistadores][15]. É como se a burguesia fosse um fato consumado e, assim, tivesse efeito sobre outros: sobre a aristocracia, sobre o Estado, sobre os trabalhadores. Parece não ter origens, e sim emergir madura da cabeça de Zeus.

Deveríamos ficar mais atentos a esse evidente *deus ex machina* – e tem sido um verdadeiro *deus ex machina* –, pois o único uso mais importante do conceito – a burguesia/as classes médias – tem sido explicar as origens do mundo moderno. Assim reza a lenda: era uma vez o feudalismo, ou uma economia não comercial, não especializada. Havia proprietários de terras e camponeses. Havia também (mas teria sido exclusivamente por acaso?) uns poucos privilegiados urbanos que viviam nos burgos, que produziam e comercializavam via mercado. As classes médias ascenderam, expandiram o reino da transação monetária e, assim, de repente, deram início às maravilhas do mundo moderno. Ou, em outras palavras, um pouco diferentes, mas basicamente com a mesma ideia, a burguesia não só surgiu (na arena econômica), como também se insurgiu (na arena política) para depor a aristocracia até então dominante. Nessa lenda, a burguesia/classes médias tinham de ser um fato consumado para que a narrativa fizesse sentido. Uma análise da formação histórica dessa burguesia inevitavelmente colocaria em dúvida a coerência explicativa da lenda. E, assim, ela faria pouco ou nenhum sentido.

A reificação de um ator existente, o privilegiado urbano que vivia nos burgos no fim da Idade Média, em uma essência não analisada com atenção, o burguês –

---

[14] Edward Palmer Thompson, *The Making of the English Working Class* (Londres, Pelican, 1968) [ed. bras.: *A formação da classe operária*, 3 v., trad. Denise Bottman, Renato Busatto Neto e Claudia Rocha de Almeida, Rio de Janeiro, Paz e Terra, 2012].

[15] Charles Morazé, *Les Bourgeois conquérants* (Paris, Armand Colin, 1957) (coleção Destin du Monde).

aquele burguês que conquista o mundo moderno –, anda de mãos dadas com a mistificação de sua psicologia ou de sua ideologia. Esse burguês supostamente é um "individualista". Mais uma vez, observa-se a concordância entre conservadores, liberais e marxistas. Essas três escolas de pensamento afirmaram que, ao contrário do que ocorria em épocas passadas (e, particularmente, para os marxistas, ao contrário do que ocorrerá no futuro), existe um importante ator social, o burguês empreendedor, que cuida pura e simplesmente de si mesmo. Ele não tem o menor compromisso social, não conhece nenhuma ou conhece poucas obrigações sociais, está sempre em busca de um cálculo utilitarista de Bentham relacionado ao prazer e à dor. Os liberais do século XIX definiram isso como o exercício de liberdade e argumentaram, de forma meio enigmática, que, se todos o fizessem de coração aberto, todos seriam beneficiados. Não haveria perdedores, somente vencedores. Os conservadores do século XIX e os marxistas se uniram, ao ficarem moralmente horrorizados com essa indiferença liberal e por serem sociologicamente céticos em relação a ela. O que para os liberais era exercício de "liberdade" e fonte de êxito humano era visto pelos conservadores e pelos marxistas como algo que levava a um estado de "anarquia", indesejável em si mesmo e que, ao mesmo tempo, no longo prazo, tenderia a dissolver os vínculos sociais que mantêm unida a sociedade.

Não pretendo negar que exista uma forte tendência "individualista" no pensamento moderno, cuja influência atingiu seu ápice no século XIX, nem que essa tendência tenha tido influência – como causa e consequência – de forma significativa, no comportamento social de importantes atores sociais no mundo moderno. O que quero advertir é que houve um salto lógico: o individualismo antes considerado *uma* realidade social importante passou a ser visto como *a* realidade social importante do mundo moderno, da civilização burguesa, da economia-mundo capitalista. Simplesmente, ele não é isso.

O problema básico reside em nosso imaginário a propósito de como o capitalismo funciona. O fato de o capitalismo requerer o livre fluxo dos fatores de produção – trabalho, capital e mercadorias – nos leva a supor que ele requeira, ou que, pelo menos, os capitalistas desejem, um fluxo *inteiramente* livre quando, na realidade, ele requer e os capitalistas desejam um fluxo *parcialmente* livre. O fato de o capitalismo operar via mecanismos de mercado baseados na "lei" da oferta e da procura nos leva a supor que ele requeira, ou que, pelo menos, os capitalistas desejem um mercado perfeitamente competitivo quando, na realidade, ele requer e os capitalistas desejam mercados que possam ser utilizados e, ao mesmo tempo, driblados, numa economia que ponha lado a lado a concorrência e o monopólio, combinando-os de maneira adequada. O fato de o capitalismo ser um sistema que recompensa o comportamento individualista nos leva a supor que ele requeira, ou que os capitalistas desejem, que todos atuem com base em motivações individualistas quando, na realidade, ele requer e os capitalistas desejam que tanto os burgueses quanto os proletários incluam uma grande dose de orientação social anti-individualista em suas atitudes. O fato de os direitos de propriedade constituírem a base jurídica sobre a qual o sistema capitalista foi construído nos leva a supor que ele requeira e os capitalistas desejem que a propriedade seja sacrossanta e que os direitos de propriedade privada se estendam, cada vez mais, aos reinos de interação social quando, na realidade, toda a história do capitalismo tem sido de um declínio constante dos direitos de propriedade, não de sua ampliação. O fato de o capitalismo ser um sistema no qual os capitalistas sempre argumentaram a favor do direito de tomarem decisões econômicas em esferas puramente econômicas nos leva a supor que isso signifique que, na realidade, eles tenham aversão à interferência política em suas decisões quando, na realidade, eles sempre procuraram utilizar de maneira consistente os aparelhos do Estado e aprovaram com entusiasmo a ideia de primazia política.

## Acumulação contínua

Em suma, o que há de errado com nosso conceito de burguês é nossa leitura invertida (se não corrompida) da realidade histórica do capitalismo. Se é que podemos conceituá-lo, o capitalismo é um sistema baseado na lógica da acumulação *contínua* do capital. É essa continuidade que tem sido celebrada ou repreendida enquanto seu espírito de Prometeu[16]. É essa continuidade que, para Émile Durkheim, tem a anomia como sua contrapartida perene[17]. É dessa continuidade que, como Erich Fromm enfatizou, todos procuramos escapar[18].

Quando Max Weber procurou analisar a relação imprescindível entre a ética protestante e o espírito do capitalismo, descreveu as implicações sociais da teologia

---

[16] David Landes, *Prometheus Unbound* (Cambridge, Cambridge University Press, 1969) [ed. bras.: *Prometeu desacorrentado: transformação tecnológica e desenvolvimento industrial na Europa ocidental, de 1750 até os dias de hoje*, trad. Marisa Rocha Motta, São Paulo, Campus Elsevier, 2005].

[17] Émile Durkheim, *Suicide* (Glencoe, Illinois, Free Press, 1951 [1897]) [ed. bras.: *O suicídio – estudo de sociologia*, trad. Andrea Stahel M. da Silva, São Paulo, Edipro, 2014].

[18] Erich Fromm, *Escape from Freedom* (Nova York, Farrar & Rinehart, 1941).

calvinista da predestinação[19]. Se Deus fosse onipotente, e se somente uma minoria pudesse se salvar, os seres humanos nada poderiam fazer para garantir que estariam entre essa minoria, uma vez que, se pudessem, determinariam assim a vontade de Deus e, então, ele não seria onipotente. No entanto, Weber salientou que tudo isso era válido em termos lógicos, mas era impossível psicologicamente. Psicologicamente, seria possível deduzir dessa lógica que qualquer comportamento é permitido uma vez que tudo está predestinado. Ou o indivíduo poderia se tornar de todo deprimido e, portanto, inativo, uma vez que qualquer comportamento é ineficaz diante do único objetivo legítimo, a salvação. Weber argumentou que uma lógica que esteja em conflito com um fenômeno psicológico não pode sobreviver e deve ser modificada. Foi o que ocorreu com o calvinismo. Os calvinistas acrescentaram, ao princípio da predestinação, a possibilidade de presciência ou, no mínimo, de presciência negativa. Embora não pudéssemos influenciar o comportamento de Deus por meio de nossas condutas, alguns tipos de comportamento negativo ou imoral funcionavam como indícios da ausência de graça. Psicologicamente, agora estava tudo certo. Éramos obrigados a nos comportar de maneira adequada, pois, se não o fizéssemos, seria um incontestável indício de que Deus nos havia abandonado.

Gostaria de traçar um paralelo com essa análise de Weber, distinguindo a lógica e a psicologia do *éthos* capitalista. Se o objeto do exercício é a acumulação contínua do capital, o eterno trabalho árduo e a abnegação são sempre logicamente *de rigueur* [obrigatórios]. Existe uma lei de ferro dos lucros, assim como uma lei de ferro dos salários. Um centavo gasto em autoindulgência é um centavo a menos no processo de investimento e, portanto, na acumulação do capital adicional. Mas, embora a lei de ferro dos lucros seja logicamente rígida, ela é impossível psicologicamente. Por que ser capitalista, empreendedor, burguês, se não há absolutamente nenhuma recompensa individual? É óbvio que não haveria o menor motivo, ninguém o seria. No entanto, em termos lógicos, é o que se busca. Bom, é óbvio que a lógica tem de ser modificada, caso contrário o sistema nunca funcionaria. E, decididamente, ele tem funcionado há um bom tempo.

Da mesma maneira que a combinação onipotência-predestinação foi modificada (e, enfim, enfraquecida) pela presciência, a combinação acumulação-economias

---

[19] Max Weber, *The Protestant Ethic and the Spirit of Capitalism* (Londres, G. Allen & Unwin, 1930 [1904-1905]) [ed. bras.: *A ética protestante e o espírito do capitalismo*, trad. José Marcos Mariani de Macedo, São Paulo, Companhia das Letras, 2004].

foi modificada (e, enfim, enfraquecida) pela renda. Como sabemos, a renda foi apresentada pelos economistas clássicos (inclusive por Marx, o último dos economistas clássicos) como a verdadeira antítese do lucro. Ela não é nada disso; ela é sua personificação. Os economistas clássicos viam uma evolução histórica da renda em direção ao lucro, o que se traduziu em nossa lenda histórica segundo a qual a burguesia destituiu a aristocracia. Na realidade, temos aí um equívoco por dois motivos. A sequência temporal se dá em curto prazo, não em longo prazo, e ela se move na direção oposta. Todo capitalista procura transformar o lucro em renda. Isso se traduz na seguinte afirmação: o principal objetivo de todo "burguês" é se tornar "aristocrata". Essa é uma sequência que se dá no curto prazo, não se trata de uma afirmação sobre o que ocorre na *longue durée*.

O que é "renda"? Em termos estritamente econômicos, renda é o rendimento que resulta do controle de alguma realidade espaço-temporal concreta; não se pode dizer que, de alguma maneira, ela tenha sido uma criação do proprietário ou o resultado de seu próprio trabalho (mesmo que seja de seu trabalho como empreendedor). Se eu tiver sorte suficiente de possuir terras perto de um trecho raso de um rio e cobrar pedágio para passarem por elas, o que recebo é uma renda. Se eu permitir que outras pessoas trabalhem em minhas terras por conta própria ou vivam numa casa da qual sou o proprietário e receber delas um pagamento, sou chamado de rentista. Na realidade, na França do século XVIII, os rentistas eram definidos em documentos como "burgueses que vivem nobremente de suas rendas", ou seja, que não se envolvem com a produção, o comércio e os serviços nem com outras profissões[20].

Porém, em cada uma dessas situações não é bem verdade que eu não tenha feito nada para obter vantagens que propiciaram a renda. Eu tive a precaução ou a sorte de adquirir direitos de propriedade de certa espécie, que foi o que me permitiu legalmente obter a renda. O "trabalho" que fundamentou a aquisição desses direitos de propriedade tem duas características. Foi feito no passado, não no presente (de fato, com frequência foi feito num passado distante, ou seja, por um

---

[20] George Edward Taylor, "The Paris Bourse on the Eve of the Revolution", *American Historical Review*, v. LXVII, n. 4, jul. 1961, p. 954. Ver também Michel Vovelle e Daniel Roche, "Bourgeois, Rentiers and Property Owners: Elements for Defining a Social Category at the End of the Eighteenth Century", em Jeffry Kaplow (org.), *New Perspectives and the French Revolution: Readings in Historical Sociology* (Nova Jersey, John Wiley & Sons, 1965); e Robert Forster, "The Middle Class in Western Europe: An Essay", em Jürgen Schneider (org.), *Wirtschaftskraften und Wirtschaftswege: Beitrage zur Wirtschaftsgeschichte* (Stuttgart, Klett-Cotta, 1978 [1904-1905]).

ancestral). E requereu a consagração por alguma autoridade política, sem a qual não seria possível ganhar dinheiro no presente. Assim, renda é igual a passado, e renda é igual a poder político.

A renda está a serviço do dono da propriedade existente. Ela não está a serviço de quem procura, por meio do trabalho atual, adquirir uma propriedade. Portanto, está sempre sob desafio. E, uma vez que é garantida politicamente, está sempre sob desafio político. No entanto, o êxito de quem enfrenta o desafio terá como consequência a aquisição da propriedade. Logo que o fizer, seu interesse passa a ser uma defesa da legitimidade da renda.

A renda é um mecanismo para aumentar a taxa de lucro que alguém obteria em um mercado verdadeiramente competitivo. Voltemos ao exemplo da travessia do rio. Suponhamos que temos um rio em que existe um único trecho estreito o suficiente para permitir a construção de uma ponte. Haverá diversas alternativas. O Estado poderia proclamar que toda terra é potencialmente privada e que a pessoa que for proprietária de terrenos situados um em frente do outro, nas margens opostas do rio, pode construir uma ponte privada no trecho mais estreito e cobrar um pedágio de quem atravessá-lo. Dada a premissa de que existe um único trecho viável para a travessia, essa pessoa teria um monopólio e poderia cobrar um pedágio bem oneroso como forma de extrair uma parte do mais-valor de todas as cadeias de mercadorias cujo itinerário envolva a travessia do rio. Ou então o Estado poderia proclamar que as terras às margens do rio são públicas; neste caso, se apresentam mais duas possibilidades ideais típicas. Uma delas é o Estado construir uma ponte com fundos públicos e não cobrar pedágio algum ou cobrar uma quantia apenas para cobrir os custos. Assim, nenhum mais-valor seria extraído daquelas cadeias de mercadorias. A alternativa seria o Estado anunciar que, sendo as margens públicas, poderiam ser usadas por pequenos proprietários de barcos concorrentes para transportar mercadorias através do rio. Neste caso, a intensa concorrência reduziria o preço desses serviços, gerando uma taxa de lucro muito baixa para os proprietários de barcos, que assim extrairiam um mínimo do excedente das cadeias de mercadorias transportadas através do rio.

### Renda e monopólio

Observemos como nesse exemplo a renda parece ser a mesma ou quase a mesma coisa que o lucro do monopólio. Como sabemos, um monopólio significa uma situação em que, devido à ausência de concorrência, quem faz a transação pode obter um lucro alto ou, em outras palavras, uma grande proporção do mais-valor gerado em toda a cadeia de mercadorias da qual o segmento monopolizado faz parte. É por si só evidente que, quanto mais próxima no espaço e no tempo uma empresa estiver de monopolizar um tipo específico de transação econômica, maior a taxa de lucro. E, quanto mais genuinamente competitiva a situação do mercado, mais baixa a taxa de lucro. Na verdade, essa relação entre competitividade genuína e baixas taxas de lucro é uma das justificativas ideológicas históricas para um sistema de livre iniciativa. Pena que o capitalismo nunca tenha conhecido a livre iniciativa generalizada. E nunca a tenha conhecido precisamente porque os capitalistas buscam lucros, lucros máximos, com o objetivo de acumular o máximo possível de capital. Por isso, eles não só são motivados, mas estruturalmente forçados, a ocupar posições de monopólio, algo que os leva a buscar a maximização dos lucros via o principal organismo que permanentemente o torna possível, o Estado.

Assim, vejam vocês, o mundo que estou apresentando está de cabeça para baixo. Os capitalistas não querem concorrência, e sim monopólio. Eles procuram acumular capital não via lucros, mas via renda. Eles não querem ser burgueses, querem ser aristocratas. E, uma vez que historicamente – ou seja, desde o século XVI até hoje – tivemos uma intensificação e uma ampliação da lógica capitalista na economia-mundo capitalista, existe mais monopólio, não menos, e existe mais renda e menos lucro, mais aristocracia e menos burguesia.

Ah, vocês dirão, está difícil demais! É tanta inteligência que até irrita! Não parece ser uma imagem reconhecível do mundo que conhecemos nem uma interpretação plausível do passado histórico que estudamos. E vocês estarão certos, porque omiti metade da história. O capitalismo não é algo estático; ele é um sistema histórico. Ele se desenvolveu por meio de sua lógica e sua contradição interna. Em outras palavras, ele tem tendências seculares, assim como ritmos cíclicos. Observemos, portanto, essas tendências seculares, particularmente no que diz respeito a nosso tema em questão, o burguês; ou melhor, observemos o processo secular que rotulamos como burguesificação. Acredito que funcione mais ou menos assim.

A lógica do capitalismo demanda o puritano abstêmio, o Scrooge, que reluta até no Natal. A psicologia do capitalismo, na qual o dinheiro é a medida da graça até mais que a do poder, demanda uma demonstração de riqueza e, portanto, um "consumo conspícuo". O modo como o sistema opera para conter essa contradição é traduzir os dois ímpetos em uma sequência geracional, o fenômeno dos *Buddenbrook*. Onde quer que tenhamos uma concentração de empreendedores com êxito, temos uma concentração de tipos como os *Buddenbrook*. *Ergo*, a aristocratização da burguesia na Holanda do fim do século XVII, por exemplo. Quando isso se repete como farsa, chamamos de traição do papel histórico da burguesia – por exemplo, no Egito do século XX.

E não tem sido só uma questão do burguês enquanto consumidor. Sua inclinação pelo estilo aristocrático pode ser vista em seu modo de proceder como empreendedor desde as suas origens. No que diz respeito às relações de trabalho, até o século XIX (com remanescentes ainda hoje), a empresa capitalista foi construída com base no modelo da fazenda medieval. O proprietário se apresentava como figura paterna, cuidando de seus empregados, abrigando-os, fornecendo-lhes uma espécie de programa de seguridade social e se preocupando não só com o comportamento deles no trabalho, mas também com todo o comportamento moral. No entanto, ao longo do tempo, a tendência do capital tem sido se concentrar. Essa é uma consequência da busca do monopólio, da eliminação dos concorrentes. Trata-se de um processo lento porque há contracorrentes que de modo contínuo destroem os semimonopólios. Além disso, aos poucos, as estruturas das empresas se tornaram maiores e envolveram a separação entre propriedade e controle – o fim do paternalismo, o surgimento da corporação e, por conseguinte, a emergência das novas classes médias. Onde as "empresas", em vez de serem nominalmente privadas, são de fato propriedade do Estado, como tende a acontecer nos Estados mais fracos das zonas periféricas e, sobretudo, das semiperiféricas, as novas classes médias adquirem, em grande parte, a forma de uma burguesia administrativa. À medida que esse processo avança, o papel do proprietário legal torna-se cada vez menos central até, finalmente, só ficarem seus vestígios.

Como deveríamos conceitualizar essas novas classes médias, as burguesias assalariadas? Elas são inequivocamente burguesas se a referência central for o estilo de vida ou o consumo ou (se preferirem) for o fato de serem as receptoras do mais-valor. Elas não são burguesas, muito menos se a referência central for o capital ou os direitos de propriedade. Ou seja, são bem menos capazes que o burguês "clássico" de transformar o lucro em renda, de se aristocratizar. Elas vivem das oportunidades que encontram no presente, não dos privilégios que tenham herdado do passado. Além disso, não podem transformar a renda atual (lucro) em rendimento futuro (renda). O que significa que não podem, um dia, ser o símbolo do passado do qual seus filhos vão viver. Elas não só realmente vivem no presente, como o mesmo deve acontecer com seus filhos e netos. É com isso que a burguesificação está relacionada – o fim da possibilidade de aristocratização (o maior sonho de todo proprietário burguês clássico), o fim da construção de um passado visando ao futuro, uma condenação a viver o presente.

Cabe refletir sobre como isso é muito semelhante ao que tradicionalmente chamamos de proletarização – semelhante, não idêntico. Um proletário, na linguagem corrente, é um trabalhador que não é mais camponês (ou seja, alguém que tem controle de pequena propriedade de terras) nem um artesão (ou seja, alguém que tem controle da máquina usada em pequena produção). Um proletário é alguém que tem apenas sua força de trabalho para oferecer no mercado e não tem os mínimos recursos (ou seja, nenhum passado) aos quais recorrer. Ele vive do que ganha no presente. O burguês que estou descrevendo também não controla mais o capital (portanto, não tem passado) e vive do que ganha no presente. No entanto, existe uma diferença marcante entre eles: o burguês vive muitíssimo melhor. A diferença parece não ter mais nada ou ter muito pouco a ver com o controle dos meios de produção. No entanto, de alguma maneira, esse burguês, produto da burguesificação, obtém o mais-valor criado por aquele proletário, produto da proletarização. Assim, se não se trata do controle dos meios de produção, tem de haver alguma coisa que esse burguês controla e o proletário não.

## "Capital humano"

Observemos agora a recente emergência de outro pseudoconceito, o de capital humano. O capital humano é o que esses burgueses à nova moda têm em abundância, enquanto nosso proletário não. E onde esses burgueses o adquirem? A resposta é bem conhecida: nos sistemas educacionais, cuja principal e autoproclamada função é treinar as pessoas para se tornarem membros das novas classes médias, ou seja, para serem os profissionais liberais, os técnicos, os administradores das empresas privadas e públicas que são as peças para a engrenagem econômica funcional de nosso sistema.

Será que os sistemas educacionais do mundo criam capital humano, ou seja, treinam pessoas para difíceis habilidades específicas que merecem economicamente alguma recompensa maior? Talvez alguém possa argumentar que as áreas superiores de nossos sistemas educacionais fazem algo nessa linha (e, mesmo assim, apenas em parte), mas a maioria dos sistemas educacionais exerce, em alguma medida, a função de socialização, de cuidar de crianças e de filtrar quem emergirá como as novas classes médias. Como filtram? Obviamente, por mérito, de modo que nenhum idiota total jamais obtenha, digamos, o título de doutor (ou, pelo menos, dizem que é raro). Mas, uma vez que muitas (não poucas) pessoas têm mérito (pelo menos, mérito suficiente para integrar as novas classes médias), após todas as considerações, a triagem tem de ser meio arbitrária.

Ninguém gosta de depender de um sorteio. É arriscado. Muitas pessoas vão fazer tudo o que puderem para evitar uma triagem arbitrária. Vão usar sua influência, a que tiverem, para garantir ganhar o sorteio, ou seja, para garantir o acesso ao privilégio. E aquelas dotadas de mais oportunidade no momento têm mais influência. Agora que as novas classes médias não podem mais deixar de herança um passado (ou, no mínimo, estão descobrindo que é cada vez mais difícil fazer isso), a única coisa que podem oferecer aos filhos é o acesso privilegiado às "melhores" instituições educacionais.

Não deveria causar a menor surpresa que uma questão fundamental da luta política esteja associada às regras do jogo educacional, em seu sentido mais amplo. No momento, voltemos ao Estado. Ao mesmo tempo que é verdade que o Estado está cada vez mais impossibilitado de recompensar pelo passado, solidificando privilégios e legitimando renda – ou seja, a propriedade tem se tornado menos importante à medida que o capitalismo avança em sua trajetória histórica –, ele não está de modo algum fora de cena. Em lugar de recompensar pelo passado conferindo honrarias, o Estado pode recompensar pelo presente por meio da meritocracia. Em suma, entre nossas burguesias não proprietárias, profissionais, assalariadas, podemos ter "carreiras abertas ao talento", desde que nos lembremos que, quando houver muito talento nos arredores, alguém deve decidir quem é talentoso e quem não é. E essa decisão, quando tomada entre margens de diferença estreitas, é uma decisão política.

Podemos, assim, resumir nosso panorama. Ao longo do tempo, de fato, houve o desenvolvimento de uma burguesia na estrutura do capitalismo. No entanto, a versão atual tem pouca semelhança não só com o mercador medieval, cuja descrição deu origem ao nome, mas também com o industrial capitalista do século XIX, cuja descrição deu origem ao conceito tal como ele é geralmente definido hoje pelas ciências sociais históricas. Temos sido confundidos pelas características secundárias e deliberadamente divididos pelas ideologias em jogo. No entanto, é verdade que o burguês enquanto receptor do mais-valor é o ator central do drama capitalista. E mais: ele tem sido sempre ator político e econômico. Ou seja, o argumento de que o capitalismo é um tipo singular de sistema histórico, porque só ele manteve autonomia da esfera econômica em relação à esfera política, me parece uma colocação extremamente equivocada da realidade, ainda que muito protetora.

Isso me leva a minha última questão sobre o século XXI. O problema dessa personificação final do privilégio burguês, o sistema meritocrático – o problema, ou seja, do ponto de vista da burguesia –, é que ele é o mínimo (não o máximo) defensável, porque sua base é muito estreita. Os oprimidos podem engolir ser governados pelos bem-nascidos e recompensá-los. Porém, ser governados e recompensarem pessoas cuja única justificativa alegada (e que é duvidosa) é que são mais inteligentes, isso já é demais. A máscara pode cair depressa; a exploração torna-se mais transparente. Os trabalhadores, que não têm nem tsar nem industrial paternalista para acalmar sua ira, estão mais preparados para elaborar uma explicação, estritamente baseada em interesses, de como são explorados e como esses infortúnios acontecem com eles. Era sobre isso que falavam Bagehot e Schumpeter. Bagehot tinha até esperança de que a rainha Vitória fizesse algo para resolver a questão. Schumpeter, que veio mais tarde, de Viena, não de Londres, dava aulas em Harvard e, assim, tinha visto tudo de perto, era bem mais pessimista. Ele sabia que isso não poderia durar muito tempo, uma vez que não era mais possível que os burgueses se tornassem aristocratas.

# 10
# Da luta de classes à luta sem classes?[1]

*Étienne Balibar*

Analisemos, em primeiro lugar, a própria formulação da pergunta feita aos participantes deste colóquio: "*Whither Marxism?*" [Para onde vai o marxismo?]. Ela pressupõe que existe uma dúvida não só quanto à orientação do marxismo, mas quanto a seu destino e sua viabilidade. Em 1913, em um artigo intitulado "Os destinos históricos da doutrina de Karl Marx", Lênin propôs uma periodização da história universal, tendo como ponto central a Comuna de Paris. Desse acontecimento dataria a manifestação visível da "lei" que, no "aparente caos" da história, permite vê-la com clareza e se orientar: a da luta de classes, precisamente como Marx a formulou na mesma época. E, a seu ver, a adequação era tão grande que ele acreditava poder afirmar: "A dialética da história é tamanha que a vitória do marxismo, enquanto teoria, obriga seus próprios inimigos a se disfarçar de marxistas". Em outras palavras, o marxismo tornou-se a "visão de mundo" dominante. Durante várias décadas, as revoluções socialistas simplesmente confirmaram essa certeza de milhões de homens, entre os quais não havia nenhum imbecil ou ambicioso. Paradoxalmente, e se excluirmos um conjunto imponente de funcionários ideológicos dos Estados em que o marxismo é a doutrina oficial (mas aos quais podemos perguntar se eles mesmos acreditam nisso), talvez não encontremos, hoje, esse tipo de afirmação, a não ser nos escritos de alguns teóricos do neoliberalismo, para os quais o menor resquício de política social de um mínimo

---

[1] Contribuição para o Hannah Arendt Memorial Symposium in Political Philosophy [Simpósio de Filosofia Política em Homenagem a Hannah Arendt], New School for Social Research, Nova York, 15-16 abr. 1987.

"Estado do bem-estar social" já constitui uma manifestação do "marxismo". Aos olhos de outros, a impressão que prevalece é mais a do enfraquecimento do marxismo: *The withering away of marxism!* [A decadência do marxismo!]. Mas, seja qual for a convicção, que importância tem essa nova ortodoxia?

Não pretendo resolver a questão de maneira direta, pois o problema está mal colocado. Para nós, me parece que se trata, sobretudo, de reavivar as contradições encobertas por essas sucessivas "asserções de certeza antecipada" (como diria Lacan) e refletir um pouco sobre elas. Na melhor das hipóteses, esperamos, com isso, um deslocamento do debate. Mas é preciso começar por algumas observações de método.

Em primeiro lugar, é questão de lógica elementar que, à pergunta "para onde vai o marxismo?", *o próprio marxismo enquanto teoria não pode dar nenhuma resposta positiva*. Mesmo sob a forma de determinação de uma tendência. Isso levaria a supor que o marxismo tem um conhecimento de seu próprio "sentido". Podemos exigir do marxismo – o que ele de fato não fez – que estude os efeitos, sobre sua própria história doutrinária, de sua "importação" em movimentos sociais e, inversamente, os efeitos de situações históricas em que ele foi empregado como "força material". Podemos apenas acreditar que, assim, ele próprio controlaria os resultados de sua dialética conceitual e os da dialética "real" de seu "futuro mundo". Sobre essas questões, podemos apenas refletir, no sentido filosófico, ou seja, sem regra preexistente[2]. Acontece que nem toda reflexão é adequada a seu objeto, "imanente" ao processo que ela quer esclarecer.

Em segundo lugar, o que podemos de imediato aplicar ao marxismo, enquanto ele *existe* (como teoria, como ideologia, como forma de organização, como disputa de controvérsias...), é uma tese dialética de grande generalidade, mas dificilmente contestável: "Tudo o que existe merece perecer" (citação da obra *Fausto*, de Goethe, aplicada por Engels ao "sistema hegeliano"). E, portanto, o marxismo, sob todas as representações existentes, mais cedo ou mais tarde, inevitavelmente deve perecer. Inclusive enquanto *teoria*. Se o marxismo *vai* a alguma parte, só pode ser à própria destruição. Agora, acrescentemos outra tese (a de Espinosa): "Há mais de uma maneira de perecer". Algumas são pura e simplesmente dissoluções, nada mais. Outras são remanejamentos, substituições ou revoluções: alguma coisa subsiste, mesmo que sob a forma de seu contrário. Retrospectivamente (e

---

[2] Jean-François Lyotard, *Le Différend* (Paris, Minuit, 1983).

só retrospectivamente), saberemos, por sua maneira de perecer, que consistência tinha o marxismo. Se, no entanto, formularmos a hipótese de que o processo de "perecimento" já está em curso, e até mesmo bem avançado – de acordo com mais de um indício –, a conjuntura e a intervenção intelectual recuperam seus direitos: podemos nos arriscar a identificar a ideia central, prático-teórica, da qual depende o resultado do processo, e trabalhar em certa direção.

Uma terceira observação é que o impacto do marxismo, como nos parece desde já, no ciclo de sua elaboração, de sua prática, de sua institucionalização e de sua "crise", apresenta um aspecto surpreendentemente contraditório. Até mesmo duplamente contraditório.

Por um lado, sem que se possa dizer com exatidão em que momento isso ocorreu (talvez quando o objetivo da "ditadura do proletariado" foi abandonado – muito tarde em certo sentido, muito cedo em outro – por alguns partidos comunistas), descobriu-se que as "previsões" e o "programa" revolucionário do marxismo *jamais seriam realizados* como propostos, pela simples razão de que as "condições" em que se baseavam – certa configuração da luta de classes do capitalismo – não existiam mais, o capitalismo tinha "superado" essas condições e, assim, as do próprio marxismo. No entanto, nenhuma análise importante das modalidades dessa superação pode desconhecer que, em parte (e até mesmo em uma parte essencial), ela mesma é resultado indireto da efetividade do marxismo: em particular na medida em que as "reestruturações" do capitalismo do século XX foram reações e contra-ataques aos "desafios" da Revolução Soviética (filha legítima do marxismo, ou considerada como tal) e, sobretudo, de suas repercussões nos movimentos operários, nas lutas de libertação nacional. Portanto, o marxismo é parte interessada na superação de sua própria perspectiva de futuro.

Por outro lado, o marxismo – ou determinado marxismo, mas não temos meio de rejeitar *a priori* essa filiação – se considerou e se proclamou *realizado* nas "revoluções socialistas" e na "construção do socialismo". Quaisquer que sejam suas personificações que conhecemos e que a teoria e a prospectiva da "transição" também conhecem, as sociedades do "socialismo realizado" se apoiaram no marxismo para se conceberem oficialmente como sociedades "sem classes" ou, pelo menos, "sem lutas de classes". Foi, antes de mais nada, sob essa forma normativa que alguma coisa do marxismo entrou, irreversivelmente, em instituições efetivas. Entretanto, se essas sociedades, desde o fim da Segunda Guerra Mundial, não são sociedades sem história, politicamente paralisadas, e estão longe disso, isso ocorreu, em particular, em razão da forma aguda que adquiriram, periodicamente, as lutas de classes do gênero mais clássico (lutas operárias) e até mesmo lutas de classes revolucionárias (China, Polônia) estreitamente ligadas aos combates democráticos conduzidos contra seus Estados-partidos monopolistas. Aqui, por um novo paradoxo, é o marxismo, enquanto problemática dos antagonismos sociais, que parece sempre *adiantado* com relação à própria "finalização".

A consequência disso é a imbricação singular do marxismo com as divisões e as formações sociais de nosso histórico atual: parece que a relação com o marxismo "cliva" sempre o mundo contemporâneo, mas parece também que as lutas de classes, cuja "lei" ou princípio de inteligibilidade são enunciados por ele, jamais estiveram onde deveriam estar...

Portanto, é preciso retomar esse tema central. Para encurtar: está bastante claro que a identidade do marxismo depende inteiramente da definição, do alcance e da validade de sua análise de classes e das lutas de classes. Sem essa análise, não há mais marxismo: nem como teorização específica do social, nem como articulação de uma "estratégia" política para a história. Inversamente, *alguma coisa* do marxismo pode ser considerada inevitável enquanto as lutas de classes continuarem a ser um princípio de inteligibilidade das transformações sociais: se não como única "determinação fundamental" ou "motor" do movimento histórico, pelo menos como antagonismo inconciliável, universal, do qual nenhuma política pode se abstrair. E isso quaisquer que sejam as retificações a serem feitas a essa descrição e a suas "leis" tendenciais.

Mas é precisamente nesse ponto que incide a contestação e que a evidência fatual do marxismo tornou-se confusa. Algumas das noções que ele havia articulado em um bloco aparentemente coerente foram muito banalizadas: por exemplo, a revolução e, sobretudo, a crise. Ao contrário do que ele tinha articulado, a luta de classes, pelo menos em país "capitalista", saiu de cena, fosse porque os que a invocam parecem ter, cada vez menos, meios de agir sobre a complexidade social, fosse porque – uma razão está ligada à outra –, na prática da maioria e nas configurações mais significativas da política, as próprias classes perderam sua identidade *visível*. Desde então, esta acaba se tornando mito. Um mito que teria sido fabricado pela teoria e projetado na história real pela ideologia de organizações (antes de mais nada, os partidos operários) e mais ou menos "interiorizado" por grupos sociais heterogêneos, para os quais ele teria fornecido os meios de serem reconhecidos como portadores de direitos e de reivindicações, em condições, hoje, muito ultrapassadas. No entanto, se as classes só têm uma identidade mítica, como a própria luta de classes não perderia qualquer caráter de realidade?

É verdade que uma constatação como essa pode ser enunciada de diversas maneiras. A mais brutal consiste em fazer uma revisão da história nos dois últimos séculos, de modo a mostrar que a polarização da sociedade em duas (ou três) classes antagônicas *sempre* foi um mito: sua única pertinência diria respeito, então, à história e à psicologia do imaginário político.

Mas é possível também admitir que o esquema do antagonismo de classes *correspondeu*, pelo menos de forma aproximada, à realidade das "sociedades industriais" do fim do século XIX. O que simplesmente não seria mais o caso, ou ocorreria cada vez menos, sob o efeito de uma série de mudanças: de um lado, generalização da condição salarial, intelectualização do trabalho, desenvolvimento das atividades terciárias – e, então, é o "proletariado" que desaparece; de outro, término do processo de dissociação das funções de propriedade e de direção, expansão do controle social (ou seja, pelo Estado) da economia – e, nessas circunstâncias, é a "burguesia" que se dissolve. A partir do momento em que as "classes médias", a "pequena burguesia", a "burocracia", as "novas camadas assalariadas", esses eternos quebra-cabeças teóricos e políticos nos quais o marxismo sempre tropeça, acabam invadindo a maior parte da paisagem e marginalizando as imagens típicas do operário e do patrão capitalista (mesmo que o trabalho explorado e o capital financeiro não desapareçam), as classes e a luta de classes *se tornam* um mito político, e o marxismo, uma mitologia.

Alguns, entretanto, se perguntam se não há um gigantesco embuste quando se proclama, assim, o desaparecimento das classes em um momento (os anos 1970-1980) e num contexto (a crise econômica mundial, comparada pelos economistas à dos anos 1930) em que se observa toda uma série de fenômenos sociais que o marxismo relaciona com a exploração e com a luta de classes: pauperização em massa, desemprego, desindustrialização acelerada dos velhos "bastiões" da produção capitalista, ou seja, a destruição do capital simultânea à explosão da especulação financeira e monetária. Enquanto, ao mesmo tempo, são implementadas políticas estatais que, pela visão com ligeira coloração de marxismo, devem se apresentar como políticas "de classe", cujos imperativos altamente reivindicados não são mais o interesse geral (entendido como interesse coletivo e, até mesmo, como interesse social), e sim a saúde das empresas, a guerra econômica, a rentabilidade do "capital humano", a mobilidade dos homens etc. Com isso, não temos a luta de classes personificada?

Mas o que falta (como enuncia, com razão, Suzanne de Brunhoff)[3] é a articulação entre o social, o político e o teórico. Por isso, a visibilidade dos antagonismos de classes se transforma em opacidade. Sem dúvida, as políticas neoliberais e neoconservadoras tendem a se atolar na ingovernabilidade, na insegurança das relações internacionais, nas contradições de seu próprio populismo (e de seu próprio moralismo), mas obtêm inegáveis *êxitos* negativos no que diz respeito à decomposição e à deslegitimação das formas institucionais do movimento operário, da luta de classes organizada. O fato de serem necessários esforços deliberados e perseverantes para isso tende a sugerir que o mito resiste. Mas esses êxitos ocorrem enquanto, na maior parte dos centros capitalistas, o movimento operário tem por trás décadas de organização, de experiência e de debates teóricos. Ora, muitas lutas tipicamente operárias, as mais duras e mais intensas desses últimos anos (mineradores ingleses, siderúrgicos e ferroviários franceses...) aparecem como lutas setoriais (e até mesmo "corporativistas") e defensivas, últimos combates de uma batalha perdida para salvar a honra, privadas de significado para o futuro coletivo. Ao mesmo tempo, os conflitos sociais, em conjunto, adquirem uma série de outras formas, algumas das quais, apesar ou por causa de sua instabilidade institucional, são aparentemente bem mais significativas. Vão de conflitos de geração e conflitos ligados à ameaça tecnológica contra o meio ambiente a conflitos "étnicos" (ou "religiosos") e a formas endêmicas da guerra e do terrorismo transnacional.

Essa talvez seja a forma mais radical do "desaparecimento das classes": não mais o desaparecimento completo puro e simples das lutas socioeconômicas e dos interesses que elas traduzem, mas sua perda de centralidade política, sua absorção pelo tecido de um conjunto multiforme de conflitos sociais, no qual a onipresença do conflito não é acompanhada de nenhuma hieraquização, de nenhuma divisão visível da sociedade em "dois campos", de nenhuma "última instância" determinante da conjuntura e da evolução, de nenhum outro vetor de transformação a não ser a resultante aleatória de exigências tecnológicas, de paixões ideológicas e de interesses do Estado. Em suma, uma situação mais "hobbesiana" que "marxiana", cujo reflexo se encontra nas orientações recentes da filosofia política.

Refletir sobre essa situação me parece que exige, em primeiro lugar, não tanto uma suspensão do julgamento quanto à validade dos postulados teóricos do "marxismo", mas uma dissociação entre o tempo da análise dos conceitos e das

---

[3] Suzanne de Brunhoff, *État et capital* (Grenoble/Paris, Presses Universitaires de Grenoble/François Maspero, 1976).

formas históricas e o tempo dos programas ou das palavras de ordem. Na realidade, temos boas razões para pensar que sua confusão vem afetando com frequência a percepção que o marxismo tem da universalidade e da objetividade de seus próprios enunciados, conferindo-lhes antecipadamente *status* de verdades práticas. Portanto, dissipar essa confusão não é maneira de se refugiar na teoria "pura", mas, sobretudo, uma condição necessária – se não suficiente – para pensar uma articulação entre a teoria e a prática que resulta da invenção estratégica, não do empirismo especulativo.

Proponho-me, agora, a formular alguns elementos de uma reflexão como essa, submetendo o conceito de luta de classes a uma análise crítica. Em primeiro lugar, vou isolar certas características ambivalentes da concepção de classes exposta por Marx, cujo rastro persiste ao longo de todas as suas análises posteriores. Em segundo lugar, examinarei a possibilidade de incorporar à teoria alguns aspectos da luta de classes que contradizem efetivamente sua simples imagem. Também seria conveniente – o que deveria ser objeto de outra exposição – nos perguntar sobre a maneira como, de um ponto de vista marxista, é possível designar processos e relações sociais que se mostram *irredutíveis* a sua teorização, e até mesmo incompatíveis com ela, e que, por conseguinte, definem seus verdadeiros limites internos (ou, se preferirem, os limites internos da antropologia subjacente ao marxismo): por exemplo, a "mecanização da inteligência", as relações de opressão sexual ou ainda alguns aspectos do nacionalismo e do racismo.

## A "teoria marxista" de classes

Não se trata, aqui, de mais uma vez resumir os conceitos fundamentais do "materialismo histórico", mas de apontar o que, na própria obra de Marx, considerada rigorosamente – como uma experiência teórica mais que como um sistema –, afeta a análise das lutas de classes com uma ambivalência da qual, aliás, é possível pensar que forneceu o "jogo" necessário para seu investimento prático. Passarei de forma muito breve por análises bem conhecidas ou que propus em outros lugares.

Um primeiro fato deve nos deter: a extrema disparidade das imagens da luta de classes que encontramos, por um lado, nas obras "histórico-políticas" de Marx e, por outro, em *O capital*[4].

---

[4] Karl Marx, *Le Capital*, Livre I (trad. fr. da 4. ed. alem., Paris, Éditions Sociales, 1983) [ed. bras.: *O capital: crítica da economia política*, Livro I: *O processo de produção do capital*, trad. Rubens Enderle, São Paulo, Boitempo, 2013].

As primeiras naturalmente submeteram-se, mais que qualquer outro texto, ao efeito das circunstâncias de sua elaboração. Os "quadros" que elas nos apresentam como adaptações do esquema histórico fundamental aos imprevistos da história empírica (reduzida basicamente à história europeia) oscilam todo o tempo entre a retificação *a posteriori* e a antecipação. Algumas vezes, essas adaptações exigem a produção de artifícios conceituais: assim, o famoso tema da "aristocracia operária". Outras vezes, elas levam à emergência de dificuldades lógicas significativas: assim, a ideia, suscitada pelo bonapartismo, segundo a qual a burguesia não conseguiria por si só exercer, enquanto classe, o poder político. Mas acontece também que elas extraem uma dialética do "concreto" muito mais sutil: assim, a ideia de que as crises revolucionárias e contrarrevolucionárias condensam, numa sucessão dramática, fenômenos de decomposição da representação das classes e de polarização da sociedade em campos antagônicos. Na realidade, essas análises jamais põem em questão uma representação da história que se possa chamar estratégica, como a constituição e o enfrentamento de forças coletivas dotadas de uma identidade própria, de uma função social e de interesses políticos exclusivos. É o que o *Manifesto* chama de "guerra civil, latente ou aberta". Por isso elas possibilitam personificar as classes como atores materiais e ideológicos da história. Essa personificação implica, é evidente, uma *simetria* fundamental entre os termos que elas colocam em oposição.

Ora, é justamente o que não está presente nas análises encontradas em *O capital* (e é profundamente incompatível com sua "lógica"). *O capital* expõe um processo que, sem dúvida, depende por completo da luta de classes, mas comporta uma *assimetria* fundamental, de modo que se poderia dizer até que, de seu ponto de vista, as classes antagônicas jamais se "encontram". De fato, burgueses ou capitalistas (voltarei aos problemas que essas duas designações comportam) jamais aparecem ali como *um grupo social*, mas tão só como a "personificação", as "máscaras", os "portadores" do capital e de suas diversas funções. É quando essas funções se opõem que as "frações de classe" capitalistas – empreendedores e financistas, comerciantes – começam a adquirir uma consistência sociológica; ou também quando elas estão diante dos interesses da propriedade fundiária e das classes pré-capitalistas, considerados "externos" ao sistema. Ao contrário, o proletariado aparece de imediato diante do capital monetário como uma realidade concreta, tangível (o "trabalhador coletivo", a "força de trabalho"), no processo de produção e de reprodução. Podemos dizer que, em grande medida, em *O capital* não existem duas, três ou quatro classes, mas de fato *uma única*, a classe operária-proletária, cuja existência é ao mesmo tempo a condição da valorização do capital, o resultado de sua acumulação e o obstáculo contra o qual a automaticidade de seu movimento se choca constantemente.

Como consequência, a assimetria entre duas "classes fundamentais" (a ausência personificada de uma correspondendo à presença da outra, e vice-versa) não só não contradiz a ideia da luta de classes, como parece ser a expressão direta da estrutura subjacente a essa luta ("toda ciência seria inútil se a essência das coisas se confundisse com sua aparência", escreveu Marx), uma vez que esta já está sempre em curso *na* produção e na reprodução das condições de exploração, não simplesmente sobreposta a esta última.

A verdade é que o "marxismo" é a unidade desses dois pontos de vista (ou, como pretendo explicitar, em seguida, a unidade de uma definição e de uma personificação econômica e de uma definição política de classes, em um mesmo drama histórico). Se quisermos esquematizar, trata-se, portanto, da unidade dos pontos de vista diferentes de *O capital* e do *Manifesto Comunista*, que se encontra aparentemente garantida por uma série de relações de expressão e de representação, ligando a questão do trabalho à do poder, e também pela lógica do desenvolvimento das contradições.

Aqui, devemos observar com muita atenção a maneira como Marx – aquele de *O capital* – pensou sobre a origem das contradições nas próprias condições da existência do proletariado: como uma situação histórica "concreta" na qual, em determinado momento, o caráter insuportável de uma *forma* de vida inteiramente comandada pelo trabalho produtivo assalariado estaria ligado aos limites *absolutos* de uma forma econômica que se baseia inteiramente na exploração crescente desse mesmo trabalho.

Façamos um resumo em linhas gerais. A análise de *O capital* articula uma "forma" e um "conteúdo" ou, se preferirem, um momento de universalidade e um de particularidade. A forma (universal) é *o automovimento do capital*, o processo indefinido de suas metamorfoses e de sua acumulação. O conteúdo particular são os momentos encadeados da transformação do "material humano" em força de trabalho assalariada (vendida e comprada como mercadoria), de sua utilização em um processo de produção de mais-valor, de sua reprodução na escala de toda a sociedade. Considerado em sua dimensão histórica (ou como tendência que se impõe na história de todas as sociedades à medida que se submeterem à "lógica" capitalista), podemos dizer que esse encadeamento é a *proletarização* dos trabalhadores.

Mas, enquanto o automovimento do capital extrai aparentemente de sua própria continuidade (apesar das crises) uma unidade imediata, a proletarização só pode ser pensada como conceito único se pelo menos três tipos de fenômenos sociais aparentemente distintos (três "histórias", se preferirem) forem articulados:

• O momento inicial da *exploração* propriamente dita, em sua forma mercantil, enquanto extorsão e apropriação de mais-valor pelo capital: diferença quantitativa entre o *trabalho necessário*, equivalente à reprodução da força de trabalho em condições históricas dadas, e o sobretrabalho conversível em meios de produção de acordo com o desenvolvimento tecnológico. Para que essa diferença e essa apropriação produtiva ocorram, é preciso haver *ao mesmo tempo* uma forma jurídica estável (o contrato salarial) e uma relação de forças permanente (na qual interferem as exigências técnicas, as coalizões operárias e patronais e as intervenções reguladoras do Estado que impõem a "norma salarial").

• O momento subsequente, para o qual reservarei o nome de *dominação*: trata-se da relação social que se estabelece *na própria produção*, que penetra até pelos "poros" nos mais ínfimos tempos de trabalho do operário, em primeiro lugar, mediante a simples subsunção formal do trabalho ao comando do capital e, em seguida, por meio da divisão do trabalho, da parcelização, da mecanização, da intensificação, levando à subsunção real do trabalho às exigências da valorização. É aqui que convém, especialmente, atribuir um papel decisivo à divisão do trabalho manual e intelectual, ou seja, à expropriação do saber operário e a sua incorporação a dispositivos científicos para voltá-lo contra a autonomia do trabalhador. E é aqui que convém estudar, correlacionando-os, o desenvolvimento das "forças intelectuais" da produção (tecnologia, programação, planificação) e os efeitos que, de volta, a forma capitalista exerce *sobre a própria força de trabalho*, que deve ser condicionada e periodicamente reformada (por família, escola, fábrica, medicina social) no que se refere a seus hábitos físicos, morais, intelectuais: não sem resistências, é evidente.

• O momento, enfim, da *insegurança* e da *concorrência* entre os trabalhadores, que se manifesta pelo caráter cíclico, atrativo-repulsivo, diz Marx, do emprego e do desemprego ("risco especificamente proletário" sob suas diferentes formas, segundo a expressão de Suzanne de Brunhoff)[5]. Marx mostra nessa concorrência uma necessidade da relação social capitalista, que pode encontrar resistência por meio

---

[5] Suzanne de Brunhoff, *L'Heure du marché* (Paris, Presses Universitaires de France, 1986).

da organização dos operários em sindicatos e pelo interesse do próprio capital em estabilizar parte da classe operária, embora jamais possa ser completamente suprimida e acabe sempre se impondo outra vez (em especial nas crises e nas estratégias capitalistas de resolução das crises). Ele a relaciona diretamente com as diferentes formas do "exército industrial de reserva" e da "superpopulação relativa" (englobando a colonização, o emprego concorrencial dos homens, das mulheres e das crianças, a imigração etc.), ou seja, com as "leis de população" que, ao longo da história do capitalismo, perpetuam a violência inicial da proletarização.

Temos aí *três aspectos* da proletarização que são também três etapas da reprodução do proletariado. Assim como sugeri em um artigo[6] publicado em 1985, eles contêm uma dialética implícita da "massa" e da "classe": transformação contínua de massas (ou de populações) historicamente heterogêneas (*com marcas* de particularidades diversas) em *uma* classe operária ou em sucessivas configurações *da* classe operária e desenvolvimento correlacionado das formas de "massificação" próprias da situação de classe ("trabalho de massa", "cultura de massa", "movimentos de massa").

O que caracteriza o raciocínio de Marx é a unificação desses três momentos em um único tipo ideal, ao mesmo tempo logicamente coerente e empiricamente detectável, com variações circunstanciais próximas (*"de te fabula narratur"* [esta história fala de ti], disse ele aos operários alemães). Essa unificação aparece, assim, como contrapartida da unidade do movimento do capital, ela representa sua *outra face*. Portanto, é uma condição necessária para poder pensar *in concreto* a "lógica do capital" como expansão universal da forma valor. Apenas quando a força de trabalho é integralmente mercadoria a forma mercadoria reina em toda a produção e em toda a circulação social. Mas apenas quando os diferentes aspectos da proletarização são unificados em um único processo (pelo efeito, nos diz Marx, do mesmo "molinete" que a própria produção material) a força de trabalho se torna integralmente mercadoria.

No entanto, isso desemboca de imediato em dificuldades históricas, que só podem ser eliminadas por postulados empírico-especulativos contestáveis. Por exemplo, o que defende que, com algumas visíveis exceções, a tendência da divisão do trabalho na produção é a desqualificação e a homogenização dos trabalhadores, de modo a generalizar o "trabalho simples", indiferenciado e intercambiável, que faz com que, de alguma maneira, exista no real o trabalho "abstrato", substância do valor. E isso

---

[6] Étienne Balibar, "L'Idée d'une politique de classe chez Marx", em Bernard Chavance (org.), *Marx en perspective* (Paris, Éditions de l'École des Hautes Études en Sciences Sociales, 1985).

desemboca em um profundo equívoco concernente ao próprio sentido das "leis históricas" do capitalismo (e das contradições desse modo de produção). Veremos que tal equívoco está no próprio cerne da representação marxista da classe.

Mas continuemos ainda, por um instante, atentos à descrição da proletarização proposta por Marx. Em poucas palavras, gostaria de levar em conta a ambivalência dessa descrição no que diz respeito às categorias clássicas de *econômico* e de *político*. Essa ambivalência não existe só para nós, mas também para o próprio Marx. De fato, constantemente são possíveis duas leituras das análises de *O capital*, de acordo com a prioridade que se atribui ao que denominei sua "forma" ou ao que chamei de "conteúdo". Teremos, assim, uma "teoria econômica de classes" e uma "teoria política de classes", com base no *mesmo* texto.

Do primeiro ponto de vista, todos os momentos da proletarização (e os momentos desses momentos, que vão de maneira detalhada até a história social dos séculos XVIII e XIX, sobretudo a inglesa) são predeterminados no ciclo do valor, da valorização e da acumulação do capital, o qual não constitui apenas uma *exigência* social, mas a *essência* oculta das práticas atribuídas à classe operária. Sem dúvida, essa essência é, pelo que nos diz Marx, um "fetiche", uma projeção de relações sociais históricas no espaço ilusório da objetividade e, em última análise, uma forma alienada da verdadeira essência, que seria a realidade "última": o trabalho humano. Mas o recurso a esse fundamento, bem longe de impedir uma leitura do ponto de vista econômico do processo de desenvolvimento das "formas", ao contrário o impõe como um horizonte intransponível. Na realidade, a correlação entre as categorias trabalho, em geral, e mercadoria (ou valor) é o princípio da própria economia clássica. Consequentemente, o caráter político conflituoso onipresente na descrição dos métodos de extração do valor e das resistências que eles suscitam (desde as greves e as revoltas contra a mecanização ou a urbanização forçada até a legislação do trabalho e a política social do Estado, passando pela organização operária) não tem valor por si mesmo, apenas como expressão das contradições da lógica econômica (ou da lógica do trabalho alienado na forma "econômica").

Mas essa leitura é reversível, basta substituirmos a primazia da forma pela primazia do conteúdo, cuja forma é apenas o resultado "tendencial", delimitado pelas contingências. Em vez de a luta de classes ser a *expressão* das formas econômicas, ela se torna a *causa* – necessariamente variável, submetida ao acaso das conjunturas e das relações de forças – de sua relativa coerência. Para isso, basta que o mesmo termo "trabalho" se refira não a uma essência antropológica, mas a um conjunto de práticas sociais e materiais, cuja unidade vem simplesmente de sua reunião em um espaço institucional (a produção, a empresa, a fábrica) e em uma época da história das sociedades ocidentais (a da dissolução das corporações de ofícios com a Revolução Industrial, a urbanização etc.).

Então, o que aparece com toda a clareza – no próprio sentido exato das análises de Marx – não é um encadeamento predeterminado de formas, e sim *um jogo de estratégias antagônicas*: estratégias de exploração e de dominação, estratégias de resistência, constantemente recuadas e relançadas por seus próprios efeitos (sobretudo seus efeitos institucionais: por isso, a importância crucial do estudo da legislação sobre o tempo de trabalho – primeira manifestação do "Estado de bem-estar social" – que tem como ponto central historicamente a passagem da subsunção formal à subsunção real, do mais-valor absoluto ao mais-valor relativo ou, ainda, da exploração extensiva à exploração intensiva). A luta de classes aparece, então, como o *pano de fundo político* (algo "versátil", como diria Negri[7], tão pouco "estável" quanto o próprio trabalho) sobre o qual se destacam diversas imagens da economia, que, em si mesmas, não têm a menor autonomia.

Acontece que, como eu disse antes, em última análise essas duas leituras são reversíveis, do mesmo modo que a forma e o conteúdo em geral. E isso traduz bem a ambiguidade da obra de Marx: ela é "crítica da economia política", ao pôr em evidência antagonismos da produção, pela onipresença das relações de forças e da política (enquanto a ideologia liberal, resignando-se, ou seja, relegando o conflito ao Estado e ao "poder", acreditava ter encontrado o reino do cálculo racional e do interesse geral garantido por certa "mão invisível"); e, *ao mesmo tempo*, ela é demonstração e denúncia dos *limites da política*, como esfera pura do direito, da soberania e do contrato (limites mais *internos* que externos, pois é de seu interior que as forças políticas se revelam como forças econômicas, expressando interesses "materiais").

Sendo reversíveis, essas duas leituras são instáveis. Elas se traduzem, em diversos lugares, na própria obra de Marx, por pontos de fuga da análise (particularmente, a pseudodefinição economicista das classes sociais relacionada à distribuição de renda, inspirada em Ricardo, com a qual finaliza o manuscrito de *O capital*; mas também as perspectivas catastróficas do desmoronamento do capitalismo uma vez atingidos seus "limites históricos absolutos"). Em suma, a oscilação entre o economicismo e o politicismo afeta todo o tempo a noção das contradições do

---

[7] Antonio Negri, *La Classe ouvrière contre l'État* (Paris, Galilée, 1978).

modo de produção capitalista. Ou elas vão designar a maneira como, após certo estágio, os efeitos econômicos das relações de produção capitalistas só podem *se inverter tornando o seu contrário* (de "condições de desenvolvimentos" para a produtividade do trabalho eles se tornariam seus "entraves": consequentemente, crise e revolução). Ou então elas vão designar o fato permanente, presente desde a origem, de que a força de trabalho humana permanece *irredutível ao estado de mercadoria* e mantém sua resistência cada vez mais forte e organizada, até a subversão do sistema (o que é propriamente a luta de classes). É impressionante que se possa entender, dessas duas maneiras, o famoso enunciado de Marx sobre a "expropriação dos expropriadores" como "negação da negação".

Mas essa oscilação não pode ser mantida como tal. Para que a teoria seja inteligível e aplicável, é preciso fixá-la em um ponto. Essa é a função que cumpre, particularmente na obra de Marx – e mais ainda nas de seus sucessores –, a ideia da dialética, enquanto ideia geral da imanência da política na economia e da historicidade da economia. É sobretudo o ponto em que se insere, como unidade de contrários, repleta de sentido para a teoria *e* para a prática, a ideia do proletariado revolucionário, que representa a adequação, "enfim encontrada", da objetividade econômica e da subjetividade política. As premissas dessa ideia são, de fato, apresentadas pelo próprio Marx (trata-se do que chamei de seu empirismo especulativo). Poderíamos dizer ainda que se trata da identidade ideal da *classe operária* como classe "econômica" e do *proletariado* como "sujeito político". Poderíamos nos perguntar se, na representação estratégica das lutas de classes, essa identidade não vale para todas as classes, mas é preciso reconhecer que somente a classe operária a possui por si própria, o que permite pensá-la como "classe universal" (enquanto as outras classes continuam sempre como aproximação: ver, de novo, a ideia sintomática segundo a qual "a burguesia não pode dominar em pessoa", enquanto o proletariado pode – e deve necessariamente – ser revolucionário em pessoa).

Evidentemente, observaremos com tranquilidade as lacunas e os obstáculos que afetam essa unidade de princípio e que retardam, no tempo, o momento da identidade: "atraso da consciência", "divisões" profissionais ou nacionais da classe operária, "migalhas imperialistas" etc. No limite, poderíamos pensar – como Rosa Luxemburgo – que a identidade de classe do proletariado apenas existe, de fato, no próprio *ato* revolucionário. Mas essas precisões simplesmente confirmam o princípio de uma identidade que já está contida como possibilidade na correspondência entre a unidade objetiva da classe operária, produzida pelo desenvolvimento capitalista, e sua unidade subjetiva, inscrita no mínimo por direito na negatividade radical de sua situação, ou seja, na incompatibilidade de seus interesses e de sua própria existência com esse desenvolvimento do qual ela é produto. Ou ainda, entre a *individualidade* objetiva da classe operária, da qual participam todos os indivíduos que "pertencem" a ela em razão do lugar que ocupam na divisão social do trabalho, e o *projeto autônomo* de transformação da sociedade, o único que permite teorizar e organizar a defesa de seus interesses imediatos e o fim da exploração (ou seja, a "sociedade sem classes", o socialismo ou o comunismo).

Assim, parece que existe uma pressuposição recíproca entre o modo como o marxismo concebe o caráter historicamente determinante das lutas de classes e o modo como ele concebe a dupla identidade subjetiva e objetiva das próprias classes (antes de mais nada, a do proletariado). O mesmo ocorre entre o modo como ele concebe o sentido das transformações históricas e aquele como ele concebe a continuidade da existência, a identidade contínua das classes que aparecem no palco histórico como os atores de seu drama.

As premissas desse círculo, eu disse há pouco, são dadas pelo próprio Marx. Na ideia da subjetividade revolucionária como simples tomada de consciência da negatividade radical que implica a situação de exploração. E na ideia de que essa situação traduz, mesmo que em graus e etapas, um processo de proletarização unificado, que corresponde do início ao fim a uma única lógica. Não é de espantar que, nessas condições, a ideia estrutural de um *antagonismo inconciliável* tenha sempre se projetado na ficção histórica de uma *simplificação das relações de classes*, no fim da qual as disputas vitais da aventura humana (exploração ou libertação) deveriam aparecer "aos olhos de todos" em escala "mundial".

Contudo, para que esse círculo se desfaça – e os elementos da análise teórica e os da ideologia milenarista amalgamados na unidade contraditória do marxismo comecem a se dissociar –, basta que as lacunas empíricas observáveis entre os diferentes aspectos da proletarização apareçam como lacunas estruturais, não transitórias, mas envolvidas nas condições concretas do "capitalismo histórico"[8]. A função social da burguesia – que, ao contrário da ilusão de Engels e de Kautsky[9], não pode ser pensada como uma "classe supérflua" – não se reduz à de "portadora" das

---

[8] Immanuel Wallerstein, *Le Capitalisme historique* (Paris, La Découverte, 1985 [1983]) [ed. bras.: *Capitalismo histórico e a civilização capitalista*, trad. Renato Aguiar, Rio de Janeiro, Contraponto, 2001].

[9] Friedrich Engels e Karl Kautsky, "Notwendige und überflüssige Gesellschaftsklassen", MEW, v. 19, Berlim, 1881, p. 287 e seg.

funções econômicas do capital. Ou ainda: "burguesia" e "classe capitalista" não são, mesmo no que concerne à fração dominante, nomes intercambiáveis para um único e mesmo personagem. Enfim, e esta não é a menor dificuldade, a ideologia revolucionária (ou contrarrevolucionária), historicamente, não é outro nome de uma consciência de si unívoca e universal, mas produto ativo de circunstâncias, de formas culturais e de instituições particulares.

Todas essas retificações e essas distorções se revelaram na experiência histórica e na obra de historiadores ou de sociólogos e culminaram numa verdadeira desconstrução da teoria marxista inicial. Será que elas ocasionaram uma anulação pura e simples de seus princípios de análise? Racionalmente, podemos nos perguntar se, em vez disso, elas não abrem a possibilidade de um remanejamento dessa teoria na qual, uma vez criticados de maneira radical os pressupostos ideológicos que levam a imaginar o desenvolvimento do capitalismo como uma "simplificação dos antagonismos de classes" (contendo, "em si", a necessidade da sociedade sem classes), os conceitos de classe e de luta de classes designariam, ao contrário, um *processo de transformação sem fim preestabelecido*; em outras palavras, corresponderiam, acima de tudo, a uma incessante transformação da identidade das classes sociais. É com toda a seriedade que o marxista poderia, então, corrigir por sua própria conta, e devolver ao remetente, a ideia de uma dissolução das classes, entendidas como personagens investidas de uma identidade e uma continuidade míticas. Em suma, formular a hipótese ao mesmo tempo histórica e estrutural de uma "luta de classes sem classes".

## Marx além de Marx

Retomemos, por um instante, a oscilação do marxismo entre uma interpretação "econômica" e uma interpretação "política" da luta de classes. Ambas são reduções da complexidade histórica. Suas imagens são, hoje, bem conhecidas, tendo cada uma permitido, pelo menos em parte, exibir a verdade da outra.

A tradição comunista (de Lênin a Gramsci, Mao, Althusser etc.) desmascarou, no evolucionismo economicista do marxismo "ortodoxo", uma falta de conhecimento do papel do Estado na reprodução das relações de exploração, ligada à integração das organizações representativas da classe operária ao sistema de aparelhos de Estado (ou, para retomar a expressão de Gramsci, a sua subordinação à hegemonia burguesa). Além disso, mediante sua análise do imperialismo, ela relacionou essa integração com os fracionamentos dos explorados resultante da divisão internacional do trabalho. Mas essa crítica desembocou, por meio da prática voluntarista da "tomada de poder" e da "primazia da política", na reconstituição de aparelhos de Estado *menos* democráticos que os dos países onde o movimento operário social-democrata se desenvolveu, nos quais se viu o monopólio de um partido que substituiu a própria classe aderir ao produtivismo e ao nacionalismo.

Não deduzo esses fenômenos de nenhuma lógica preexistente (ao contrário das teorias do "totalitarismo"), mas gostaria de extrair alguns ensinamentos por meio de sua comparação com as dificuldades da doutrina de Marx. Usando a bela expressão de Negri para meus próprios objetivos, tentarei demonstrar como essa comparação pode nos permitir formular os conceitos de Marx "além de Marx"[10].

A ambiguidade das representações da economia e da política na obra de Marx não deve nos impedir de ver a ruptura que ele efetua. Em certo sentido, ela é mesmo apenas sua contrapartida. Ao descobrir que a esfera das relações de trabalho não é "privada", mas diretamente constitutiva das formas políticas na sociedade moderna, Marx não efetuou apenas uma ruptura decisiva com a representação liberal do espaço político como esfera do direito, da força e da opinião "públicos". Ele antecipou uma transformação social do Estado que se mostrou irreversível. Simultaneamente, ao mostrar que é impossível suprimir em termos políticos – por vias autoritárias ou contratuais – o antagonismo da produção ou conseguir, no capitalismo, um equilíbrio estável dos interesses, uma "partilha do poder" entre as forças sociais, Marx reduziu a nada a pretensão, por parte do Estado, de constituir uma comunidade de indivíduos absolutamente "livres e iguais". Em especial, a do Estado nacional. Observemos sobre essa questão que todo "Estado social" nos séculos XIX e XX (inclusive o Estado *socialista*) não só é um Estado nacional, como também um Estado *nacionalista*.

Nesse sentido, Marx dá uma base histórica para a ideia enigmática segundo a qual o que *liga* os grupos sociais e os indivíduos não é um bem comum superior ou uma ordem jurídica, e sim um conflito em perpétuo desenvolvimento. Por isso, mesmo e sobretudo enquanto conceitos "econômicos", a luta de classes e as próprias classes sempre foram conceitos eminentemente *políticos*, mas expressam, como possibilidade, um remanejamento do conceito da política oficial. Essa ruptura e esse remanejamento são mascarados e, cada vez mais, anulados tanto pelo economicismo e pelo evolucionismo "ortodoxos" quanto pelo estatismo revolucionário, no qual a noção de luta de classes acaba se tornando uma proteção estereotipada para

---

[10] Antonio Negri, *Marx au-delà de Marx* (Paris, L'Harmattan, 2000 [1979]) [ed. bras.: *Marx além de Marx: ciência da crise e da subversão*, trad. Bruno Cava, São Paulo, Autonomia Literária, 2016].

técnicas de organização e ditaduras de Estado. É o que nos obriga a, cada vez mais, analisar de forma detalhada a relação mantida historicamente entre as identidades de classe, os fenômenos de organização e as transformações do Estado.

Para começar, afirmarei que o que se mostrou nos séculos XIX e XX uma "identidade proletária", relativamente autônoma, deve ser compreendido como um *efeito ideológico* objetivo. Um efeito ideológico não é um "mito" ou, pelo menos, não se reduz a um (*a fortiori* isso não quer dizer que a "verdade do mito" seja o individualismo: o próprio individualismo é, por excelência, um efeito ideológico organicamente ligado à economia mercantil e ao Estado moderno). Do mesmo modo que não é possível reduzir a mito a presença, no cenário político, de uma força que se identifica e se faz reconhecer como "classe operária", quaisquer que sejam as intermitências de sua intervenção, de sua unificação e de suas divisões. Sem essa presença, a persistência da questão social e seu papel nas transformações do Estado continuam ininteligíveis.

O que, ao contrário, os trabalhos dos historiadores nos obrigam a registrar é que esse efeito ideológico não tem nada de espontâneo, de automático, de invariável. Ele provém de uma dialética permanente das práticas operárias e das formas de organização, na qual não só as "condições de vida", as "condições de trabalho", as "conjunturas econômicas" exercem um papel, mas também as formas que a política nacional adquire no âmbito do Estado (por exemplo, a questão do sufrágio universal, a da unidade nacional, as guerras, a questão da laicidade escolar e religiosa etc.). Em suma, uma dialética constantemente sobredeterminada, na qual uma classe relativamente individualizada só se forma pelas relações estabelecidas com todas as outras, no âmbito de uma rede de instituições.

Essa mudança de ponto de vista equivale a admitir que, de acordo com o que é historicamente observável na superfície das coisas, não existe "classe operária" com base apenas em uma situação sociológica, mais ou menos homogênea, mas apenas onde existe um movimento operário. E, além disso, que só há movimento operário onde existem organizações operárias (partidos, sindicatos, centrais sindicais, cooperativas).

É aqui que as coisas se tornam difíceis e interessantes. Não vamos, de fato, por meio de um reducionismo às avessas, aquele que precisamente subentende a representação idealizada da "classe governada", identificar aos poucos o movimento operário com as organizações operárias nem a unidade – mesmo relativa – da classe com o movimento operário. Entre essas três expressões, há e sempre houve uma lacuna, geradora de contradições que fazem parte da história real, social e política, da luta de classes. Assim, não só as organizações operárias (sobretudo os partidos políticos de classe) jamais "representaram" a totalidade do movimento operário, como elas tiveram de entrar, periodicamente, em contradição com ele, por dois motivos: primeiro, porque sua representatividade se baseava na idealização de algumas frações do "trabalhador coletivo" que se encontravam em posição central em determinada etapa da Revolução Industrial e, segundo, porque ela correspondia a uma forma de compromisso político com o Estado. De modo que chegou um momento em que o movimento operário teve de se reconstituir *contra* as práticas e as formas de organização existentes. Isso explica por que as cisões, os conflitos ideológicos (reformismo e ruptura revolucionária), os dilemas clássicos e sempre renascentes do "espontaneísmo" e da "disciplina" não são acidentais, mas representam a própria substância dessa relação.

Da mesma maneira, o movimento operário jamais expressou ou incorporou a totalidade das práticas de classe (o que se pode chamar de formas da sociabilidade operária) ligadas às condições de vida e de trabalho, tais como elas se desenvolvem no espaço operário da fábrica, da família, do hábitat, das solidariedades étnicas etc. Não devido a um atraso da consciência, mas em razão da diversidade irredutível de interesses, de formas de vida e de discurso que caracterizam os indivíduos proletarizados, qualquer que seja a violência da coerção exercida sobre eles pela exploração (sem falar da própria diversidade das formas de exploração). Em compensação, foram precisamente essas práticas de classe – hábitos profissionais, estratégias coletivas de resistência, signos culturais – que sempre lhes conferiram a capacidade de unificação no movimento (greves, reivindicações, revoltas) e nas organizações.

E mais. Não só existe uma defasagem permanente entre as práticas, os movimentos, as organizações que constituem a "classe" em sua continuidade histórica relativa, como existe uma impureza essencial de cada um desses termos. Nenhuma organização de classe (de forma específica, nenhum partido de massa), mesmo que tenha desenvolvido uma ideologia *obreirista*, jamais foi uma organização *puramente operária*. Ao contrário, ela sempre foi constituída pelo encontro, pela fusão mais ou menos conflituosa de algumas frações operárias de "vanguarda" com grupos de intelectuais, reunidos fora dela ou, em parte, dentro, como os "intelectuais orgânicos". Da mesma maneira, nenhum movimento social significativo, mesmo que tenha adquirido um caráter proletário acentuado, jamais se baseou em reivindicações e objetivos puramente anticapitalistas, mas sempre na combinação de objetivos anticapitalistas e objetivos democráticos, ou nacionais, ou pacifistas ou culturais no sentido amplo da palavra. Do mesmo modo, as solidariedades básicas ligadas às práticas de classes, à resistência e à utopia social sempre foram, em função do ambiente e do momento histórico, ao mesmo tempo, solidariedades profissionais e solidariedades de geração, de sexo, de nacionalidade, de vizinhança urbana e agrária, de combate militar etc. (as formas do movimento operário na Europa, após 1914, seriam ininteligíveis sem a experiência dos "ex-combatentes").

Nesse sentido, o que a história nos mostra é que as relações sociais não se estabelecem *entre* classes fechadas em si, mas *atravessam* as classes – inclusive a classe operária – ou, se preferirem, que *a luta de classes se desenvolve nas próprias classes*. E também que o Estado, por suas instituições, suas funções de mediação e de administração, seus ideais e seus discursos, está sempre presente já na constituição das classes.

Isso vale, antes de mais nada, para a "burguesia" – e foi nesse ponto que, muito particularmente, o marxismo clássico tropeçou. Sua concepção de aparelho de Estado como um organismo ou uma "máquina" externa à "sociedade civil" – entendido ora como instrumento neutro a serviço da classe dominante, ora como burocracia parasitária –, concepção herdada da ideologia liberal e simplesmente voltada contra a ideia do interesse geral, o impediu de pensar sobre o papel constitutivo do Estado.

Podemos, me parece, sustentar que toda "burguesia" é, em grande medida, uma *burguesia de Estado*. Ou seja, que a classe burguesa não se apodera do poder de Estado após ser constituída como classe economicamente dominante, mas, ao contrário, torna-se economicamente (e social, culturalmente) dominante à medida que desenvolve, utiliza e controla o aparelho de Estado, transformando-se e diversificando-se para poder fazê-lo (ou se associando a grupos sociais que garantem o funcionamento do Estado: militares, intelectuais). Esse é um dos sentidos possíveis da ideia gramsciana de hegemonia, levada a seu extremo. Não há, então, no sentido estrito da expressão, "*classe capitalista*", mas *capitalistas* de diferentes espécies (industriais, comerciantes, financistas, rentistas etc.) que, para constituir uma classe, têm de se unir tendencialmente com *outros* grupos sociais que, ao que parece, não participam da "relação social fundamental": intelectuais, funcionários públicos, executivos, proprietários fundiários etc. Boa parte da história política moderna reflete as vicissitudes dessa "união". O que não significa dizer que a burguesia se constitua independentemente da existência do capital, ou de empreendedores capitalistas, e sim que a unidade dos próprios capitalistas, a conciliação de seus conflitos de interesses, a realização das funções "sociais" que eles devem garantir para dispor de mão de obra explorável seriam impossíveis sem a constante mediação do Estado (e, portanto, se eles não fossem capazes – e nem sempre o são – de se transformar em "gestores" do Estado e de se associar a burgueses não capitalistas em torno da gestão e da utilização do Estado).

No limite, uma burguesia histórica é aquela que, periodicamente, inventa novas formas de Estado, à custa de sua própria transformação (que pode ser violenta). Assim, as contradições do lucro financeiro e da função empresarial só puderam ser reguladas por meio do Estado "keynesiano". E ele forneceu as "formas estruturais"[11], permitindo que a hegemonia burguesa exercida sobre a reprodução da força de trabalho passasse do paternalismo do século XIX para as políticas sociais do século XX. Desta maneira, explicamos melhor as enormes desigualdades de renda, de gênero de vida, de poder e de prestígio que existem no âmbito da classe burguesa, ou ainda a cisão da propriedade financeira e da gestão econômica e técnica (o que se denominou "tecnoestrutura"), ou também por que as flutuações da propriedade privada e da pública conduzem às vezes a contradições secundárias no âmbito da classe dominante, mas raramente a ponto de colocar em risco sua própria constituição, se em todo caso a esfera política assumir de maneira efetiva suas funções de regulação.

Mas o que vale para a burguesia vale também para a classe explorada, ainda que de outra maneira e mais paradoxalmente no que diz respeito à ortodoxia marxista. Ela também está "*no Estado*", a não ser que se prefira considerar que o Estado está "nela". Os três aspectos da proletarização analisados por Marx podem sempre ser considerados tendencialmente presentes na formação capitalista, mas, desde os primórdios da época moderna (da "acumulação inicial"), eles não puderam ser articulados entre si sem mediação estatal. Não só no sentido de uma garantia externa da ordem social exercida pelo "Estado censor" ou pelo "aparelho repressivo", mas no sentido de uma mediação conflitual interna. De fato, essa mediação é requerida em cada um dos momentos da proletarização (fixação das normas salariais e do direito do trabalho, políticas de exportação e importação de mão de obra, portanto, políticas de territorialização e de mobilização da

---

[11] Michel Aglietta, *Régulation et crises du capitalisme. L'expérience des États-Unis* (Paris, Calmann--Lévy, 1976).

classe operária) e é requerida, sobretudo, para articular em determinado momento suas respectivas evoluções (gestão do mercado de trabalho, do desemprego, da seguridade social, da saúde, da escolarização e da formação profissional, sem as quais não haveria "mercadoria força de trabalho", constantemente reproduzida e fornecida no mercado). *Sem o Estado, a força de trabalho não seria mercadoria.* E, ao mesmo tempo, a *irredutibilidade* da força de trabalho ao *status* de mercadoria – manifesta pela revolta, pela crise ou pela conjunção de ambas – obriga o Estado a sempre se transformar.

Com o desenvolvimento do Estado de bem-estar social, essas intervenções presentes desde a origem adquirem uma forma mais orgânica, burocratizada, integrada a planificações nas quais se tenta articular, no mínimo em escala nacional, os fluxos de população, os fluxos financeiros e os fluxos de mercadorias. Mas, na mesma ocasião, o Estado de bem-estar social e o sistema de relações sociais que ele implica tornaram-se uma área de disputa e um terreno para as lutas de classes e para os efeitos econômicos e políticos combinados "de crise". Isso ocorre porque a estatização das relações de produção (o que Henri Lefebvre[12] chegou a designar como "modo de produção estatal") se combina com outras transformações da relação salarial: a generalização formal do regime assalariado para a imensa maioria das funções sociais, a dependência cada vez mais direta da orientação profissional com relação à formação escolar (e, consequentemente, o fato de a instituição escolar não ser mais apenas *reprodutora* das desigualdades de classes, e sim *produtora* dessas desigualdades), a tendência da transformação do salário direto (individual, proporcional ao "trabalho" e à "qualificação") em salário indireto (coletivo ou, sobretudo, coletivamente determinado, proporcional à "necessidade" e ao "*status*"), enfim, a parcelização e a mecanização das tarefas "improdutivas" (serviços, comércio, pesquisa científica, formação permanente, comunicações etc.) que permitem transformá-las, por sua vez, em processo de valorização do investimento estatal ou do capital privado, no âmbito de uma economia generalizada. Todas essas transformações marcam a morte do liberalismo – ou, sobretudo, sua segunda morte e sua transformação em mito político –, uma vez que a estatização e a mercantilização se tornaram rigorosamente indissociáveis.

Essa descrição, que poderia ser mais precisa, comporta, no entanto, um problema evidente: um "esquecimento" nada negligenciável que, persistindo, falsearia

---

[12] Henri Lefebvre, *De l'État*, v. 3: *Le mode de production étatique* (Paris, Union Générale d'Éditions, 1977) (coleção 10/18).

qualquer análise e *a fortiori* qualquer tentativa de extrair dela consequências políticas. Implicitamente, eu me situei (como o próprio Marx faz quase sempre, cabe dizer, quando fala de "formação social") nos limites de um cenário nacional, admiti que o campo das lutas de classes e da constituição das classes era um espaço nacional. Para ser mais preciso, neutralizei o fato de as relações sociais capitalistas se desenvolverem simultaneamente no âmbito nacional (o do Estado-nação) e no âmbito mundial.

Como corrigir essa lacuna? Não bastaria falar, aqui, das relações de produção ou de comunicação "internacionais". Precisamos de um conceito que expresse melhor o caráter *originariamente transnacional* dos processos econômico-políticos dos quais dependem as configurações da luta de classes. Retomarei, aqui, o conceito de Braudel[13] e de Wallerstein[14] de "economia-mundo" capitalista – sem, no entanto, fazer julgamento prematuro sobre uma determinação unilateral das formações nacionais pela estrutura da economia-mundo ou inversamente. E, para me limitar ao essencial, acrescentarei simplesmente a partir daí duas correções no quadro precedente: elas me permitirão assinalar contradições constitutivas do antagonismo de classe que o marxismo clássico praticamente negligenciou (mesmo quando ele se colocou o problema do imperialismo).

A partir do momento em que se vê no capitalismo uma "economia-mundo", a questão que se coloca é saber se existe algo como uma *burguesia mundial*. Ora, temos aí uma primeira contradição: não só no sentido de que a burguesia, em escala mundial, seria sempre dividida por conflitos de interesses, coincidindo mais ou menos com pertencimentos nacionais – afinal, há *também* conflitos permanentes de interesse no âmbito da burguesia nacional –, mas em certo sentido muito mais forte.

Desde as origens do capitalismo moderno, o espaço da acumulação do valor sempre foi um espaço mundial. Braudel mostrou que a economia do lucro monetário pressupõe uma circulação de dinheiro e de mercadorias entre nações, ou melhor, entre civilizações e modos de produção diferentes, não só em suas fases de "pré-história" e de "acumulação primitiva" (como Marx havia exposto antes), mas durante todo o seu desenvolvimento. Aos poucos densificada, produzida por grupos sociais específicos, ela determina, por sua vez, a especialização dos centros de

---

[13] Fernand Braudel, *Civilisation matérielle. Économie et capitalisme, XV$^e$-XVIII$^e$ siècles*, 3 v. (Paris, Armand Colin, 1979) [ed. bras.: *Civilização material. Economia e capitalismo*, trad. Telma Costa, São Paulo, Martins Fontes, 1998].

[14] Immanuel Wallerstein, *The Capitalist World-Economy. Essays* (Cambridge/Paris, Cambridge University Press/Édition de la Maison des Sciences de l'Homme, 1979).

produção, correspondendo a "produtos" e "necessidades" cada vez mais numerosos. Wallerstein[15] começou a fazer a história detalhada do modo como essa circulação absorve de maneira progressiva todos os ramos da produção, seja nas relações *assalariadas* dos países centrais, seja nas relações *capitalistas, mas não assalariadas* da periferia. Esse processo implica uma dominação violenta de economias não mercantis por economias mercantis, dos países periféricos pelos centrais. E foi nesse cenário que os Estados-nações se tornaram individualidades estáveis, nas quais os mais antigos deles impedem a emergência de novos centros político-econômicos. Neste sentido, é possível dizer que, de fato, o imperialismo é contemporâneo do próprio capitalismo, ainda que somente após a Revolução Industrial *toda* a produção tenha se organizado para o mercado mundial.

Observamos, então, uma inversão tendencial na função social dos capitalistas. No início, eles constituíam um grupo "transnacional" (o que os capitalistas financeiros, ou os intermediários entre nações dominantes e dominadas, sempre serão). Podemos sugerir que os que se impunham na escala mundial são também os que tiveram êxito, no longo prazo, em reunir em torno de si outros grupos "burgueses" para controlar o poder do Estado e desenvolver o nacionalismo (a não ser que a ordem estivesse invertida, com o Estado favorecendo o processo de constituição de uma burguesia capitalista para poder cumprir sua função na arena das lutas políticas mundiais). As funções sociais internas da burguesia e sua participação na concorrência externa eram complementares entre si. Mas, no fim (provisório), assistimos ao agravamento de uma contradição presente desde o início. As grandes empresas tornaram-se multinacionais, os processos industriais fundamentais eclodiram no mundo inteiro, as migrações da mão de obra se intensificaram; em outras palavras, não é mais apenas o capital circulante que se mundializa, mas o próprio capital produtivo. De forma correlacionada, a circulação financeira e a reprodução monetária se efetuam de maneira imediata em escala mundial (rapidamente em "tempo real" e até mesmo em tempo "antecipado", por meio da informatização e da interconexão das Bolsas de Valores e dos principais bancos).

*Ora, não pode haver Estado mundial nem moeda internacional única.* A internacionalização do capital não leva a nenhuma "hegemonia" social e política unificada: no máximo, leva à tentativa tradicional por algumas burguesias nacionais de garantir para si uma superioridade mundial, subordinando capitalistas, Estados,

---

[15] Immanuel Wallerstein, *Le Système du monde du XV$^e$ siècle à nos jours* (Paris, Flammarion, 1980 [1975]).

políticas econômicas e redes de comunicação às próprias estratégias, integrando sempre mais as funções econômicas e militares do Estado (o que se chamou de emergência das "superpotências" e que tentei descrever, em artigo[16] publicado em 1982 em resposta a Edward Palmer Thompson, como desenvolvimento de um superimperialismo). Essas estratégias continuam a ser apenas nacionais, inclusive quando passam por tentativas contraditórias para *recriar* em maior escala algumas das características do Estado-nação (um exemplo praticamente único é o da Europa). Elas não se confundem com uma característica da época atual, mas apenas esboçada, que é a da emergência de *formas políticas* que escapam mais ou menos completamente do monopólio do Estado-nação.

As funções sociais (ou "hegemônicas") da burguesia estão ligadas, pelo menos em sua forma atual, a instituições nacionais ou quase nacionais. Os equivalentes modernos das velhas estruturas do paternalismo (por exemplo, a atividade das organizações humanitárias internacionais públicas ou privadas) cumprem uma parte muito pequena das tarefas de regulação dos conflitos sociais que o Estado de bem-estar social assumia. O mesmo acontece no que diz respeito à planificação dos fluxos monetários e demográficos, que, apesar da multiplicação das instituições "supranacionais", não pode ser organizada e aplicada em escala mundial. Portanto, parece que, pelo menos tendencialmente, a internacionalização do capital não leva a um patamar superior de integração, mas, de fato, à *decomposição* relativa das burguesias. As classes capitalistas dos países subdesenvolvidos e dos "novos países industrializados" não podem mais se organizar em burguesias "sociais", "hegemônicas" sob a proteção de um mercado interno ou de um Estado colonialista e protecionista. As classes capitalistas dos "velhos países industrializados" – mesmo as mais poderosas – não podem regular os conflitos sociais em escala mundial. Quanto às burguesias de Estado dos países socialistas, são obrigadas, pela integração progressiva de suas economias no mercado mundial e pela dinâmica do superimperialismo, a se "modernizar", ou seja, a se transformar em classes capitalistas propriamente ditas: mas por isso mesmo sua hegemonia (repressiva ou ideológica – na prática, ela é uma combinação de ambas, de acordo com o grau de legitimidade que lhe tiver conferido o evento revolucionário) e sua unidade são colocadas em risco.

Aqui, deve entrar uma segunda correção. A internalização do capital coexiste desde o início com uma pluralidade irredutível de *estratégias de exploração* e de

---

[16] Étienne Balibar, "Longue marche pour la paix", em Edward Palmer Thompson et al., *L'Exterminisme. Armement nucléaire et pacifisme* (Paris, Presses Universitaires de France, 1982).

dominação. As formas de hegemonia dependem diretamente delas. Para falar como Sartre, digamos que toda burguesia histórica é "feita" pelas estratégias de exploração que ela desenvolve, tanto quanto e mais do que ela as "faz". Na realidade, toda estratégia de exploração representa a articulação de uma política econômica ligada a certa combinação produtiva de técnicas, de financiamentos, de exigência do trabalho excedente e de uma política social de gestão e de controle institucional da população. Mas o desenvolvimento do capitalismo não apaga a diversidade original dos modos de exploração: ao contrário, ele a aumenta, acrescentando a ela, de alguma maneira, durante todo o tempo, novas estruturas tecnológicas e empreendimentos "de novo tipo". Como sugeri em outro trabalho, de acordo com outros autores[17], o que caracteriza o processo de produção capitalista não é a simples exploração, mas a tendência permanente à superexploração, sem a qual não há como impedir a baixa tendencial da taxa de lucro (ou os "rendimentos decrescentes" de determinada combinação produtiva, ou seja, os custos crescentes da exploração). A superexploração, porém, não é em todo lugar igualmente compatível com a organização racional da própria exploração: por exemplo, se ela implica a manutenção de um nível de vida e de qualificação muito baixo de um grande número de trabalhadores ou a ausência de legislação social e de direitos democráticos que, em outros lugares, se tornaram condições orgânicas da reprodução e do uso da força de trabalho (isso quando não se trata, como no caso do *apartheid*, da pura e simples negação da cidadania).

Por isso a diferenciação (variável) do centro e da periferia da economia-mundo corresponde também a uma distribuição geográfica e político-cultural das estratégias de exploração. Ao contrário das ilusões do desenvolvimento, de acordo com as quais as desigualdades representariam apenas um atraso que desapareceria aos poucos, a valorização do capital na economia-mundo implica que quase *todas as formas de exploração históricas sejam simultaneamente utilizadas*: das mais "arcaicas" (como o trabalho não remunerado de crianças nas manufaturas de tapetes marroquinos ou turcos) às mais "modernas" (como a recomposição das tarefas nas indústrias de ponta informatizadas), das mais violentas (como a peonagem nas propriedades fundiárias açucareiras do Brasil) às mais civilizadas (como o contrato coletivo, a participação nos lucros, o sindicalismo de Estado etc.). Essas formas consideravelmente *incompatíveis entre si* (em termos culturais, políticos e técnicos) devem continuar separadas. Ou melhor, deveriam na medida do possível continuar assim, de modo a

---

[17] Robert Linhart, *Le Sucre et la faim* (Paris, Minuit, 1980); L'Aerot, *Revue Travail*, org. Robert Linhart, Paris.

evitar a formação de "sociedades duais", nas quais blocos sociais *não contemporâneos* uns dos outros se enfrentam de maneira explosiva. Alterando um pouco o sentido que Wallerstein confere ao termo "semiperiferia", poderíamos sugerir aqui que ele corresponde precisamente ao encontro conjuntural, em um mesmo espaço estatal, de formas não contemporâneas de exploração. Uma conjuntura como essa pode durar muito tempo (séculos), mas é sempre instável (talvez, por isso, a semiperiferia seja o lugar eleito para o que chamamos tradicionalmente de política).

Mas será que essa situação não está prestes a se generalizar – inclusive nos "velhos" Estados-nações que se tornaram Estados nacional-sociais – sob o efeito das migrações da força de trabalho, das transferências de capitais, das políticas de exportação do desemprego? Ora, as sociedades duais têm também os proletariados "duais", o que significa que elas não têm o proletariado no sentido clássico. Concordemos ou não com as análises daqueles, como Claude Meillassoux[18], para quem o *apartheid* sul-africano representa o paradigma da situação de todos os outros, precisamos admitir que a multiplicidade das estratégias e dos modos de exploração coincide, pelo menos tendencialmente, com uma grande divisão mundial entre *dois modos de reprodução* da força de trabalho. Um deles está integrado ao modo de produção capitalista, passa pelo consumo em massa, pela escolarização generalizada, pelas diversas formas do salário indireto, pelo seguro-desemprego, mesmo que ele seja insuficiente e precário (de fato, todas essas características dependem das relações de forças, institucionais, mas não imutáveis). O outro deixa toda a reprodução ou parte dela (particularmente a "reprodução geracional") a cargo dos modos de produção pré-capitalistas (ou melhor, modos de produção *não assalariados*, dominados e desestruturados pelo capitalismo); está ligado diretamente aos fenômenos da "superpopulação absoluta", da exploração *destrutiva* da força de trabalho e da discriminação racial.

Em grande medida, esses dois modos estão presentes, hoje, *nas mesmas formações nacionais*. A linha de demarcação não foi fixada de uma vez por todas. Por um lado, a "nova pobreza" se propaga; por outro, emerge a reivindicação de "igualdade de direitos". Acontece que a tendência é que um desses dois proletariados se reproduza por meio da exploração do outro (o que não impede que ele próprio seja dominado). Bem longe de levar a uma recomposição da classe operária, a fase de crise econômica (ainda seria conveniente nos perguntarmos *para quem* exatamente existe crise e em que sentido) leva a uma separação ainda mais radical

---

[18] Claude Meillassoux, *Femmes, greniers et capitaux* (Paris, François Maspero, 1975).

dos diferentes aspectos da proletarização por meio de barreiras geográficas, mas também étnicas, geracionais, sexuais. Assim, ainda que a economia-mundo seja o verdadeiro campo de forças da luta de classes, não existe (salvo "como ideia") *proletariado mundial*, muito menos burguesia mundial.

Tentemos juntar os fios da meada e concluir provisoriamente. O quadro que acabo de delinear é mais complexo que o sustentado contra todos os ventos e as marés pelos marxistas durante um longo período. Na medida em que o programa de simplificação era inerente à concepção marxista da história (à teleologia dessa concepção), podemos admitir que um quadro como esse não é marxista, que ele até mesmo invalida o marxismo. No entanto, vimos também que esse programa representava apenas um aspecto das coisas, ainda que onipresente na obra de Marx (que jamais renunciou a ele). Aos que se lembram dos debates ferrenhos dos anos 1960 e 1970 entre marxismo "historicista" e marxismo "estruturalista", gostaria de sugerir, aqui, que a alternativa determinante não é a que opõe estrutura e história, mas a que opõe a teleologia, subjetivista ou objetivista, à história estrutural. Essa é a razão por que, a fim de obter uma abordagem mais efetiva da história, tentei pôr em prática pelo menos alguns dos conceitos estruturais do marxismo original e expor suas consequências.

Neste quadro, uma questão fundamental do marxismo clássico foi retificada. *Não existe separação fixa* das classes sociais nem mesmo enquanto tendência: é preciso desenraizar o pensamento sobre o antagonismo da metáfora militar e religiosa dos "dois campos" (portanto, também da alternativa: "guerra civil" ou "consenso"). A luta de classes adquire excepcionalmente a forma de uma guerra civil, seja no nível das representações, seja no plano material, em especial quando sobredeterminada pelo conflito religioso ou étnico ou quando se associa com a guerra entre Estados. Mas ela adquire também outras formas, cuja multiplicidade não pode ser circunscrita *a priori* e que não são menos essenciais que ela – por uma boa razão, a de que não existe, se me acompanharam, uma única "essência" da luta de classes (por esse motivo, entre outros, não me satisfaço com a distinção gramsciana entre a guerra de movimento e a guerra de posição, sempre considerada na mesma metáfora). Admitamos, de uma vez por todas, que as classes não são superindividualidades sociais nem a título de objetos, nem a título de sujeitos. Em outras palavras, elas não são castas. De maneira estrutural, historicamente, as classes se sobrepõem, elas se imbricam pelo menos de modo parcial. Da mesma maneira que existem necessariamente proletários emburguesados, há também burgueses proletarizados. Essa sobreposição jamais ocorre sem divisões materiais. Em outras palavras, as "identidades de classe", relativamente homogêneas, não são resultado de uma predestinação, mas efeito de uma conjuntura.

No entanto, remeter a individualização das classes à conjuntura e, portanto, às contingências da política não tem nada a ver com uma supressão *do antagonismo*. Ao nos distanciarmos da metáfora dos "dois campos" (estreitamente ligada, é evidente, à ideia de que o Estado e a sociedade civil formariam esferas separadas; em outras palavras, aos vestígios do liberalismo no pensamento de Marx, apesar do curto-circuito revolucionário que ele efetua entre a economia e a política), não nos aproximamos, por isso, da metáfora de um contínuo social, de uma simples "estratificação" ou de uma "mobilidade generalizada". A fragmentação da proletarização entre processos em parte independentes, em parte contraditórios, não acaba com a proletarização. Não há a menor possibilidade de os cidadãos das sociedades modernas se encontrarem em situação de igualdade diante do caráter penoso das tarefas, da autonomia e da dependência, da segurança da vida e da dignidade da morte, do consumo e da formação educacional (portanto, da informação). Mais que nunca, essas diferentes dimensões "sociais" da cidadania estão acopladas à desigualdade coletiva no campo do poder e da decisão, seja questão da administração, do aparelho econômico, das relações internacionais, da paz e da guerra. Todas essas desigualdades estão ligadas, de maneira direta, à expansão da forma valor, no processo "inacabado" da acumulação. Assim como estão ligadas à reprodução da alienação política, à maneira como as próprias formas da luta de classes podem ser transformadas em impotência das massas, no âmbito de uma regulação, pelo Estado, dos conflitos sociais.

É o que poderíamos chamar de *double bind* [dilema] em que a produção de mercadorias por mercadorias (incluindo mercadorias "imateriais") e a socialização estatal contêm em si as práticas individuais ou as coletivas: a resistência à exploração permite aumentá-la, a reivindicação de segurança e autonomia alimenta a dominação e a insegurança coletiva (no entanto, em período de "crise"). Todavia, com a condição de não esquecermos que esse ciclo não permanece imóvel: ao contrário, ele se desloca sem cessar sob o efeito de movimentos imprevistos, irredutíveis à lógica da economia generalizada, que subvertem a ordem nacional e internacional, produzidos por ele mesmo. Portanto, não se trata de determinismo. Ele não exclui os enfrentamentos de massas nem as revoluções, qualquer que seja sua forma política.

Em suma, o "desaparecimento das classes", sua perda de identidade ou de substância é ao mesmo tempo uma realidade e uma ilusão. É uma realidade porque o universalismo efetivo do antagonismo leva à dissolução do mito de uma classe universal, destruindo as formas institucionais locais sob as quais, durante mais ou menos um século, o movimento operário, por um lado, e o Estado burguês, por outro, haviam relativamente unificado burguesias e proletariados nacionais. No entanto, é uma ilusão porque a identidade "substancial" das classes sempre foi apenas uma repercussão de sua prática enquanto atores sociais e, desse ponto de vista, não há nada de novo: ao perdermos essas "classes", de fato, não perdemos *nada*. A "crise" atual é uma crise das formas de representação e de determinadas práticas da luta de classes: como tal, pode ter efeitos históricos consideráveis. Mas ela não significa um desaparecimento do próprio antagonismo – ou, se preferirem, um fim de uma série de formas antagônicas da luta de classes.

O benefício teórico dessa crise é que talvez ela nos permita, enfim, dissociar a questão da transição para uma sociedade sem exploração – ou da *ruptura* com o capitalismo – da que se refere aos *limites* do modo de produção capitalista. Se tais "limites" existirem – o que é duvidoso, uma vez que, como vimos, a dialética das formas de integração social dos trabalhadores e de sua proletarização, das inovações tecnológicas e da intensificação do trabalho excedente é incessante –, eles não têm nada a ver diretamente com a ruptura revolucionária, que só pode vir da oportunidade política propiciada pela desestabilização da própria relação de classes, ou seja, do complexo econômico-estatal. Mais uma vez, a questão é saber *para quem* e *do que* existe "crise".

As revoluções do passado sempre dependeram estreitamente *ao mesmo tempo* das desigualdades sociais, da reivindicação dos direitos civis e das vicissitudes históricas do Estado-nação. Elas se desencadearam pela contradição entre a pretensão, por parte do Estado moderno, de constituir uma "comunidade" e a realidade das diferentes formas de exclusão. Um dos aspectos mais profundos, mais subversivos da crítica marxiana da economia e da política consiste, como vimos, justamente no fato de que ela não baseia as sociedades humanas no interesse geral, mas na regulação dos antagonismos. É verdade, como lembrei, que a antropologia de Marx fez do *trabalho* a "essência" do homem e das relações sociais, a prática fundamental que *por si só* determina o antagonismo. Sem essa análise, a ideologia liberal que identifica a liberdade com a propriedade privada não teria sido radicalmente colocada em questão. Será que, hoje, podemos nos desvencilhar dela, sem por isso imaginarmos que o trabalho e a divisão do trabalho desaparecem, quando, muito ao contrário, eles se estendem e se diversificam o tempo todo de modo a avançar sobre novas atividades (inclusive aquelas que, tradicionalmente, não dizem respeito à "produção", e sim ao "consumo")? O certo é que, sem se confundir com elas, a divisão do trabalho coincide necessariamente com outras divisões cujos efeitos só podem ser isolados de maneira abstrata. Os conflitos "étnicos" (mais exatamente, os efeitos do racismo) são também universais. Assim como o são, pelo menos em algumas civilizações, os antagonismos baseados na divisão sexual (ela própria encontrada em qualquer organização, em qualquer instituição de um grupo social – inclusive da classe operária, se considerarmos sobre essa questão as análises de Françoise Duroux)[19]. A luta de classes pode e deve ser pensada como *uma* estrutura determinante que abrange *todas* as práticas sociais, sem ser por isso a *única*. Ou melhor: precisamente *na medida em que* abrange todas as práticas é que ela interfere necessariamente na universalidade de outras estruturas. Universalidade não é sinônimo de unicidade, do mesmo modo que sobredeterminação não é sinônimo de indeterminação.

Talvez estejamos aqui nos desviando cada vez mais do que chamamos de marxismo. No entanto, ao formular assim a tese da universalidade do antagonismo, salientamos o que, da problemática marxista, é mais indispensável que nunca. Parece-me que nada o mostra melhor que o modo como a articulação do problema das classes e do nacionalismo ressurge hoje. Em suas formas liberais democráticas, assim como em suas formas populistas-autoritárias, o nacionalismo se mostrou perfeitamente compatível tanto com o individualismo quanto com a planificação do Estado, ou melhor, com diversas combinações de ambos. Ele foi a chave da unificação de modos de vida e de ideologias específicas em uma única ideologia dominante, capaz de durar e de se impor aos grupos "dominados", de neutralizar politicamente os efeitos da ruptura das "leis" econômicas. Sem ele a burguesia não poderia ter se constituído na economia nem no Estado. É possível, então, com a terminologia da análise sistêmica, dizer que o Estado nacional e nacionalista tornou-se o principal "redutor da complexidade" da história moderna. Por isso a tendência do nacionalismo é se constituir como visão do mundo "total" (e sua presença, mesmo negada, em todos os lugares onde essas visões de mundo estão oficializadas). Mas sugeri, antes, que era pouco provável que os nacionalismos supranacionais esboçados em diversos lugares (referentes à "Europa", ao "Ocidente", à "comunidade socialista", ao "Terceiro Mundo" etc.) chegassem à mesma totalização. No sentido inverso, é preciso constatar que a ideologia socialista sobre classes e luta de classes que se desenvolveu num confronto permanente com o nacionalismo acabou calcada nele, por um efeito de mimetismo histórico. Ela tornou-se,

---

[19] Françoise Duroux, *La Famille des ouvriers: mythe ou politique?* (tese de doutorado, Paris, Université Paris-VII, 1982).

então, por sua vez, um "redutor de complexidade", simplesmente substituindo o critério de classe (e até mesmo o critério de *origem* de classe) pelo critério de Estado (com seus pressupostos étnicos) na síntese de múltiplas práticas sociais (esperando unificá-las na perspectiva de um "Estado de classe"). Esta é a incerteza da situação atual: para que a crise do nacionalismo não desemboque no excesso do nacionalismo e de sua reprodução ampliada, é preciso que a instância da luta de classes se manifeste no campo da representação do social, mas como seu *outro* irredutível. Portanto, é preciso que a ideologia de classe ou de sua luta, qualquer que seja o nome com o qual ela se apresente, reconstitua sua autonomia, ao mesmo tempo desvencilhando-se do mimetismo. "Para onde vai o marxismo?": para lugar nenhum, a menos que enfrente esse paradoxo com todas as suas implicações.

# Parte IV
# Deslocamentos do conflito social?

# 11
# Conflito social na África negra pós-independência: reconsideração dos conceitos de raça e de grupo de *status*

*Immanuel Wallerstein*

### A confusão teórica

Todos "sabem" que existe algo chamado "tensões raciais" na África do Sul, nos Estados Unidos e na Grã-Bretanha. Algumas pessoas pensam que o mesmo vale para a América Latina, o Caribe e vários países do sul e do sudeste da Ásia. Mas será que existe "tensão racial" nos Estados independentes da África negra? Ao mesmo tempo, todos "sabem" que existe "tribalismo" na África negra. O "tribalismo" é um fenômeno exclusivo da África? Ou ele é conhecido também nos Estados capitalistas industrializados?

O problema advém de algumas dificuldades conceituais. As categorias que se referem a estratos sociais ou agrupamentos sociais em uso científico cotidiano são muitas, sobrepostas e obscuras. É possível encontrar termos como classe, casta, nacionalidade, cidadania, grupo étnico, tribo, religião, partido, geração, estamento e raça. Não existem definições padronizadas – muito pelo contrário. Alguns autores tentam relacionar os termos uns com os outros.

Uma famosa tentativa foi a de Max Weber, que fez uma distinção entre três categorias básicas: classe, grupo de *status* [*Stand*] e partido[1]. Um problema na categorização de Weber é não ser logicamente rigorosa, mas em grande medida construída a partir de exemplos. E ele tira esses exemplos, sobretudo, da Europa do século XIX,

---

[1] Ver Max Weber, *Economy and Society* (Nova York, Bedminster, 1968), p. 302-7, 385-98 e 926-40 [ed. bras.: *Economia e sociedade*, 2 v., trad. Régis Barbosa e Karen Elsabe Barbosa, Brasília, Editora UnB, 2009].

da Idade Média europeia e da Antiguidade clássica. Tudo bem para Weber, mas para os que lidam com a realidade empírica do mundo não europeu do século XX pode ser difícil considerar essas distinções adequadas. Weber define classe, mais ou menos conforme a tradição marxista, como um grupo de pessoas que se relacionam com o sistema econômico de forma semelhante. Ele define partido como um conjunto de pessoas associadas em um grupo unido para influenciar a distribuição e o exercício do poder. No entanto, grupo de *status* é, em grande medida, uma categoria residual. Parece, sem dúvida, ser um bom critério. Grupos de *status* são grupos primordiais[2] nos quais as pessoas nascem, são famílias fictícias presumivelmente ligadas por lealdades que não se baseiam em associações voltadas para um objetivo deliberado, grupos incrustados com privilégios tradicionais ou, na falta deles, grupos que compartilham honra, prestígio e, acima de tudo, estilo de vida (não raro incluindo uma ocupação comum), mas que não necessariamente compartilham um nível de renda comum ou são membros de uma classe[3].

Será que a nação, a nação em relação à qual temos sentimentos "nacionalistas", não corresponde de maneira bem próxima a essa definição? Parece que sim. Todavia, quando se usa o conceito de grupo de *status*, não é em uma afiliação nacional que se costuma pensar em primeiro lugar. O conceito de Weber foi inspirado sobretudo nos estamentos medievais, categoria de aplicabilidade relativamente limitada para a África contemporânea. Boa parte da literatura da África moderna fala, de preferência, de uma "tribo" e/ou um "grupo étnico". A maioria dos escritores considera "grupo étnico" como o referente empírico mais significativo de grupo de

---

[2] Para usar o termo acrescentado por Shils, cf. Edward Albert Shils, "Primordial, Personal, Sacred and Civil Ties: Some Observations on the Relationships of Sociological Research and Theory", *The British Journal of Sociology*, New Jersey/Londres, Wiley/The London School of Economics and Political Science, v. 8, n. 2, jun. 1957, p. 130-45. Para Shils, atributos primordiais são atributos "relacionais significativos" mais que os de relações que têm apenas "função de interação". Sua importância (p. 142) é "indescritível". Cf. Clifford Geertz, "The Integrative Revolution, Primordial Sentiments and Civil Politics in the New States", em Clifford Geertz (org.), *Old Societies and New States* (Glencoe, Free Press, 1963).

[3] A definição de Max Weber, *Economy and Society*, cit., p. 932, enfatiza a honra: "Em comparação com classes, *Stände* (grupos de *status*) são normalmente grupos. No entanto, com frequência, eles são de um tipo amorfo. Em comparação com a 'situação de classe' determinada apenas economicamente, desejamos designar como situação de *status* todo componente típico da vida do homem que é determinado por um julgamento social específico, positivo e negativo, de *honra*. [...] Tanto as pessoas que têm propriedades quanto as que não têm podem pertencer ao mesmo grupo de *status* e, com frequência, com consequências muito tangíveis. [...] Quanto a seu significado, a honra de *status* normalmente é expressa pelo fato de que, acima de tudo, é esperado um estilo de vida específico de todos aqueles que desejam pertencer ao círculo".

*status*, e não há a menor dúvida de que ele se encaixa no espírito do conceito de Weber. O termo *raça* é usado com frequência, embora sua relação com o grupo de *status* não esteja muito clara para a maioria dos autores. *Raça* é usado em estudos da África fundamentalmente com referência aos conflitos entre pessoas brancas de descendência europeia e pessoas negras nativas do continente (uma terceira categoria em certas áreas é constituída por pessoas originárias do subcontinente indiano ou que descendem de imigrantes de lá). Mas raramente o termo é usado para distinguir, entre a população negra nativa, tipos diferentes de pessoas.

Será então que *raça* e *grupo étnico* são dois fenômenos diferentes ou são duas variações do mesmo tema? Dada a confusão terminológica[4], é melhor descrever a realidade empírica primeiro e ver o que pode acontecer teoricamente que apresentar de antemão um quadro teórico para, a partir dele, explicar a realidade empírica.

## Os dados empíricos: quantos tipos de grupos de *status* foram encontrados?

A África pré-colonial continha muitas sociedades complexas e hierárquicas. Ninguém chegou a avaliar, em vez de apenas sociedades segmentadas, qual era a porcentagem das terras africanas ou da população que esses grupos de *status* ocupavam, mas certamente eram, no mínimo, dois terços. Alguns desses Estados tinham "estamentos", ou seja, categorias de pessoas com *status* hereditário: nobres, plebeus, artesãos, escravos etc. Outros tinham "grupos étnicos" – categorias de pessoas com diferentes designações que indicavam ancestralidade supostamente diversa. Em geral, eram resultado de situações criadas pela conquista[5]. Além

---

[4] A literatura francesa sobre o assunto confunde mais ainda, uma vez que a palavra *race* é usada por muitos franceses onde escritores ingleses usariam "tribo".

[5] Jean Suret-Canale argumenta que os dois fenômenos derivam de situações provocadas pelas conquistas, mas que, por alguma razão inexplicada, a assimilação ocorre mais rapidamente em algumas áreas do que em outras: "Enquanto os antagonismos de classes permaneciam quase inexistentes nas tribos, [...] nenhuma superestrutura estatal emergia [...]. Onde os antagonismos de classes se desenvolviam com a expansão da escravidão e a criação de uma aristocracia tribal, vários tipos de Estados [...] emergiram [...]. Quando a criação desses Estados envolvia a dominação e a incorporação de outros grupos tribais, e a criação no âmbito do Estado de uma nova unidade cultural e linguística, em alguma medida os vestígios da organização tribal desapareciam [...], por exemplo, em Zululand. [...] Podia acontecer que a divisão em classes tivesse a aparência de um conflito tribal: foi o caso nas monarquias da zona dos lagos da África Oriental (Ruanda, Burundi etc.), onde os conquistadores, os tutsis pastorais, constituíram a aristocracia, dominando os camponeses nativos, os hutus". Cf. Jean Suret-Canale, "Tribus, classes, nations", *La Nouvelle Revue Internationale*, n. 130, jun. 1969, p. 112.

disso, muitos Estados tinham uma categoria conhecida como de "não cidadãos" ou "estrangeiros"[6]. Por fim, mesmo nas sociedades não hierárquicas, em geral havia uma divisão das pessoas de acordo com algum princípio de classificação que criava um grupo de descendência fictícia, muitas vezes chamado pelos antropólogos de "clã", ou de acordo com a geração, de "grupo por idade"[7].

O estabelecimento de normas coloniais não mudou, de imediato, nenhuma dessas categorizações. Contudo, impôs pelo menos uma nova: a da nacionalidade colonial, que era dupla ou até tripla (por exemplo, nigeriana, africana ocidental inglesa, imperial britânica).

Além disso, em muitos casos, as categorias religiosas assumiam uma nova importância sob as normas coloniais. Os cristãos emergiram como um subgrupo significativo, tanto dentro da "tribo"[8] quanto dentro do "território"[9]. Embora o islamismo tenha precedido as normas coloniais europeias em quase todos os lugares, é provável que, em muitas áreas, os muçulmanos tenham se tornado uma categoria mais autoconsciente, que contrabalançava com os cristãos. É o que parece indicar a repentina expansão do islamismo em algumas áreas[10]. E, em todos os lugares, surgiram novos "grupos étnicos"[11]. Em última análise, *raça* era uma categoria básica do mundo colonial, que explicava direitos políticos, distribuição ocupacional e renda[12].

O crescimento dos movimentos nacionalistas e a chegada da independência criaram mais categorias ainda. A identificação territorial, ou seja, o nacionalismo, tornou-se importante, espalhando-se em diversas áreas. Ao lado dela, surgiu uma

---

[6] Ver Elliot Percival Skinner, "Strangers in West African Societies", *Africa*, v. XXXIII, n. 4, out. 1963, p. 307-20.

[7] Ver a excelente discussão da organização social dessas sociedades não hierárquicas em Robin Horton, "Stateless Societies in the History of West Africa", em Jacob Festus Adeniyi Ajayi e Michael Crowder (orgs.), *A History of West Africa*, v. I (Londres, Longman, 1971).

[8] Ver Kofi Abrefa Busia, *The Position of the Chief in the Modern Political System of Ashanti* (Oxford, Oxford University Press, 1951). Busia descreve, com alguns detalhes, as causas e consequências de uma divisão cristãos/não cristãos entre os ashanti.

[9] Uganda é um caso muito significativo; lá, as políticas em alguma medida se cristalizaram em uma tricotomia religiosa: protestantes, católicos e muçulmanos.

[10] Ver Thomas Hodgkin, "Islam and National Movements in West Africa", *Journal of African History*, v. III, n. 2, 1962, p. 323-27; ver também Jean-Claude Froelich, *Les Musulmans d'Afrique noire* (Paris, l'Orante, 1962), cap. 3.

[11] É o que demonstro em Immanuel Wallerstein, "Ethnicity and National Integration in West Africa", *Cahiers d'études africaines*, n. 3, out. 1960, p. 129-39.

[12] Esta questão é discutida em todos os trabalhos de George Balandier e de Frantz Fanon.

nova dedicação à identificação étnica, frequentemente chamada de tribalismo. Como disse Elizabeth Colson:

> É provável que muitos jovens tenham dedicado sua lealdade explícita a tradições étnicas ao mesmo tempo que se comprometeram com a independência africana [...] na África, o homem escolarizado, o intelectual, era quem estava mais ávido por promover sua própria língua e cultura e quem se via vulnerável a qualquer vantagem dada à língua e à cultura de qualquer outro grupo do país.[13]

Os dilemas econômicos das classes escolarizadas na era pós-independência exacerbaram essa tendência ao "tribalismo"[14]. Finalmente, o nacionalismo envolveu também o pan-africanismo. Ou seja, tornou uma categoria de "africanos" equivalente a seu oposto, à dos "europeus". No início, essa dicotomia parecia correlacionada com a cor da pele. No entanto, em 1958, a África como conceito começou a incluir, para muitos, a África do Norte (árabe), mas ainda não incluía os povoadores brancos do Norte, do Leste e da África Meridional[15].

A independência também impôs outra variável significativa: uma definição jurídica em alguma medida rígida dos membros de primeira classe que pertenceriam a uma comunidade honrável maior, a da cidadania. As fronteiras esboçadas por esse conceito eram diferentes não só das existentes na África pré-colonial, mas também daquelas da era colonial. Por exemplo, durante a era colonial, um nigeriano poderia votar em uma eleição na Costa do Ouro, se transferisse sua residência, uma vez que os dois territórios eram parte da África Ocidental britânica e o indivíduo era um cidadão britânico. No entanto, após a independência, embora as unidades administrativas federais da era colonial em muitos casos tenham sobrevivido como unidades de aspiração nacional, o fato de ser membro delas não mais conferia direitos de participação igual em cada subunidade, que passara a ser um Estado-nação soberano, como muitos políticos e funcionários públicos acabaram aprendendo nos primeiros anos pós-independência.

---

[13] Elizabeth Colson, "Contemporary Tribes and the Development of Nationalism", em June Helm (org.), *Essays on the Problem of Tribe: Proceedings of the 1967 Annual Spring Meeting of the American Ethnological Society* (Seattle, University of Washington Press, 1967), p. 205.

[14] Ver Immanuel Wallerstein, "The Range of Choice: Constraints on the Policies of Governments of Contemporary African Independent States", em Michael Lofchie (org.), *The State of the Nations* (Berkeley, University of California Press, 1971).

[15] Discuti, em outro livro, os motivos pelos quais isso aconteceu e quais foram as consequências dessa definição de "africanidade" que não considerava a cor da pele. Cf. Immanuel Wallerstein, *Africa: The Politics of Unity* (Nova York, Random House, 1967).

Vários fatores além da insularidade tribal reforçam a divisão da população nativa da África em subgrupos. Uma linha imaginária traçada através da Mauritânia, do Mali, do Níger, do Chade e do Sudão indica, no caso do cinturão sudânico, uma questão de divisão básica. As pessoas que se encontram ao norte da linha têm a pele mais clara e estão sob influência árabe e muçulmana; as pessoas ao sul da linha, em geral, têm a pele mais escura e são cristãs/animistas. Uma linha semelhante, que atravessa desde a costa ocidental até a África Central, passando pela Costa do Marfim, por Gana, pelo Togo, por Daomé, pela Nigéria, por Camarões e pela República Centro-Africana, indica o mesmo tipo de divisão: pessoas que residem ao norte e ao sul da linha tendem a ter estilos de vida, culturas familiares, religiões e educação opostos.

Fica claro, mesmo se dermos só uma rápida olhada na literatura, que não há nenhum país independente na África onde a população nativa não esteja dividida em subgrupos que surgem como elementos significativos nas divisões políticas do país. Ou seja, as afiliações "tribais" e étnicas estão ligadas a agrupamentos políticos, facções ou posições, com frequência a categorias ocupacionais e certamente à distribuição de empregos. Quando jornalistas estrangeiros tecem comentários sobre isso, os políticos africanos com frequência negam a veracidade dessa análise. No entanto, essas negações, assim como as declarações contraditórias de observadores externos, servem mais para fins ideológicos que para fins analíticos. Assim, existe uma longa lista de rivalidades etnopolíticas bem conhecidas nos Estados africanos (por exemplo, quicuios *versus* luo, no Quênia; bemba *versus* lozi, na Zâmbia; sab *versus* samaale, na Somália). Em cada um desses casos, com frequência, apesar dos supostos esforços do governo ou de um movimento político nacionalista, indivíduos se alinharam com e/ou mobilizaram grupos "tribais" para fins políticos[16].

Em alguns países, essas chamadas divisões tribais foram reforçadas por alguns fatores adicionais. Na Etiópia, por exemplo, as divisões entre os Amhara ou Amhara-Tigre e os Eritreus coincidem mais ou menos com uma divisão religiosa entre cristãos e muçulmanos, da qual os participantes estavam plenamente conscientes, ainda mais porque esse conflito tinha, subjacente, uma longa tradição histórica[17].

Ao longo da costa africana ocidental até a África Central, existem sete Estados contíguos (Costa do Marfim, Gana, Togo, Daomé, Nigéria, Camarões e República Centro-Africana) através dos quais, como ilustrado anteriormente, uma linha horizontal contínua pôde ser traçada. Os povos ao norte e ao sul dessa linha tendem a ser opostos no que diz respeito a uma série de características: savana *versus* floresta no que se refere às condições do solo e correspondentes grandes culturas familiares; muçulmano/animista *versus* cristão/animista em matéria de religião; educação menos moderna *versus* educação mais moderna (em grande medida, resultante de mais missionários cristãos nas metades do sul durante a era colonial)[18].

---

[16] Cf. Donald Rothschild, "Ethnic Inequalities in Kenya", *Journal of Modern African Studies*, v. VII, n. 4, 1969, p. 689-711; Robert Irwin Rotberg, "Tribalism and Politics in Zambia", *Africa Report*, v. XII, n. 9, dez. 1967, p. 29-35; Ioan M. Lewis, "Modern Political Movements in Somaliland", *Africa*, v. XXVIII, n. 3, jul. 1958, p. 244-61; *Africa*, v. XXVIII, n. 4, out. 1958, p. 344-63.

[17] Ver Czeslaw Jesman, *The Ethiopian Paradox* (Oxford, Oxford University Press, 1963).

[18] Ver Ernest Milcent, "Tribalisme et vie politique dans les États du Bénin", *Revue Française d'Études Politiques Africaines*, n. 18, jun. 1967, p. 37-53; ver também Walter Schwarz, *Nigeria* (Londres, Pall Mall, 1968).

Uma linha semelhante poderia ser traçada em Uganda entre o norte, não bantu e menos escolarizado, e o sul, bantu e mais escolarizado (e mais cristianizado)[19].

Mais ao norte, no chamado cinturão sudânico, uma linha análoga pôde ser traçada através de Mauritânia, Mali, Níger, Chade e Sudão. No norte da Mauritânia, do Chade e do Sudão, as pessoas têm a pele mais clara, são de influência árabe e muçulmanas. No sul, sua pele é mais escura e são cristãs/animistas. No entanto, no sul do Mali e do Níger, as pessoas também são muçulmanas. Em todos esses países, exceto no Sudão, é grande a probabilidade de os que vivem no norte serem nômades e menos escolarizados. Na Mauritânia e no Sudão, a maioria da população vive no norte e tem mais poder. No Mali, Níger e Chade, ocorre o inverso[20]. Como essas distinções culturais nos países do cinturão sudânico estão correlacionadas com as diferenças de cor da pele, algumas vezes as divisões apontadas são chamadas de "raciais".

É interessante observar mais um conjunto de países. Trata-se dos Estados que, na época pré-colonial, existiram como entidades políticas e sobreviveram como tais nas eras colonial e pós-independência. Além disso, neles havia claras estratificações "tribais" pré-coloniais. Esse conjunto é formado por Zanzibar (árabes e afro-shirazi), Ruanda (tutsi e hutus), Burundi (tutsi e hutus), Madagascar (merina e outros). Em todos esses países, exceto no Burundi, a maioria dos estratos mais baixos pré-coloniais atingiu, agora, o mais alto *status* político[21]. Em unidades coloniais e pós-coloniais onde existiam sistemas de estratificação semelhantes ao sistema pré-colonial, o resultado político foi bem mais ambíguo (sultanatos do grupo fulani na Nigéria e em Camarões, os reinos dos hima em Uganda e em Tanganica).

---

[19] Ver Terence Kilbourne Hopkins, "Politics in Uganda: The Buganda Question", em Jeffrey Butler e Alphonso Anthony Castagno Jr. (orgs.), *Boston University Papers on Africa: Transition in African Politics* (Nova York, Praeger, 1967), p. 251-90; ver também May Edel, "African Tribalism: Some Reflections on Uganda", *Political Science Quarterly*, v. LXXX, n. 3, set. 1965, p. 357-72.

[20] Ver J. H. A. Watson, "Mauritania: Problems and Prospects", *Africa Report*, v. VIII, n. 2, fev. 1963, p. 3-6; Viviana Paques, "Alcuni problemi umani posti dallo sviluppo economico e sociale: Il caso della Republica del Ciad", *Il Nuovo Osservatore*, v. VIII, n. 63, jun. 1967, p. 580-8; George W. Shepherd Jr., "National Integration and the Southern Sudan", *Journal of Modern African Studies*, v. IV, n. 2, 1966, p. 193-212.

[21] Ver Michael Lofchie, "Party Conflict in Zanzibar", *Journal of Modern African Studies*, v. I, n. 2, 1963, p. 185-207; Leo Kuper, "Continuities and Discontinuities in Race Relations: Evolutionary or Revolutionary Change", *Cahiers d'Études Africaines*, v. X, n. 3 (39), 1970, p. 361-83; Jean Ziegler, "Structures ethniques et partis politiques au Burundi", *Revue Française d'Études Politiques Africaines*, n. 18, jun. 1967, p. 54-68; Raymond K. Kent, *From Madagascar to the Malagasy Republic* (Nova York, Praeger, 1962).

Desde a autonomia e da independência, houve um grande número de "repatriações" de africanos para seus países "de origem". Os impérios são notoriamente liberais em relação à movimentação das pessoas. Ela serve ao propósito de utilização ótima de pessoal. Os Estados-nação, por sua vez, tentam demonstrar precisamente os privilégios que acrescem ao *status* de cidadão.

O primeiro grupo a sentir essa pressão foi o dos políticos. Quando estavam próximos da independência, as categorias africanos ocidentais franceses e africanos orientais britânicos tenderam a desaparecer. Os malianos que tinham feito sua carreira política em Upper Volta [após a autonomia, Burkina Faso], ou os ugandenses que fizeram a sua no Quênia, acharam prudente voltar para sua base originária. Além desses reconhecimentos isolados de uma nova realidade política, houve expulsão pública e semipública de grandes categorias de pessoas: daomeanos (e togolenses) foram expulsos da Costa do Marfim, do Níger e de outros lugares; nigerianos e togolenses, de Gana; malianos, do Zaire. Em todos os casos, os expulsos ocupavam postos no setor da economia monetária em uma época de desemprego crescente. Os próprios grupos em questão se definiram, de repente, como não nacionais mais que como africanos. *A fortiori* isso era verdade no que dizia respeito a categorias de não africanos, mesmo onde, em alguns casos, eles tinham obtido a cidadania formal: árabes em Zanzibar; asiáticos no Quênia; expulsões esporádicas de libaneses em Gana. Até então, nenhuma expulsão abrangente de europeus tinha ocorrido na África negra, embora em determinado momento tenha havido um êxodo de belgas que viviam no Zaire.

Esse rápido esboço do cenário africano visa a salientar uma questão: não há diferenciação eficaz entre as pressupostas variedades de grupos de *status*, tais como grupos étnicos, grupos religiosos, raças, castas. São todas variações de um único tema: pessoas agrupadas por uma afinidade que miticamente antecede o cenário econômico e político em curso e constitui uma reivindicação de solidariedade que prevalece sobre as definidas como solidariedade de classe ou ideológica. Dessa maneira, elas aparecem, conforme diz Akiwowo[22] sobre o tribalismo, como "uma série de reações padronizadas, ajustes adaptativos se preferirem, às consequências do processo de construção de uma nação". Ora, nas palavras mais diretas de Skinner[23],

---

[22] Akinsola A. Akiwowo, "The Sociology of Nigerian Tribalism?", *Phylon*, v. XXV, n. 2, verão de 1964, p. 162.

[23] Elliot Percival Skinner, "Group Dynamics in the Politics of Changing Societies: The Problem of 'Tribal' Politics in Africa", em June Helm (org.), *Essays on the Problem of Tribe*, cit., p. 173.

sua função central é "permitir que as pessoas se organizem em entidades sociais, culturais ou políticas capazes de competir com outras por quaisquer bens e serviços considerados como valiosos em seu ambiente".

Uma vez que essa função é inerente ao conceito, consequentemente, por definição, grupos de *status* não podem existir antes de alguma sociedade mais ampla de que façam parte, mesmo quando alegam estar organizados ou existir em mais de um sistema societal[24]. O que Fried afirma de forma cuidadosa sobre "tribos" é válido para todos os grupos de *status*.

> Muitas tribos parecem ser fenômenos secundários em um sentido muito específico: elas podem ser, de fato, resultado de processos estimulados pela emergência de sociedades de certa maneira bastante organizadas no meio de outras que se organizam de um modo muito mais simples. Se isso puder ser demonstrado, o tribalismo pode ser visto mais como reação à criação de uma estrutura política complexa que como um estágio preliminar de sua evolução.[25]

Na situação mundial moderna, um grupo de *status* é uma reivindicação coletiva de poder e de distribuição de bens e serviços num Estado-nação em áreas não formalmente ilegais.

## A relação entre classe e grupo de *status*

Então, como essas reivindicações se colocam em relação às reivindicações de solidariedade de classe? Ao usar o conceito de classe, Marx fez uma diferenciação entre classes *an sich* [em si] e classes *für sich* [para si]. Weber[26] repetiu essa distinção: "Assim, toda classe pode ser portadora de alguma das inúmeras formas possíveis

---

[24] Cf. Weber: "Devemos acrescentar mais uma observação geral sobre classes, grupos de *status* e partidos: o fato de que eles pressupõem uma associação mais ampla, especialmente a infraestrutura de uma sociedade organizada, não significa que estejam circunscritos a ela. Pelo contrário, a ordem do dia sempre foi que essa associação [...] vá além dos limites do Estado. [...] Contudo, sua meta não é necessariamente o estabelecimento de um novo domínio territorial. De modo geral, eles objetivam influenciar a sociedade organizada existente". Max Weber, *Economy and Society*, cit., p. 939. Exceto, devo acrescentar, se a lealdade a um Estado-nação em um sistema-mundo for considerada como expressão da consciência de um grupo de *status*.

[25] Morton Herbert Fried, "On the Concept of 'Tribe' and 'Tribal Society'", em June Helm (org.), *Essays on the Problem of Tribe*, cit., p. 15.

[26] Max Weber, *Economy and Society*, cit., p. 930.

de uma ação de classe, mas não necessariamente isso ocorre. De qualquer maneira, não pode em si mesma constituir um grupo (*Gemeinschaft*)".

Por que as classes não são sempre *für sich*? Na realidade, por que muito raramente elas são *für sich*? Colocando a questão de outra maneira: como explicamos que a consciência do grupo de *status* é uma força política tão onipresente e poderosa na África e em todo o mundo, não só hoje como em toda a história? Responder que se trata de uma falsa consciência é, na verdade, dar um passo atrás do ponto de vista lógico, pois neste caso teríamos de perguntar como é que a maioria das pessoas durante a maior parte do tempo mostra uma falsa consciência.

Weber[27] tem uma teoria que dá conta disso. Ele afirma:

> No que diz respeito às condições econômicas gerais que provocam a predominância da estratificação por *status*, a única coisa que pode ser dita é: quando as bases da aquisição e distribuição de bens são relativamente estáveis, a estratificação por *status* é favorecida. Toda repercussão tecnológica e transformação econômica ameaçam a estratificação por *status* e salientam a situação de classe. Épocas e países em que a evidente situação de classe predomina de forma significativa são, habitualmente, os períodos de transformações tecnológicas e econômicas. E toda lentidão da mudança na estratificação econômica leva, no devido tempo, ao crescimento da estrutura de *status* e reativa o importante papel da honra social.

A explicação de Weber parece muito simples e considera a consciência de classe o correlato de progresso e mudança social e a estratificação por *status* a expressão de forças retrógradas – uma espécie de marxismo vulgar. Embora seja possível concordar com a essência moral do teorema, ele não é muito útil para prever pequenas mudanças na realidade histórica nem explica por que podem ser encontradas forças econômicas modernas com a roupagem de grupo de *status*[28], assim como mecanismos de preservação de privilégio tradicional na consciência de classe[29].

Favret[30] nos mostra uma evidência disso em sua discussão sobre uma rebelião dos berberes na Argélia:

---

[27] Ibidem, p. 938.
[28] Ver Jeanne Favret, "Le Traditionalisme par excès de modernité", *Archives européennes de sociologie*, v. 8, n. 1, 1967, p. 71-93.
[29] Clifford Geertz, "Politics Past, Politics Present", *Archives Européennes de Sociologie*, v. 8, n. 1, 1967, p. 1-14.
[30] Ver Jeanne Favret, "Le Traditionalisme par excès de modernité", cit., p. 73.

> [Na Argélia], grupos primordiais não existem de maneira substantiva, ignorando seu arcaísmo, mas de maneira reativa. O antropólogo tentado a fazer um levantamento de fenômenos políticos tradicionais corre o risco, portanto, de um equívoco colossal ao interpretá-los ingenuamente, pois hoje o contexto deles está invertido. A escolha dos descendentes das tribos segmentadas do século XIX não está mais entre os objetivos – cooperar com o governo central ou institucionalizar a dissidência –, pois, a partir de agora, somente a primeira é possível. A escolha, ou o destino, dos camponeses do setor agrícola subdesenvolvido é um dos meios de atingir esse fim, entre os quais, paradoxalmente, se encontra a dissidência.

Favret nos incita a observar as reivindicações baseadas na afiliação do grupo de *status* não do ponto de vista intelectual dos atores nessa situação, mas da perspectiva das funções reais que essas reivindicações desempenham no sistema social. Moerman[31] faz um apelo semelhante em uma análise da lue, tribo na Tailândia, sobre a qual ele faz três perguntas muito claras: Quem são os lue? Por que são lue? Quando são lue? E conclui:

> Os mecanismos de identificação étnica – com seu importante potencial de transformar cada grupo étnico de pessoas ativas em um projeto coletivo com inúmeras gerações de história não analisada – parecem universais. Portanto, os cientistas sociais devem descrever e analisar as maneiras como eles são usados, não apenas – como fazem os nativos – usá-los como explicações. [...] É bem possível que as categorias étnicas poucas vezes sejam temas apropriados para os predicados humanos intrigantes.

Talvez, então, pudéssemos repensar a tríade weberiana de classe, grupo de *status* e partido não como três grupos diferentes que se entrecruzam, mas como três diferentes formas existentes da mesma realidade essencial. Neste caso, a questão não é mais sobre as condições nas quais a estratificação por *status* precede a consciência de classe, como formulada por Weber; ela passa a ser sobre as condições que levam um estrato a se manifestar como classe, como grupo de *status* ou como partido. Para uma conceitualização como essa, não caberia argumentar que as linhas limítrofes do grupo em suas sucessivas manifestações seriam idênticas – muito pelo contrário, ou não teria sentido a existência de diferentes roupagens externas; seria mais apropriado dizer que, em qualquer estrutura social, existe uma série limitada de grupos, em dado momento, relacionados uns com os outros ou em conflito.

---

[31] Michael Moerman, "Being Lue: Uses and Abuses of Ethnic Identification", em June Helm (org.), *Essays on the Problem of Tribe*, cit., p. 153-69.

Rodolfo Stavenhagen propõe ver os grupos de *status* como "fósseis" das classes sociais. Ele argumenta[32] que

> as estratificações [ou seja, os grupos de *status*] representam, na maior parte dos casos, o que chamamos de *fixações* sociais, com frequência por meios jurídicos, sem dúvida subjetivamente, de relações de produção sociais específicas, representadas por relações de classes. Outros fatores adicionais, secundários (por exemplo, religiosos, étnicos), interferem nessas fixações sociais, reforçam a estratificação e, ao mesmo tempo, têm a função de "liberá-la" de suas ligações com sua base econômica; em outras palavras, de manter sua força mesmo que sua base econômica mude. Por conseguinte, as estratificações podem ser pensadas como justificativas ou racionalizações do sistema econômico estabelecido, ou seja, como ideologias. Como todos os fenômenos da superestrutura social, a estratificação tem uma característica de inércia que a mantém mesmo quando as condições que a originaram se alteram. Quando as relações entre as classes se modificam [...], as estratificações se tornam *fósseis* das relações de classes em que elas se basearam em sua origem [...]. [Além disso], parece que os dois tipos de agrupamentos (classe dominante e estrato mais alto) podem coexistir por algum tempo e ser incrustados na estrutura social, de acordo com as circunstâncias históricas particulares. Mas, mais cedo ou mais tarde, surge um novo sistema de estratificação que corresponde mais exatamente ao sistema de classes em curso.

Em análise posterior, utilizando dados da América Central, Stavenhagen explica de forma detalhada como, em uma situação colonial, dois grupos de *status* mais baixo vistos como castas (no caso, *indios* e *ladinos*) podiam emergir, se tornar incrustados e sobreviver a várias pressões, o que ele chamou de elucidação de classes. Ele argumenta que duas formas de dependência, uma colonial (baseada na discriminação étnica e na subordinação política) e uma de classe (baseada nas relações de trabalho) aos poucos se desenvolveram lado a lado e refletiram um sistema de hierarquia paralelo. Após a independência, apesar do desenvolvimento econômico, a dicotomia entre *indios* e *ladinos*, "profundamente enraizada nos valores dos membros da sociedade", permaneceu como "força fundamentalmente conservadora" na estrutura social. "Refletindo uma situação do passado [...], [essa dicotomia] atua como limitação ao desenvolvimento das novas relações de classes"[33]. Nessa

---

[32] Rodolfo Stavenhagen, "Estratificación social y estructura de clases (un ensayo de interpretación)", *Ciencias Políticas y Sociales*, v. 8, n. 27, 1962, p. 99-101.

[33] Idem, "Clases, colonialismo y aculturación: ensayo sobre un sistema de relaciones interetnicas en Mesoamerica", *America Latina*, v. 6, n. 4, 1963, p. 94.

interpretação, uma estratificação no presente é, no entanto, um fóssil do passado, mas não é apenas um fóssil das relações de classes *per se*.

Outra abordagem seria compreender as afiliações de classe e de *status* como opções abertas para vários membros da sociedade. Essa é a maneira como Peter Carstens entende a questão. Em dois textos recentes, um de Carstens[34] e outro de Allen[35], os dois concordam que o trabalho dos africanos na terra, em áreas rurais, deve ser considerado o de "camponeses" membros da "classe operária", ou seja, pessoas que vendem sua força de trabalho, mesmo que do ponto de vista técnico sejam agricultores autônomos de culturas facilmente comercializáveis. Mas, enquanto Allen acha importante enfatizar o padrão de alternância do vínculo que eles estabelecem com o trabalho nas atividades agrícolas de culturas facilmente comercializáveis e com o trabalho assalariado[36], Carstens está mais preocupado em explicar o aparato de grupo de *status* da organização de classe camponesa, ou o que ele chama de "sistemas de *status* camponês".

Carstens[37] começa com o argumento segundo o qual "a manutenção ou a restauração de lealdades tribais não substanciais são recursos disponíveis para as pessoas confirmarem prestígio ou estima". Ele nos lembra[38] que "as mesmas instituições que efetivaram a força oculta que produziu uma *classe* camponesa também criaram os sistemas de *status* camponês. Por exemplo, [...] o melhor caminho para obter reconhecimento, prestígio e estima, aos olhos da classe dominante, assim como dos camponeses locais, é participar das instituições educacionais e religiosas

---

[34] Peter Carstens, "Problems of Peasantry and Social Class in Southern Africa", Seventh World Congress of Sociology, Varna, Bulgária, 13-19 set. 1970.

[35] V. L. Allen, "The Meaning and Differentiation of the Working Class in Tropical Africa", Seventh World Congress of Sociology, Varna, Bulgária, 13-19 set. 1970.

[36] "Os assalariados experimentam flutuações em seus padrões de vida e de emprego enquanto os produtores camponeses passam por flutuações em seus padrões de vida e na intensidade do trabalho. No entanto, uma redução nos padrões de vida dos assalariados ou um aumento do desemprego produz um movimento de volta do trabalhador para uma produção camponesa ou dá origem a ela porque os recursos da produção camponesa existem como uma garantia de segurança" (V. L. Allen, "The Meaning and Differentiation of the Working Class in Tropical Africa", cit.). Cf. um argumento semelhante de Giovanni Arrighi, "L'offerta di lavoro in una perspettiva storica", em *Sviluppo economico e sovrastrutture in Africa* (Turim, Einaudi, 1969), p. 89-162. Há uma versão em inglês desse texto intitulada "Labour Supplies in Historical Perspective: A Study of the Proletarianization of the African Peasantry in Rhodesia", em Giovanni Arrighi e John S. Saul, "Essays on the Political Economy of Africa", *Monthly Review Press*, Nova York, 1973, p. 180-234.

[37] Peter Carstens, "Problems of Peasantry and Social Class in Southern Africa", cit., p. 9.

[38] Ibidem, p. 10.

impostas externamente". Portanto, o resultado é que "apenas por meio da manipulação de seus sistemas de *status* internos é que eles estão aptos para obter acesso a outros sistemas de *status* que se encontram na classe mais alta. A estratégia de manipulação do *status* é, então, considerada acima de tudo como um meio para cruzar as fronteiras de classes"[39].

A força da estratificação pode ser vista por esse prisma. A honra de *status* não é apenas um mecanismo para os bem-sucedidos do passado manterem suas vantagens no mercado contemporâneo, a força retrógrada descrita por Weber. Ela é também um mecanismo pelo qual os que batalham por uma posição mais alta alcançam seus objetivos dentro do sistema (daí a correlação entre alta consciência étnica e escolaridade, salientada por Colson)[40]. Com base nesses dois importantes grupos, é fácil compreender a primazia ideológica do grupo de *status*. Ela leva uma situação organizacional não usual a romper toda essa combinação de elementos interessados em preservar esse véu (ou essa realidade – não faz a menor diferença).

Weber estava errado. A consciência de classe não se torna importante nos períodos em que ocorrem mudanças tecnológicas ou transformações sociais. Toda a história moderna comprova que isso não é verdade. A consciência de classe só se torna importante em uma circunstância bem mais rara, em uma situação "revolucionária" da qual essa consciência é não só expressão da ideologia, como também pilar ideológico. Neste sentido, o instinto conceitual básico marxiano estava certo.

## Uma nova análise dos dados africanos

Vamos nos voltar agora para a realidade empírica da África independente contemporânea à luz dessa detalhada discussão teórica. A África negra independente é, hoje, constituída por uma série de Estados-nação, membros das Nações Unidas, dos quais quase nenhum pode ser considerado uma sociedade nacional no sentido de ter a sociedade organizada, a economia e a cultura relativamente autônomas e centralizadas. Todos esses Estados são parte do sistema-social-mundo, e muitos se encontram em sua totalidade bem integrados em redes econômicas soberanas particulares. Suas principais características econômicas são basicamente

---

[39] Ibidem, p. 8.
[40] Elizabeth Colson, "Contemporary Tribes and the Development of Nationalism", cit.

semelhantes. A maioria da população trabalha na terra cultivando não só produtos para o mercado mundial, mas também alimentos para sua subsistência. Muitos são empregados, ou porque recebem salários do proprietário da terra, ou por serem autônomos numa situação em que são obrigados a receber em dinheiro (e veem as atividades agrícolas como uma alternativa econômica para outros tipos de emprego assalariado). Existem outros que trabalham como operários em áreas urbanas, muitas vezes como parte de um modelo de migração circular.

Em cada país, há uma classe burocrática que, na maioria, trabalha para o governo, é escolarizada e procura transformar parte de sua riqueza em propriedade. Em todos eles, existem grupos (entre os vários) desproporcionalmente representados na classe burocrática, assim como outros desproporcionalmente representados entre os operários urbanos. Em quase todos os lugares é um grupo de brancos que mantém *status* elevado e ocupa postos técnicos. Sua posição de prestígio mudou muito pouco desde o governo colonial. A alta posição ocupada pelos brancos na hierarquia local reflete a posição desses países no sistema-econômico-mundo, no qual são nações "proletárias" que sofrem os efeitos da "troca desigual"[41].

O grau de autonomia política representado pela soberania formal permite que as elites locais ou grupos da elite busquem ascensão no sistema-mundo por meio de uma rápida expansão do sistema educacional de seus países. No sistema-mundo, o que é individualmente funcional não tem funcionalidade coletivamente. As formas de funcionamento do sistema-mundo não propiciam ofertas de empregos suficientes no âmbito nacional. Isso obriga os grupos da elite a descobrir critérios que possibilitem recompensar alguns e rejeitar outros. As linhas divisórias são arbitrárias e variáveis de acordo com circunstâncias específicas. Em alguns lugares, a divisão segue linhas étnicas; em outros, os limites religiosos; em alguns outros, as fronteiras raciais; em muitos, há certa combinação implícita de todas essas linhas.

Essas tensões dos grupos de *status* são expressões ineficazes e contraproducentes de frustrações de classe. Elas são assunto diário da vida política e social africana. Os jornalistas, que, em geral, estão mais perto das percepções populares que os cientistas sociais, tendem a chamar esse fenômeno de "tribalismo" ao escrever sobre a África negra. Tribais ou étnicos, os conflitos são muito reais, como confirmam com mais eloquência as guerras civis no Sudão e na Nigéria. São conflitos étnicos no sentido de que as pessoas neles envolvidas são motivadas, com

---

[41] Uma elaboração desse conceito e uma explicação de suas consequências sociais podem ser vistas em Arghiri Emanuel, *L'Échange inegal* (Paris, François Maspero, 1969).

frequência, por análises que usam categorias étnicas (ou grupos de *status* comparáveis a elas); além disso, elas costumam manifestar fortes lealdades étnicas. No entanto, por trás da "realidade" étnica se encontra um conflito de classe, não muito longe da superfície. Com isso, quero apresentar a seguinte proposição elementar e empiricamente testável (embora nenhuma como ela tenha sido assim testada de forma definitiva): se as diferenças de classes que se correlacionam (ou coincidem) com as diferenças dos grupos de *status* desaparecessem como resultado de mudanças de circunstâncias sociais, os conflitos dos grupos de *status* por fim desapareceriam (sem dúvida, seriam substituídos por outros). As lealdades dos grupos de *status* são irrevogáveis e emocionais, de modo que parece difícil as lealdades de classe serem diferentes a não ser em momentos de crise, mas, da perspectiva de quem as analisa, também são mais transitórias. Se a sociedade se tornar etnicamente "integrada", os antagonismos de classes não vão diminuir, mas o inverso é válido. Uma das funções da rede de afiliações de grupos de *status* é ocultar as realidades das diferenças de classes. No entanto, à medida que antagonismos ou diferenças de classes específicos diminuem ou desaparecem, os antagonismos de grupos de *status* (não exatamente as diferenças, mas mesmo estas) também diminuem e desaparecem.

## A utilidade do conceito de raça

Na África negra, fala-se de conflito "étnico". Nos Estados Unidos ou na África do Sul, fala-se de conflito "racial". Há algum motivo que justifique o uso de uma palavra específica, *raça*, para descrever agrupamentos de *status* que são mais proeminentes em alguns países, mas não em outros (como os Estados da África negra)? Se observássemos cada caso nacional como diferente dos outros e, de acordo com a lógica, separável, não haveria motivo, uma vez que, em cada um, a estratificação por *status* serve ao mesmo propósito.

Mas os casos nacionais não são diferentes nem se encontram logicamente separados. São parte de um sistema-mundo. *Status* e prestígio no sistema nacional não podem se separar do *status* e da posição na hierarquia no sistema-mundo, como já mencionamos quando discutimos o papel dos europeus brancos expatriados na África negra atualmente. Existem grupos de *status* internacionais, assim como outros nacionais. Chamamos de raça sobretudo esse grupo de *status* internacional. Existe uma divisão básica entre brancos e não brancos. (É evidente que há diversos tipos de não brancos, e a categorização se diferencia de acordo com o tempo e o lugar. Um dos agrupamentos se faz por cor da pele, mas, na realidade, ele não é muito usado. Outro mais comum se dá por continente, embora os árabes reivindiquem, com frequência, ser considerados em separado.)

No que diz respeito a essa dicotomia internacional, a cor da pele é irrelevante. A categorização "branco" e "não branco" tem muito pouco a ver com a cor da pele. "O que é, então, um negro? E, antes de mais nada, que cor é esta?", perguntou Jean Genet. Quando os africanos negam, como muitos de fato o fazem, que o conflito entre os árabes de pele mais clara do norte do Sudão e os nilotas de pele mais escura do sul do mesmo país seja um conflito racial, eles não estão sendo hipócritas. Estão reservando o termo *raça* para uma tensão social internacional específica. Na verdade, o conflito no Sudão é real e se expressa em termos de grupo de *status*. Mas trata-se de um conflito que, embora formalmente semelhante ao que ocorre entre negros e brancos nos Estados Unidos, ou entre africanos e europeus na África do Sul, é politicamente diferente deles. A diferença política encontra-se em seu significado no – e para – o sistema-mundo.

A raça é, no mundo contemporâneo, a única categoria de grupo de *status* internacional. Ela substituiu a religião, que desempenhou esse papel, no mínimo, desde o século VIII d.C. Nesse sistema, a posição na hierarquia, mais que a cor, determina quem pertence ou não ao grupo de *status*. Assim, em Trinidad, foi possível haver um movimento Black Power, dirigido contra um governo em que todos eram negros, em razão de esse governo ser aliado do imperialismo norte-americano. Assim, os separatistas do Quebec podem se autodenominar "negros brancos" da América do Norte. Assim, o pan-africanismo pode incluir os árabes de pele branca da África do Norte, mas excluir os africânderes da África do Sul. Assim, Chipre e Iugoslávia podem ser convidados para conferências tricontinentais (Ásia, África e América Latina), apesar de Israel e Japão terem sido excluídos. Como uma categoria de grupo de *status*, raça é uma representação coletiva obscura de uma categoria internacional de classe, a das nações proletárias. Portanto, o racismo é, na realidade, o ato de manter a estrutura social internacional existente, não um neologismo para discriminação racial. Não que sejam fenômenos dissociados. É óbvio que o racismo utiliza a discriminação como parte de seu arsenal de táticas, uma arma central. Mas em muitas situações pode haver racismo sem discriminação direta. Talvez possa haver até discriminação sem racismo, ainda que isso pareça mais difícil. O que importa observar é que esses conceitos se referem a ações em diferentes âmbitos de organização social: racismo se refere à ação na arena mundial, discriminação se refere a ações em organizações sociais de menor escala.

Em suma, para mim, a principal questão é que grupos de *status* (assim como partidos) são representações coletivas obscuras de classes. Os limites obscuros (e, portanto, imprecisos) servem aos interesses de muitos elementos diferentes em diversas situações sociais. Quando um conflito social se torna mais intenso, os limites dos grupos de *status* se aproximam dos limites de classes de maneira assintótica, a ponto de podermos ver o fenômeno de "consciência de classe". Mas a assíntota nunca é alcançada. Na realidade, é quase como se houvesse um campo magnético em torno da assíntota que empurrasse a curva de aproximação para longe. Enfim, raça é uma forma específica de grupo de *status* no mundo contemporâneo que indica uma posição na hierarquia do sistema social mundial. Neste sentido, hoje, não há tensões raciais internas nos Estados independentes localizados na África negra. No entanto, quando uma das expressões de identidade nacional for alcançada, haverá um aumento da consciência de grupo de *status* internacional, ou identificação racial, que seria então superada ou ultrapassada somente quando se aproximasse da assíntota da consciência de classe internacional.

# 12
# O "racismo de classe"[1]
*Étienne Balibar*

No mesmo momento em que as análises acadêmicas do racismo privilegiam o estudo das *teorias* racistas, expressam que o racismo "sociológico" é um fenômeno *popular*. A partir dessa ideia, o desenvolvimento do racismo na classe operária (que, para os militantes socialistas e comunistas, parece contra sua própria natureza) torna-se fruto de uma tendência que seria inerente às massas. O racismo institucional encontra-se projetado na própria construção dessa categoria psicossociológica denominada "massa". Portanto, é preciso tentar analisar o processo de deslocamento que, ao passar de classes para massas, faz com que as últimas pareçam ao mesmo tempo *sujeito* e *objeto* privilegiado do racismo.

É possível dizer que alguma classe social, por sua situação, sua ideologia (para não dizer sua identidade), seja propensa às atitudes e aos comportamentos racistas? Foi sobretudo a propósito da ascensão do nazismo que se debateu essa questão, primeiro de uma forma especulativa, depois por meio de diversos indicadores empíricos[2]. O resultado foi totalmente paradoxal, pois a suspeita não recaiu em torno de nenhuma classe social; no entanto, houve uma predileção marcante pela "pequena burguesia". Porém, esse conceito é sem dúvida alguma equivocado e traduz, sobretudo, as aporias de uma análise de classes concebida como um recorte da sociedade em fatias de

---

[1] Revisão de uma intervenção no seminário GliEstranei – Seminario di studi su razzismo e antirazzismo negli anni 80, org. Clara Gallini no Istituto Universitario Orientale, Nápoles, maio 1987.

[2] Cf. Pierre Ayçoberry, *La Question nazie. Essai sur les interprétations du national socialisme, 1922--1975* (Paris, Seuil, 1979).

população mutuamente excludentes. Como em toda questão sobre a origem de um fato que envolve uma imputação política, temos interesse em inverter a pergunta: não buscar na natureza da pequena burguesia as bases do racismo que invade a vida cotidiana (ou do movimento que o sustenta), mas procurar compreender como o desenvolvimento do racismo faz emergir uma massa "pequeno-burguesa" a partir de diferentes situações materiais. Substituiremos, assim, a questão mal colocada sobre as bases de classe do racismo por outra mais decisiva e complexa, que, em parte, a primeira é destinada a ocultar: a das relações entre o racismo como suplemento do nacionalismo e a irredutibilidade do conflito de classes na sociedade. Teremos de nos perguntar como o desenvolvimento do racismo desloca o conflito de classes, ou melhor, como esse conflito costuma ser transformado por uma relação social "racista"? E também o inverso disso: de que maneira o fato de a alternativa nacionalista à luta de classes adquirir a forma específica de racismo pode ser considerado indício do caráter inconciliável deste? É evidente, isso não significa que não seja importante analisar, em determinada conjuntura, como a condição de classe (produzida por condições materiais de existência e de trabalho, mas também por tradições ideológicas e relações na prática com a política) determina os efeitos do racismo na sociedade: a frequência e as formas de "passagem ao ato", o discurso que o expressa, a adesão ao racismo militante.

Os indícios de uma constante sobredeterminação do racismo pela luta de classes são de maneira universal tão localizáveis em sua história quanto a determinação nacionalista e, em toda parte, estão ligados à ideia central de seus fantasmas e de suas práticas. Isso é suficiente para mostrar que, neste caso, estamos diante de uma determinação muito mais concreta e decisiva que as generalidades de que tanto gostam os sociólogos da "modernidade". É muito insatisfatório considerar o racismo (ou a combinação nacionalismo-racismo) como uma das expressões paradoxais do individualismo ou do igualitarismo que caracterizariam as sociedades modernas (de acordo com a velha dicotomia das sociedades "fechadas", "hierarquizadas" e das sociedades "abertas", "em que há mobilidade") ou como uma reação de defesa contra esse individualismo, que traduziria a nostalgia de uma ordem social "comunitária"[3]. O individualismo só existe nas formas concretas da concorrência

---

[3] Ver as teorizações de Karl Popper, *La Société ouverte et ses ennemis* (Paris, Seuil, 1979), tradução francesa muito malfeita, e as mais recentes de Louis Dumont, *Essais sur l'individualisme. Une perspective anthropologique sur l'idéologie moderne* (Paris, Seuil, 1983) [ed. bras.: *O individualismo: uma perspectiva antropológica da ideologia moderna*, trad. Álvaro Cabral, Rio de Janeiro, Rocco, 1993].

mercantil (inclusive a concorrência entre forças de trabalho), em equilíbrio instável com a associação dos indivíduos, sob as exigências das lutas de classes. O igualitarismo só existe nas formas contraditórias da democracia política (onde esta existe), do "Estado de bem-estar social" (onde este existe), da polarização das condições de existência, da segregação cultural, da utopia reformista ou revolucionária. São essas determinações que conferem ao racismo uma dimensão "econômica", não uma dimensão de simples representações antropológicas.

Todavia, a *heterogeneidade* das formas históricas da relação entre o racismo e a luta de classes causa um problema. Ela se estende desde a maneira como o antissemitismo se transformou em "anticapitalismo" de má qualidade, em torno do tema do "dinheiro de judeu", até a forma como a categoria imigração reúne, hoje, o estigma racial e o ódio de classe. Cada uma dessas configurações é irredutível (assim como as conjunturas correspondentes), o que impede definir qualquer relação simples de "expressão" (ou, do mesmo modo, de substituição) entre racismo e luta de classes.

Na manipulação do antissemitismo enquanto artifício anticapitalista, entre 1870 e 1945 fundamentalmente (ou seja, cabe observar, no período mais importante do enfrentamento entre os Estados burgueses europeus e o internacionalismo proletário organizado), não encontramos apenas a designação de um bode expiatório para a revolta dos proletários, a exploração de suas divisões, nem apenas a representação projetiva dos males de um sistema social abstrato por meio da personificação imaginária dos "responsáveis" por ele (ainda que esse mecanismo seja essencial ao funcionamento do racismo)[4]. Encontramos a "fusão" de duas narrativas históricas em que cada uma é suscetível de metaforizar a outra: por um lado, a narrativa da formação das nações em detrimento da unidade perdida da "Europa cristã"; por outro, a do conflito entre a independência nacional e a internacionalização das relações econômicas capitalistas, que corre o risco de corresponder a uma internacionalização das lutas de classes. É por isso que o judeu, excluído interno comum a todas as nações, mas também, de maneira negativa, pelo ódio teológico do qual é alvo, testemunha do amor que supostamente une os "povos cristãos", pode ser de maneira imaginária identificado com o "cosmopolitismo do

---

[4] A personificação do capital, relação social, começa com a própria figura do *capitalista*. Mas essa jamais foi suficiente para mobilizar os afetos. É por isso que, de acordo com a lógica do "excesso", nele se acumulam outras características reais e imaginárias: costumes, descendência (as "duzentas famílias"), origens estrangeiras, estratégias secretas, complô racial (o projeto dos judeus de "dominação mundial") etc. Sem dúvida, não é por acaso que, de maneira singular, no caso dos judeus, essa personificação se torna relacionada com a elaboração do fetichismo do dinheiro.

capital" que ameaça toda independência nacional reativando ao mesmo tempo o vestígio da unidade perdida⁵.

O cenário é bastante diferente quando o racismo anti-imigrantes realiza a identificação máxima da situação de classe e da origem étnica (cujas bases reais sempre existiram na mobilidade inter-regional, internacional e intercontinental da classe operária, às vezes maciça, outras vezes residual, mas jamais abolida, o que é de maneira precisa uma das características especificamente proletárias de sua condição). Ele a combina com o amálgama de funções sociais antagônicas: assim, os temas da "invasão" da sociedade francesa pelos magrebinos, da imigração responsável pelo desemprego estão ligados ao do dinheiro dos magnatas do petróleo que compram "nossas" empresas, "nossos" imóveis para alugá-los e "nossas" casas de campo para passar temporadas. O que explica, em parte, porque os argelinos, os tunisianos e os marroquinos costumam ser designados genericamente como "árabes" (sem esquecer que esse significante, verdadeiro ponto de conexão do discurso, estabelece uma ligação entre esses temas e os do terrorismo, do islamismo etc.). Mas outras configurações não devem ser esquecidas, inclusive aquelas que resultam de uma inversão do valor dos termos: por exemplo, o tema da "nação proletária", talvez inventado nos anos 1920, pelo nacionalismo japonês⁶, de qualquer maneira destinado a desempenhar um papel crucial na cristalização do nazismo, que não podemos deixar passar em silêncio quando consideramos seus ressurgimentos recentes.

A complexidade dessas configurações explica também por que é impossível manter pura e simplesmente a ideia de uma *utilização* do racismo contra a "consciência de classe" (como se esta devesse surgir de forma natural da condição de classe, *a menos* que fosse impedida, corrompida, desnaturalizada pelo racismo), mesmo que admitamos como uma hipótese de trabalho indispensável que "classe" e "raça" constituem os dois polos antinômicos de uma dialética permanente, situada no centro das representações modernas da história. Aliás, suspeitamos de que as visões instrumentalistas, conspiratórias do racismo no movimento operário ou entre seus teóricos (sabemos o preço elevado pago por elas: ter sido um dos primeiros a prevê-lo é

---

⁵ As coisas se complicam ainda mais pelo fato de a unidade perdida da "Europa cristã", figuração mítica das "origens da civilização", ser assim representada no registro racial no momento em que essa mesma Europa começa a "civilizar o mundo", ou seja, submetê-lo a sua dominação, por meio de uma feroz concorrência entre nações.

⁶ Cf. Benedict Anderson, *Imagined Communities. Reflections on the Origin and Spread of Nationalism* (Londres, Verso, 1983), p. 92-3 [ed. bras.: *Comunidades imaginadas: reflexões sobre a origem e a difusão do nacionalismo*, trad. Denise Bottmann, São Paulo, Companhia das Letras, 2008].

o imenso mérito de Wilhelm Reich), do mesmo modo que as visões mecanicistas, que veem no racismo o "reflexo" dessa condição de classe, em grande medida, têm também a função de negar a presença do nacionalismo na classe operária e em suas organizações; em outras palavras, o conflito interno entre nacionalismo e ideologia de classe do qual depende a luta de massa contra o racismo (assim como a luta revolucionária contra o capitalismo). Gostaria de ilustrar a evolução desse conflito interno, ao discutir, aqui, alguns aspectos históricos do "racismo de classe".

Vários historiadores do racismo (Poliakov, Michèle Duchet e Madeleine Rebérioux, Colette Guillaumin, Eric Williams a propósito da escravidão moderna etc.) salientaram que, no início, a noção moderna de raça, por ser empregada em um discurso de desprezo e de discriminação e ser utilizada para cindir a humanidade em "super-humanidade" e "sub-humanidade", não teve significado nacional (ou étnico), mas significado de classe, ou melhor (pois não se trata de representar a desigualdade das classes sociais como uma desigualdade natural), de casta[7]. Desse ponto de vista, ela tem uma dupla origem: por um lado, a representação aristocrática da nobreza hereditária como uma "raça" superior (ou seja, de fato, a narrativa mítica pela qual uma aristocracia, que já tinha sua dominação ameaçada, garante para si a legitimidade de seus privilégios políticos e idealiza a duvidosa continuidade de sua genealogia); por outro lado, a representação escravagista das populações submetidas ao tráfico como "raças" inferiores, desde sempre predestinadas à servidão e incapazes de civilização autônoma. O que leva aos discursos do sangue, da cor da pele, da mestiçagem. Só mais tarde a noção de raça foi "etnicizada" para se integrar ao complexo nacionalista, ponto de partida de suas metamorfoses sucessivas. Assim, elucidamos o fato de que, *desde o início*, as representações racistas da história estão relacionadas com a luta de classes. Mas esse fato só adquire grande importância se examinamos a forma como evolui a noção de raça e a influência do nacionalismo desde as primeiras formas do "racismo de classe" – em outras palavras, sua determinação política.

---

[7] Léon Poliakov, *Histoire de l'antisémitisme* (Paris, Hachette, 1981) (coleção Pluriel); Michèle Duchet e Madeleine Rebérioux, "Préhistoire et histoire du racisme", em Patrice de Comarmond e Claude Duchet (orgs.), *Racisme et société* (Paris, François Maspero, 1969); Colette Guillaumin, *L'Idéologie raciste. Genèse et langage actuel* (Paris/La Haye, Mouton, 1972); "Caractères spécifiques de l'idéologie raciste", *Cahiers internationaux de sociologie*, v. LIII, 1972; "Les Ambiguïtés de la catégorie taxinomique 'race'", em Léon Poliakov (org.), *Entretiens sur le racisme*, t. I: *Hommes et bêtes* (Paris/La Haye, Mouton, 1975); Eric Williams, *Capitalism and Slavery* (Chapel Hill, The University of North Carolina Press, 1944) [ed. bras.: *Capitalismo e escravidão*, trad. Denise Bottman, São Paulo, Companhia das Letras, 2012].

A aristocracia não se pensou nem se apresentou de saída sob a categoria "raça": trata-se de um discurso tardio[8] – cuja função é nitidamente defensiva, por exemplo, na França (com o mito do "sangue azul" e da origem "franca" ou "germânica" da nobreza hereditária) – que se desenvolve quando a monarquia absoluta centraliza o Estado à custa dos senhores feudais e começa a "criar" em seu meio uma nova aristocracia, administrativa e financeira, de origem burguesa, cumprindo, assim, uma etapa decisiva para a constituição do Estado-nação. Ainda mais interessante é o caso da Espanha clássica, tal como analisado por Poliakov: a perseguição aos judeus após a Reconquista, força motriz indispensável para transformar o catolicismo em religião do Estado, é também sinal da cultura "multinacional" contra a qual se efetua a espanização (ou melhor, a castelhanização). Portanto, está estreitamente ligada à formação desse protótipo do nacionalismo europeu. Mas ela reveste um significado ainda mais ambivalente quando deságua na instituição dos "estatutos da pureza do sangue" (*limpieza de sangre*) que o discurso do racismo europeu e norte-americano herdou: proveniente da negação da mestiçagem original com os mouros e os judeus, a definição hereditária da *raza* (e a correspondente averiguação rigorosa de seus títulos) serve, de fato, para isolar uma aristocracia interna e *ao mesmo tempo* para conferir ao "povo espanhol" uma nobreza fictícia, para torná-lo um "povo de senhores" no momento em que, por meio do terror, do genocídio, da escravidão, da cristianização forçada, ele conquista e domina o maior dos impérios coloniais. Nessa trajetória exemplar, o racismo de classe já se transforma em racismo nacionalista sem por isso desaparecer[9].

Mas o que é bem mais importante para nossa questão é a inversão de valores a que se assiste a partir da primeira metade do século XIX. O racismo aristocrático (protótipo do que os analistas atuais chamam de racismo "autorreferencial", que começa transformando o próprio senhor do discurso em raça; daí a importância de sua posteridade imperialista no contexto colonial: os ingleses na Índia, os franceses na África, por mais vulgares que fossem sua origem, seus interesses, seu comportamento, todos se veem como nobreza moderna) é, de fato, ligado de maneira indireta à acumulação primitiva do capital, mesmo que seja apenas por sua função nas nações colonizadoras. Ao mesmo tempo que a Revolução Industrial criou as relações de classes propriamente capitalistas, levou ao surgimento do *novo*

---

[8] Que, no caso da França, substitui a "ideologia das três funções", ideologia fundamentalmente teológica e jurídica, expressiva, ao contrário, do lugar orgânico ocupado pela nobreza na construção do Estado (o "feudalismo" propriamente dito).

[9] Léon Poliakov, *Histoire de l'antisémitisme*, t. I, cit., p. 95 e seg.

*racismo* da época burguesa (o primeiro "neorracismo", historicamente falando): o que visa ao *proletariado*, em suas duas posições, a de população explorada (e até mesmo superexplorada, antes dos primeiros projetos do Estado de bem-estar social) e a de população politicamente ameaçadora.

Louis Chevalier descreveu de forma detalhada e singular a rede de significados disso[10]. É então, a propósito da "raça dos operários", que a noção de raça se descola de suas conotações histórico-teológicas para entrar no campo de equivalências entre sociologia, psicologia, biologia imaginária e patologia do "corpo social". Identificaremos, neste caso, os temas obsessivos da literatura policial, médica, filantrópica e da literatura propriamente dita (que é um dos meios dramáticos fundamentais e uma das chaves políticas do "realismo" social). Pela primeira vez, acabam se condensando em um mesmo discurso os aspectos até hoje típicos de qualquer procedimento de racização de um grupo social: os da miséria material e espiritual, da criminalidade, do vício congênito (o alcoolismo, a droga), das taras físicas e morais, da sujeira corporal e da incontinência sexual, das doenças específicas que ameaçam a humanidade de "degenerescência" – com a oscilação característica: ou os próprios operários constituem uma raça degenerada, ou ela é fruto de sua presença e do contato com eles; seja como for, é a condição operária que constitui um fermento de degenerescência para a "raça" dos cidadãos, dos nacionais. Com essas ideias é construída a equação fantasmática das "classes laboriosas" e das "classes perigosas", fusão de uma categoria socioeconômica com outra antropológica e moral que servirá de suporte para todas as variantes do determinismo sociobiológico (e também psiquiátrico), tomando de empréstimo garantias pseudocientíficas do evolucionismo darwiniano, da anatomia comparada e da psicologia das massas, mas sobretudo envolvendo uma rede de instituições policiais e de controle social[11].

Ora, esse racismo de classe é indissociável de processos históricos fundamentais que, até hoje, tiveram uma evolução desigual. Aqui vou apenas mencioná-los. Em primeiro lugar, ele está ligado a um problema político crucial para a constituição

---

[10] Louis Chevalier, *Classes laborieuses et classes dangereuses à Paris pendant la première moitié du XIX$^e$ siècle* (Paris, Hachette, 1984) (coleção Pluriel).

[11] Cf. Gaby Netchine, "L'Individuel et le collectif dans les représentations psychologiques de la diversité des êtres humains au XIX$^e$ siècle", em Léon Poliakov, *Entretiens sur le racisme*, t. II: *Ni juif ni grec* (Paris/La Haye, Mouton, 1978); Lion Murard e Patrick Zylberman, *Le Petit Travailleur infatigable ou le prolétaire régénéré: Villes-usines, habitat et intimités au XIX$^e$ siècle* (Fontenaysous-Bois, Recherches, 1976).

do Estado-nação. As "revoluções burguesas", sobretudo a Revolução Francesa, por seu igualitarismo jurídico radical, tinham colocado a questão dos *direitos políticos da massa* de modo irreversível. Disputa de um século e meio de lutas sociais. A ideia de uma *diferença de natureza* entre os indivíduos tornou-se, do ponto de vista jurídico e moral, contraditória, até mesmo impensável. No entanto, politicamente essa ideia era indispensável, tanto é que as "classes perigosas" (para a ordem social estabelecida, para a propriedade e o poder das "elites") deveriam ser excluídas, à força e pelo direito, da "capacidade" política e confinadas nas margens da cidade: em suma, tanto é que era importante lhes *negar a cidadania* mostrando (e persuadindo-as) que lhes "faltavam", constitucionalmente, as qualidades da humanidade perfeita ou da humanidade normal. Duas antropologias (costumo sugerir dois "humanismos") se confrontam, então: a da igualdade de nascimento e a da desigualdade hereditária, que permite renaturalizar os antagonismos sociais.

Ora, desde o início, esse processo é sobredeterminado pela ideologia nacional. Disraeli[12] (aliás, surpreendente teórico imperialista da "superioridade dos judeus" sobre a própria "raça superior" anglo-saxônica) o resumira de forma admirável, ao explicar que o problema dos Estados contemporâneos é a cisão tendencial de "duas nações" no interior de uma mesma formação social. Por isso, indicou a via que poderia ser seguida pelas classes dominantes em confronto com a organização progressiva das lutas de classes: em primeiro lugar, dividir a massa dos "miseráveis" (de maneira específica, reconhecendo no campesinato e nos artesãos "tradicionais" as qualidades de autenticidade nacional, boa saúde, moralidade e integridade racial precisamente antinômicas à patologia industrial); em seguida, aos poucos, deslocar os estigmas da periculosidade e da hereditariedade das "classes laboriosas" em geral para os estrangeiros, de forma específica para os imigrantes e os colonizados, ao mesmo tempo que a instituição do sufrágio universal remeteria o hiato entre os "cidadãos" e os "sujeitos" às fronteiras da nacionalidade. No entanto, nesse processo observou-se sempre (mesmo em países como a França, onde a população nacional não comporta uma segregação institucional, um *apartheid* original, exceto, precisamente, se o que se considera é a totalidade do espaço

---

[12] Cf. Hannah Arendt, "Antisemitism", em *The Origins of Totalitarianism* (Nova York, Harcourt, Brace and World, 1968), p. 68 e seg. [ed. bras.: *Origens do totalitarismo*, trad. Roberto Raposo, São Paulo, Companhia das Letras, 1989]; Léon Poliakov, *Histoire de l'antisémitisme*, cit., v. II, p. 176 e seg.; Karl Polanyi, "Disraeli, les 'Deux Nations' et le probl.me des races de couleur", apêndice XI, em *La Grande Transformation* (Paris, Gallimard, 1983) [ed. bras.: *A grande transformação: as origens da nossa época*, trad. Fanny Wrobel, São Paulo, Campus Elsevier, 2000].

imperial) um atraso característico do fato em relação ao direito: uma persistência do "racismo de classe" para com as classes populares (e, ao mesmo tempo, uma suscetibilidade particular dessas classes à estigmatização racial, uma extrema ambivalência de sua própria atitude concernente ao racismo). O que nos remete a outro aspecto permanente do racismo de classe.

Entendo, com isso, o que convém chamar de *racização institucional do trabalho manual*. Descobriríamos sem dificuldade que suas origens são longínquas, tão antigas quanto as próprias sociedades de classes. Desse ponto de vista, não há diferença significativa entre o modo como se expressa o desprezo pelo trabalho e pelo trabalhador manual entre as elites filosóficas da Grécia escravagista e o modo como um Taylor descreve em 1909 a predisposição de alguns indivíduos para as tarefas fatigantes, que sujam muito e são repetitivas, demandam vigor corporal, mas não inteligência nem espírito de iniciativa (o "homem-boi" em *Princípios da administração científica*; paradoxalmente, o mesmo homem é também afetado por uma propensão inveterada a "vaguear de maneira sistemática"; por isso é preciso um [contra]mestre para trabalhar de acordo com sua natureza)[13]. No entanto, neste caso, a Revolução Industrial e o assalariado capitalista produzem um deslocamento. O que agora é objeto do desprezo e, em contrapartida, alimenta o medo não é mais o trabalho manual puro e simples (ao contrário, o que vemos, no contexto de ideologias paternalistas, arcaizantes, é uma idealização teórica deste sob a forma do "artesanato"): é o trabalho *corporal*, de forma mais precisa, o trabalho corporal mecanizado, transformado em "apêndice da máquina", portanto submetido a uma violência ao mesmo tempo física e simbólica sem precedente imediato (aliás, sabemos muito bem que ela não desaparece com as novas etapas da Revolução Industrial, e sim se perpetua sob formas "modernizadas", "intelectualizadas" e, ao mesmo tempo, sob formas "arcaicas" em um grande número de setores de produção).

Esse processo modifica o *status* do corpo humano (o *status* humano do corpo): cria *homens-corpos* cujo corpo é um corpo-máquina, desmembrado e dominado, utilizado para uma função ou um gesto dissociados, ao mesmo tempo destruído em sua integridade *e* fetichizado, atrofiado *e* hipertrofiado em seus órgãos "úteis".

---

[13] Frederic W. Taylor, *La Direction scientifique des entreprises* (Verviers/Paris, Gérard et Cie/l'Inter, 1967) [ed. bras.: *Princípios da administração científica*, trad. Arlindo Vieira Ramos, São Paulo, Atlas, 1995]; ver os comentários de Robert Linhart, *Lénine, les paysans, Taylor* (Paris, Seuil, 1976), e os de Benjamin Coriat, *L'Atelier et le chronomètre* (Paris, Christian Bourgois, 1979). Cf. também meu estudo "Sur le concept de la division du travail manuel et intellectuel", em Jean Belkhir et al., *L'Intellectuel, l'intelligentsia et les manuels* (Paris, Anthropos, 1983).

Ora, como toda violência, essa é inseparável de uma resistência e também de uma culpabilidade. A quantidade de trabalho "normal" só pode ser reconhecida e extraída do corpo operário em um período posterior, uma vez que a luta fixou seus limites: a regra é a superexploração, a destruição tendencial do organismo (que será metamorfoseado como "degenerescência") e, de qualquer maneira, o excesso na repressão das funções intelectuais do trabalho. Processo insuportável para o operário, mas que não é mais "aceitável" por seus patrões sem elaboração ideológica e fantasmática: que haja homens-corpos quer dizer que há *homens sem corpo*, que os homens-corpos sejam homens com o corpo desmembrado e mutilado (mesmo que seja apenas por sua "separação" da inteligência) quer dizer que é preciso dotar os indivíduos de alguma espécie de *supercorpo*, desenvolver o esporte, a virilidade ostentatória para se proteger da ameaça que paira sobre a raça humana[14]...

Somente essa situação histórica, essas relações sociais específicas permitem compreender em sua totalidade o processo de estetização (e, portanto, de sexualização, de acordo com a forma fetichista) do corpo que caracteriza todas as variantes do racismo moderno, provocando ora a estigmatização dos "traços físicos" da inferioridade racial, ora a idealização do "tipo humano" da raça superior. Elas indicam o verdadeiro significado de recorrer à biologia na história das teorias racistas que, de maneira profunda, não tem nada a ver com a influência das descobertas científicas, mas constitui uma metáfora e uma idealização do fantasma somático. Uma vez que a biologia erudita e também vários outros discursos teóricos se articulem com a visibilidade do corpo, de suas maneiras de ser, de seus comportamentos, de seus membros e de seus órgãos emblemáticos, podem cumprir essa função. Seria conveniente, aqui, conforme as hipóteses formuladas em outros textos a propósito do neorracismo e de sua ligação com as formas recentes da parcelização do trabalho intelectual, continuar a pesquisa, descrevendo a "somatização" das

---

[14] É evidente que a "bestialidade" do escravo sempre foi problemática, de Aristóteles e seus contemporâneos à trajetória moderna (a hipersexualização da qual ela é objeto seria suficiente para confirmá-lo); mas a Revolução Industrial produz um novo paradoxo: o corpo "bestial" do operário é cada vez menos *animal*, cada vez mais intensamente tecnicizado, portanto humanizado. Trata-se da angústia de uma *super-humanização* do homem (em seu corpo e em sua inteligência "objetivada" pelas ciências cognitivas e pelas técnicas de seleção e de formação correspondentes), mais que de uma *sub-humanização*, em todo caso é a reversibilidade de ambas que se descarrega em fantasmas de animalidade, e cuja projeção se encontra canalizada de preferência para o trabalhador a quem o *status* de "estrangeiro" confere ao mesmo tempo os atributos de um "outro macho", de um "concorrente".

capacidades intelectuais, portanto sua racização, à qual assistimos hoje, desde a instrumentalização do QI até a estetização do "executivo" que tem poder de decisão e é intelectual e esportista[15].

Mas existe ainda outro aspecto determinante na constituição do racismo de classe. A classe operária é uma população ao mesmo tempo heterogênea e flutuante, com "limites" imprecisos, por definição, uma vez que eles dependem de transformações contínuas do processo de trabalho e do movimento de capitais. Não se trata de uma casta social, ao contrário das castas aristocráticas ou até mesmo das frações dirigentes da burguesia. O que o racismo de classe (e *a fortiori* o racismo nacionalista de classe, como no caso dos imigrantes) tende a produzir é, no entanto, o equivalente a um fechamento de casta para, pelo menos, parte da classe operária. Ou melhor (para ser mais preciso, pior): é o mais completo fechamento possível na ordem da "mobilidade social", combinado com a mais completa abertura possível aos fluxos de proletarização.

Em outras palavras, no que diz respeito a essa questão, a lógica da acumulação capitalista comporta *dois* aspectos contraditórios: por um lado, mobilizar, desestabilizar de maneira contínua as condições de vida e de trabalho, de modo a assegurar a concorrência no mercado de trabalho, extrair sem cessar novos trabalhadores do "exército industrial de reserva", manter uma superpopulação relativa; por outro, estabilizar durante muito tempo (no decorrer de várias gerações) coletividades operárias, de modo a "educá-las" para o trabalho e "vinculá-las" à empresa (e também para possibilitar o funcionamento do mecanismo de correspondência entre hegemonia política "paternalista" e "familiarismo" operário). Por um lado, a condição de classe, ligada apenas à relação salarial, não tem nada a ver com a ascendência e a descendência; no limite, a própria noção de "pertencimento a uma classe" é privada de significado prático; só importa a situação de classe *hic et nunc* [aqui e agora]. Por outro, é necessário que pelo menos parte dos operários seja constituída por filhos de operários, é preciso que se institua uma *hereditariedade social*[16]. No entanto, com ela, na prática, aumentam também as capacidades de resistência e de organização.

---

[15] Cf., neste livro, os estudos "Existe um 'neorracismo'?" (cap. 1) e "Racismo e nacionalismo" (cap. 3).

[16] Não só no sentido de uma filiação individual, mas no sentido de uma "população" tendencialmente praticante da endogamia; não só no sentido de uma transmissão de conhecimento prático (mediado por aprendizagem, escolarização e disciplina industrial), mas no sentido de uma "ética coletiva", construída nas instituições e nas identificações subjetivas. Além das obras já citadas, cf. Jean-Paul de Gaudemar, *La Mobilisation générale* (Paris, Champ Urbain, 1979).

Dessas exigências contraditórias nasceram as políticas demográficas, as políticas de imigração e de segregação urbana – de um ponto de vista mais genérico, as práticas *antroponômicas*, segundo expressão de Daniel Bertaux[17] – utilizadas ao mesmo tempo pelo patronato e pelo Estado a partir de meados do século XIX, com seu duplo aspecto paternalista (ele mesmo estreitamente ligado à propaganda nacionalista) e disciplinar, de "guerra social" contra as massas selvagens e de "civilização", em todas as acepções da palavra, dessas mesmas massas, cuja ilustração perfeita se encontra hoje no tratamento sociopolicial das "periferias" e dos "guetos". Não por acaso, o complexo racista atual se junta ao "problema da população" (com suas diversas conotações: natalidade, despovoamento e superpopulação, "mestiçagem", urbanização, habitação social, saúde pública, desemprego) e se fixa, de preferência, na questão da *segunda geração*, chamada de forma equivocada de "imigrante"; sobre ela, é preciso saber se sucederá à precedente (a dos "trabalhadores imigrantes" propriamente ditos) – com o risco de desenvolver uma combatividade social bem mais forte, combinando as reivindicações de classe e as reivindicações culturais – ou se aumentará o número de indivíduos "deslocados para uma classe inferior a sua", em situação instável entre a subproletarização e a "saída" da condição operária. Isso é o que está em jogo no racismo de classe, no que concerne não só à classe dominante, mas também às próprias classes populares: distinguir por sinais genéricos quais populações se destinam coletivamente à exploração capitalista ou devem ser mantidas em reserva para ela, ao mesmo tempo que o processo econômico as retira do controle direto do sistema (ou muito simplesmente, por meio do desemprego maciço, torna inoperantes os controles anteriores). Manter "no devido lugar", de geração em geração, os que não têm lugar fixo: é preciso, então, que eles tenham uma genealogia. Unificar no imaginário os imperativos contraditórios do nomadismo e da hereditariedade social, a domesticação das gerações e a desqualificação das resistências.

Se essas observações forem adequadas, podem lançar alguma luz sobre os aspectos contraditórios do que não hesitarei em chamar de "autorracização" da classe operária. Haveria, neste caso, um leque de experiências sociais e de formas ideológicas a descrever, desde a organização das coletividades de trabalhadores em torno de símbolos de origem étnica ou nacional até a maneira como certo obreirismo, centrado nos critérios da *origem de classe* (e, por consequência, na instituição da família operária, no vínculo que só a família estabelece entre o "indivíduo" e "sua

---

[17] Daniel Bertaux, *Destins personnels et structure de classe* (Paris, Presses Universitaires de France, 1977).

classe") e da *supervalorização do trabalho* (e, por conseguinte, na virilidade que só ele confere), reproduz, do ponto de vista da "consciência de classe", parte das representações da "raça dos operários"[18]. É verdade que as formas radicais do obreirismo, pelo menos na França, são antes ações de intelectuais e aparelhos políticos que pretendem "representar" a classe operária (de Proudhon ao Partido Comunista) que ações dos próprios operários. Acontece que elas têm tendência a constituir um "corpo" fechado para preservar posições conquistadas, tradições de luta, e para reverter contra a sociedade burguesa os significantes do racismo de classe. Dessa origem reativa decorre a ambivalência que caracteriza o obreirismo: desejo da classe operária de escapar da condição de exploração *e* recusa ao desprezo de que ela é objeto. Precisamente, é sobretudo em sua relação com o nacionalismo e com a xenofobia que essa ambivalência torna-se mais evidente. À medida que os operários rejeitam na prática o nacionalismo oficial (quando eles o rejeitam), esboçam uma alternativa política à perversão das lutas de classes. Mas, à medida que projetam nos estrangeiros seus temores e seu ressentimento, seu desespero e seu desafio, não é só, como se costuma dizer, a *concorrência* que eles combatem, mas de maneira muito mais profunda é de sua própria condição de explorados que buscam se distanciar. São *eles mesmos*, enquanto proletários, ou enquanto correm o risco de não escapar do moinho da proletarização, que eles detestam.

Em suma, do mesmo modo que existe uma constante determinação recíproca do nacionalismo e do racismo, existe uma determinação recíproca do "racismo de classe" e do "racismo étnico", e *essas duas determinações não são independentes*. Cada qual produz seus efeitos, de alguma maneira, no campo da outra e sob sua pressão. Ao retomar esta sobredeterminação em linhas gerais (e ao tentar mostrar como ela esclarece as manifestações concretas do racismo e a constituição de seu discurso teórico), será que respondemos a nossas questões iniciais? Antes de mais nada, nós as reformulamos. O que foi chamado em outros lugares de excesso constitutivo do racismo com relação ao nacionalismo se revela ao mesmo tempo sintoma de uma falha concernente à luta de classes. No entanto, embora esse excesso esteja ligado ao fato de o nacionalismo se constituir contra a luta de classes (apesar de utilizar a sua dinâmica), e essa falha esteja ligada ao fato de a luta de

---

[18] Cf. Gérard Noiriel, *Immigrés et prolétaires, Longwy, 1880-1980* (Paris, Presses Universitaires de France, 1985); Jacques Frémontier, *La Vie en bleu. Voyage en culture ouvrière* (Paris, Fayard, 1980); Françoise Duroux, *La Famille des ouvriers: mythe ou politique?* (tese de doutorado, Paris, Université Paris-VII, 1982).

classes ser refreada pelo nacionalismo, *eles não se compensam*: sobretudo, tendem, a se somar. Não importa, de maneira alguma, resolver se o nacionalismo é, antes de mais nada, um meio de imaginar e tentar obter a unidade entre o Estado e a sociedade que, em seguida, esbarra nas contradições da luta de classes, ou se, acima de tudo, ele é uma reação aos obstáculos que a luta de classes coloca para a unidade nacional. Em compensação, é importante observar que, no campo histórico em que figuram uma distância irredutível entre Estado e nação e *ao mesmo tempo* antagonismos de classes ressurgentes de maneira interminável, o nacionalismo adquire necessariamente a forma de racismo, ora em concorrência com outras formas (nacionalismo linguístico), ora combinado a elas, e que, assim, ele se engaja em uma eterna fuga para frente. Mesmo que o racismo continue latente, ou pouco presente na consciência dos indivíduos, ele é de fato esse excesso interno do nacionalismo que trai, no duplo sentido da palavra, sua articulação com a luta de classes. Daí seu paradoxo indefinidamente reconduzido: imaginar de forma regressiva um Estado-nação onde os indivíduos estariam, por natureza, "em casa", porque estariam "entre eles" (entre semelhantes), e tornar este Estado inabitável; tentar produzir uma comunidade unificada diante dos inimigos "externos", ao descobrir continuamente que o inimigo está "no interior", identificando-o com signos que são apenas a elaboração fantasmática de *suas* divisões. Uma sociedade como essa é, no sentido próprio da expressão, uma sociedade politicamente alienada. Mas será que todas as sociedades contemporâneas não estão, em alguma medida, em luta contra sua própria alienação política?

# 13
# Racismo e crise[1]

*Étienne Balibar*

Atualmente, na França, o desenvolvimento do racismo é apresentado, em geral, como fenômeno *de crise*, efeito mais ou menos inevitável, mais ou menos resistível de uma crise econômica, mas também política, moral e cultural. Nessa avaliação se mesclam elementos incontestáveis e álibis, mal-entendidos mais ou menos interesseiros. Os equívocos da própria noção de crise, neste caso, funcionam totalmente para dificultar o debate[2]. É impressionante que, mais uma vez, estejamos diante de um círculo: a "ascensão do racismo", seu "brusco agravamento", sua incorporação ao programa de partidos políticos de direita aumentando sua influência e, de modo mais geral, ao discurso da política fazem parte, sem dúvida, das características por meio das quais acreditamos identificar uma crise, seja qual for, uma *grande* crise que afeta em profundidade as relações sociais e marca a incerteza do futuro histórico, do mesmo modo que ocorreu, no passado, com a ascensão do nazismo ou com as grandes "explosões" do antissemitismo e do nacionalismo. Uma vez deixadas de lado as explicações mecanicistas (como as que vinculam crise econômica e desemprego; desemprego e exacerbação da concorrência entre trabalhadores, e hostilidade, xenofobia, racismo) e as explicações místicas (como as que vinculam crise

---

[1] Comunicação apresentada, em 1985, na Maison des Sciences de l'Homme. Esta versão conta com algumas modificações.

[2] "La crise, quelle crise?", Amin se perguntou com razão, expressando que é impossível utilizar esta categoria para analisar conjunturas históricas sem se perguntar imediatamente *para quem* há "crise", do ponto de vista de qual "sistema", de qual tendência e de acordo com quais indicadores. Cf. Samir Amin et al., *La Crise, quelle crise? Dynamique de la crise mondiale* (Paris, François Maspero, 1982).

e angústia com a decadência, fascínio das massas pelo "irracional", cuja tradução seria o racismo), restam correlações incontestáveis. Foram a desindustrialização, a pauperização urbana, o desmantelamento do *Welfare State* [Estado de bem-estar social], o declínio imperial que, na Inglaterra, desde os anos 1970, precipitaram os conflitos das comunidades, alimentaram o nacionalismo, favoreceram a recuperação do "powellismo" pelo "thatcherismo" e a adoção de políticas repressivas de *law and order* [lei e ordem], acompanhadas de uma intensa propaganda designando as populações de cor como fonte de criminalidade[3]. E é numa via semelhante – cujos prenúncios seriam a multiplicação de crimes racistas e de "abusos" por policiais[4], os projetos de restrição de acesso à cidadania e a ascensão do partido Frente Nacional – que, por sua vez, a sociedade francesa parece enveredar desde os anos 1980. Alguns dirão: é à beira do mesmo abismo que ela ainda parece hesitar.

Antes de mais nada, é indiscutível que a prática do racismo, os atos de violência que o concretizam se tornam um componente ativo da crise social e, a partir de então, influenciam sua evolução. Entre as questões de desemprego, urbanismo, escolarização, mas também o funcionamento das instituições políticas (pensamos na questão do direito de voto) e o complexo formado pela fobia dos imigrantes, suas próprias reações de defesa (ou as de seus filhos) e o antagonismo crescente entre concepções antagônicas da "identidade francesa", a conexão está cada vez mais cerrada. Acaba ganhando ares de necessidade. É, na verdade, o que deixa o campo livre para os profissionais da política do quanto pior melhor ou da política do medo, e o que, de maneira correlacionada, incita parte da coletividade nacional a praticar nesse momento a censura e a autocensura. A partir do momento em que se pode temer o pior (exemplos históricos o confirmam), não seria melhor silenciar sobre o racismo por medo de agravá-lo? E até mesmo não seria melhor suprimir a causa, por medo de não poder controlar seus efeitos (entendam: mandar de volta

---

[3] Cf. Kristin Couper e Ulysses Santamaria, "Grande-Bretagne: la banlieue est au centre", *Cahier de Banlieues 89: Citoyenneté et métissage* (supl. *Murs*), n. 11, dez. 1985; e o livro de Paul Gilroy, *There Ain't No Black in the Union Jack, The Cultural Politics of Race and Nation* (Londres, Hutchinson, 1987).

[4] A simetrização crescente dos crimes e dos "abusos" (ou seja, dos crimes cometidos pelos policiais) é um fenômeno importante, análogo a situações clássicas da história do racismo e, particularmente, do nazismo. É também uma confirmação, se alguma fosse necessária, da pertinência das questões apresentadas por Michel Foucault a propósito dos "ilegalismos". Será preciso retomar todo o problema por outro ponto de vista, no quadro de um questionamento sobre as relações entre racismo e instituição, racismo na "sociedade" e no "Estado". Cf. Kristin Couper e Ulysses Santamaria, "Violence et légitimité dans la rue", *Le Genre humain, La Société face au racisme*, n. 11, outono-inverno 1984-1985.

para os lugares de onde vieram os "corpos estrangeiros", cuja presença suscita "reações de rejeição", e aceitar correr o risco de "assimilar" todos aqueles "assimiláveis", por natureza ou por vontade)?

Mais que de causa e efeito, na realidade é preciso falar de ação recíproca da crise e do racismo na conjuntura; ou seja, é preciso qualificar, *precisar* a crise social como crise racista, e fazer um levantamento das características do "racismo de crise" manifestado em dado momento em determinada formação social. É desse modo que teremos chance de evitar o que chamei antes de álibis e mal-entendidos. Na verdade, o fato de o racismo ter se tornado mais *visível* não significa que ele tenha surgido do nada ou de algo insignificante. O que seria totalmente evidente para outras sociedades, como a norte-americana, vale também para a nossa: o racismo está ancorado em estruturas materiais (inclusive psíquicas e sociopolíticas) de longo prazo, que formam um todo com o que chamamos de identidade nacional. Mesmo que haja flutuações, inversões de tendência, ele jamais sai de cena, ou pelo menos não sai dos bastidores.

No entanto, no início, ocorreu uma ruptura que passou despercebida: o racismo manifesto que, dada a existência de uma estrutura latente e do conflito entre essa estrutura e a censura inscrita no humanismo oficial do Estado liberal, proponho chamar de a *passagem ao ato* do racismo (de acordo com uma gradação que vai do discurso à violência "individual", dessa última ao movimento organizado, ao horizonte a partir do qual se delineia a institucionalização da exclusão ou da discriminação) muda seus portadores e alvos. E são esses deslocamentos que interessam, antes de mais nada, à análise de conjuntura: é significativo, tanto do ponto de vista de sua linguagem, quanto de seus objetivos, e ainda da força de expansão, se ele é praticado por intelectuais ou camadas populares, por pequeno-burgueses no sentido tradicional da expressão (pequenos proprietários) ou por trabalhadores (principalmente operários). Também é significativo que ele vise, sobretudo, aos judeus, aos árabes, aos "metecos" em geral, que ele se concentre no estrangeiro no sentido jurídico ou que aumente o fantasma de uma purificação do corpo social, de uma extirpação dos "falsos franceses", da parcela estrangeira considerada enquistada na nação. O racismo de crise não é, portanto, em absoluto algo novo, sem precedentes nem origens. E, sim, a transposição de alguns *limites de intolerância* (em geral projetados sobre as próprias vítimas como "limites de tolerância"). E é a *entrada em cena*, a passagem ao ato, de camadas e classes sociais novas (ou melhor, de cada vez mais indivíduos em camadas sociais novas), adotando uma postura de "racização" em situações cada vez mais variadas: concernentes à vizinhança urbana, mas também ao trabalho; concernentes a relações sexuais e familiares, mas também à política.

Ou melhor: se é verdade, como sugerem o exemplo hitlerista, em sua forma radical, os exemplos coloniais e o da segregação norte-americana, com seus "*petits Blancs*" [brancos pobres], que a ideologia racista é essencialmente *interclassista* (não só no sentido de uma ultrapassagem, mas de uma negação ativa das solidariedades de classe), o racismo de crise caracteriza uma conjuntura em que as clivagens de classes deixam de determinar uma atitude tendencialmente diferente com relação a "estrangeiros", dando lugar a um "consenso" social baseado na exclusão e na cumplicidade tácita no que tange à hostilidade. No mínimo, ele se torna fator determinante do consenso que relativiza as clivagens de classes.

Nessa perspectiva, podemos – sem pretender uma originalidade particular – propor indícios que mostram que, na sociedade francesa atual, alguns limites *já* foram ultrapassados.

Consideremos, em primeiro lugar, a formação de um complexo da imigração. Com isso entendemos mais que o simples fato de que a população heterogênea designada como de imigrantes seja alvo de rejeição, de agressões; entendemos a nova aceitabilidade, prestes a se transformar em aceitação geral de enunciados como: "Há um problema de imigração", "A presença dos imigrantes coloca um problema" (aliás, qualquer que seja a maneira como se propõe "resolvê-lo"). A particularidade desses enunciados é, de fato, estimular uma transformação de qualquer "problema" social em problema que existiria *em razão* da presença dos "imigrantes" ou, no mínimo, que teria sido agravado por essa presença, seja um problema de desemprego, de habitação, de seguridade social, de escolaridade, de saúde pública, de conduta, de criminalidade. Por conseguinte, trata-se de difundir a ideia de que a redução e, se possível, a supressão da imigração – na prática, a expulsão do maior número possível de imigrantes, é evidente que a começar pelos mais "incômodos", pelos menos "aceitáveis" ou "assimiláveis", os menos "úteis" – permitiria resolver os problemas sociais. Ou, no mínimo, acabaria com um obstáculo para sua solução. Sem de fato entrar nas refutações técnicas dessas teses[5], nos ocupamos aqui de um primeiro paradoxo muito importante: *quanto menos os problemas sociais dos*

---

[5] Os imigrantes não sobrecarregam os recursos da Seguridade Social, antes o alimentam; sua expulsão maciça não criaria emprego, até mesmo suprimiria alguns deles, pelo desequilíbrio de determinados setores econômicos; sua participação na criminalidade não aumenta mais rápido que a dos "franceses" etc.

*"imigrantes" ou os problemas sociais que os afetam de maneira maciça são específicos, mais sua existência é responsabilizada por tais problemas*, mesmo que de forma indireta. E, por sua vez, esse paradoxo provoca um novo efeito, precisamente nefasto: trata-se do envolvimento, da suposta responsabilidade dos imigrantes em toda uma série de problemas diferentes que permite imaginá-los como muitos aspectos *de um único e mesmo "problema"*, assim como de uma única e mesma "crise". Nesse ponto, chegamos à forma concreta sob a qual, hoje, se reproduz uma das características essenciais do racismo: sua capacidade de amalgamar em uma única causa, circunscrita por uma série de significantes derivados da raça ou de seus equivalentes mais recentes, todas as dimensões da "patologia social".

E tem mais. As próprias categorias de imigrante e de imigração mascaram um segundo paradoxo. São categorias *ao mesmo tempo unificadoras e diferenciadoras*. Elas tratam como semelhantes a uma situação ou a um único tipo de pessoa "populações" cuja origem geográfica, histórias específicas (e, por consequência, as culturas e os estilos de vida), condições de entrada no espaço nacional e estatutos jurídicos são completamente heterogêneos. Assim como um norte-americano, na maior parte das vezes, é incapaz de distinguir e de denominar de forma diferente um chinês, um japonês ou um vietnamita e até mesmo um filipino (todos são chamados de *slants**), ou então um porto-riquenho e um mexicano (todos são chamados de *chicanos*), da mesma maneira um francês, na maioria das vezes, é incapaz de denominar de forma diferente um argelino, um tunisiano, um marroquino, um turco (todos são chamados de "árabes", designação genérica que, de fato, constitui um estereótipo racista e abre caminho para insultos propriamente ditos: *bougnoules*, *ratons* etc.). De modo geral, "imigrante" é uma categoria de amálgama, que combina critérios étnicos e critérios de classe, na qual estrangeiros são jogados de forma confusa, mas não *todos*, nem *apenas* estrangeiros[6]. Na verdade, trata-se de uma categoria que permite dividir o conjunto aparentemente "neutro" de estrangeiros, não sem equívocos, é evidente: um português será mais "imigrante" que um espanhol (em Paris) e menos que um árabe ou um negro; um inglês ou um alemão sem dúvida não o serão; um grego, talvez; um operário espanhol e *a fortiori* um operário marroquino serão "imigrantes", mas um capitalista espanhol e até mesmo um capitalista argelino não o serão. Com isso abordamos o aspecto

---

\* Gíria depreciativa para se referir a quem nasceu ou tem ascendência no Leste Asiático. (N. T.)

6 Aqui, vamos fazer uma ligeira modificação nas perguntas de Jean Genet, a propósito dos negros, citadas por Wallerstein ("O que é, então, um negro? E, antes de mais nada, que cor é esta?") para: o que é um imigrante? E, antes de mais nada, onde ele nasceu?

diferenciador da categoria, na prática indissociável do anterior: diferenciação externa como acabamos de ver, mas também diferenciação interna, pois, mal a unidade é mencionada, ela é logo monetizada em uma variedade infindável de espécies. Há uma casuística cotidiana da "imigração" que se formula em discurso e se desenvolve em comportamentos, sendo objeto de uma verdadeira questão de honra (não precisa se enganar nem se iludir com isso). Qualquer pessoa que "não goste dos árabes" pode se orgulhar de "amigos argelinos". Quem pensa que os árabes são "inassimiláveis" (vejam o islamismo, a herança da colonização etc.) pode demonstrar que os negros ou os italianos não o são. E assim por diante. E, como toda casuística, esta comporta suas aporias: embora seja, por definição, hierarquizante, não deixa de tropeçar na incoerência de seus critérios de hierarquização ("religiosos", "nacionais", "culturais", psicológicos", "biológicos") e de se alimentar deles, em busca de uma escala de superioridade ou de periculosidade muito difícil de encontrar, na qual negros, judeus, árabes, mediterrâneos, asiáticos achariam "seu" lugar, ou seja, o lugar imaginário que permite saber "o que é preciso fazer com eles", "como tratá-los", "como se comportar" em sua presença.

Assim, a categoria imigração estrutura discursos e comportamentos, mas também, o que não é menos importante, fornece ao racista, ao indivíduo e ao grupo enquanto racistas, *a ilusão de um pensamento, de um "objeto" a conhecer* e a explorar, o que é uma força motriz fundamental da "consciência de si". Ao escrever essa frase, me dou conta de que ela é equívoca, pois não há, no caso, ilusão de pensar, e sim o pensamento *efetivo* de um objeto *ilusório*. Quem classifica pensa, e quem pensa existe. No caso, quem classifica existe enquanto um coletivo. Ou melhor – de novo, é preciso corrigir – faz que exista, na prática, esta ilusão: uma coletividade baseada na semelhança de seus membros. É por não avaliar corretamente essa dupla efetividade que, inúmeras vezes, o próprio antirracismo se engana com a ilusão de que o racismo *seria uma ausência de pensamento*, no sentido literal de uma oligofrenia, e que bastaria *levar a pensar*, ou a refletir, para fazê-lo recuar. Ao contrário, trata-se de *mudar o modo de pensamento*, por mais difícil que isso possa ser.

Descobrimos aqui, no que nos diz respeito, que *na França atual "imigração" tornou-se, por excelência, o nome da raça*, um nome novo, mas, do ponto de vista funcional, equivalente à denominação antiga; do mesmo modo que "imigrantes" é a principal característica que permite classificar indivíduos por meio de uma tipologia racista. É hora de lembrar que o racismo colonial já tinha, tipicamente, conferido uma função essencial à casuística da unidade e da diferenciação não só em seu discurso espontâneo, mas também em suas instituições e em suas práticas de governo, elaborando a surpreendente categoria geral do "autóctone"[7] e, ao mesmo tempo, multiplicando as subdivisões "étnicas" (na origem da própria noção de etnia) no *melting pot* [amálgama], por meio de critérios pseudo-históricos, pretensamente unívocos, permitindo constituir hierarquias e discriminações ("tonquineses" e "anameses", "árabes" e "berberes" etc.). O nazismo fez a mesma coisa, dividindo os sub-homens em "judeus" e "eslavos" e até mesmo subdividindo estes e aplicando na própria população alemã o delírio das tipologias genealógicas.

Os efeitos provocados pela formação de uma categoria genérica da imigração não param aí. Ela tende a englobar indivíduos de nacionalidade francesa que se encontram então confinados ou rejeitados em um *status* mais ou menos aviltante de exterioridade, no mesmo momento em que o discurso nacionalista proclama a unidade indivisível das populações historicamente reunidas no âmbito de um mesmo Estado: na prática, é o caso dos antilhanos negros e, é evidente, de muitos franceses "de origem externa", apesar da naturalização ou do nascimento em solo francês, que lhes confere a nacionalidade francesa. Chegamos, assim, a contradições entre a prática e a teoria – algumas das quais poderiam parecer engraçadas. Um canaque independentista na Nova Caledônia é, teoricamente, um cidadão francês que fere a integridade de "seu país", mas um canaque na "metrópole", independentista ou não, é sempre apenas um imigrante negro. Quando um deputado liberal (de direita) expressou a opinião de que a imigração era "uma oportunidade para a França"[8], ele se viu ridicularizado com o apelido, que se pretendia ofensivo, "Stasibaou"*! O fenômeno mais significativo com relação a isso é a obstinação com a qual a opinião pública conservadora (seria muito arriscado fixar seus limites) designa como "segunda geração de imigrantes" ou "imigrantes da segunda geração" os filhos de argelinos nascidos na França e se pergunta o tempo inteiro sobre sua "possibilidade de integração" à sociedade francesa *da qual eles já fazem parte* (confundindo, com frequência, a noção de integração, ou seja, de pertencimento a um conjunto histórico e social de fato, com a de uma

---

[7] Surpreendente porque o autóctone é, em princípio, quem "nasceu no lugar", ou seja, *não importa onde* no espaço colonial: o que faz com que um africano das colônias instalado na França continue a ser um "autóctone", mas que um francês na França não seja, evidentemente, um! Sobre a construção da noção de etnia pela ciência colonial, cf. Jean-Loupe Amselle e E. M'Bokolo, *Au coeur de l'ethnie. Ethnies, tribalisme et État en Afrique* (Paris, La Découverte, 1985). Jacques Chirac, quando primeiro-ministro, declarou: "O povo canaque não existe: é um mosaico de etnias".

[8] Bernard Stasi, *L'Immigration: une chance pour la France* (Paris, Robert Laffont, 1984).

* Uma junção de seu sobrenome com o de Jean-Marie Tjibaou, independentista da Nova Caledônia. (N. T.)

conformação a um "tipo nacional" mítico, que se pressupõe que seja garantia antecipada contra qualquer questão de caráter conflitual).

Chegamos, assim, ao segundo paradoxo a que me referi: *quanto menos a população designada pela categoria imigração é de maneira efetiva "imigrante", ou seja, estrangeira por estatuto e função social, mas também por hábitos e cultura*[9]*, mais ela é denunciada como um corpo estrangeiro.* Nesse paradoxo, é claro que encontramos um traço característico do racismo, com ou sem teoria explícita da raça, ou seja, a aplicação do princípio genealógico. Podemos também suspeitar que o fantasma da mestiçagem, da nação pluriétnica ou multicultural é apenas um caso específico da resistência de parte da sociedade francesa a suas próprias transformações, e até da negação das transformações já consumadas, ou seja, de sua própria história. O fato de essa resistência, de essa negação se manifestarem em meios variados, pertencentes a *todas* as classes sociais, sobretudo aquela que, há pouco tempo, em sua maioria, representava uma força de transformação, pode ser com toda razão considerado sintoma de crise profunda.

Isso nos leva a identificar um segundo sintoma. Dada a história política da sociedade francesa, eu o considero tão importante quanto a formação do complexo da imigração: de maneira mais precisa, como indissociável dessa formação. Se alguém acreditasse poder isolar um do outro, construiria uma história fictícia. Quero falar da *extensão do racismo popular e, sobretudo, do racismo da classe operária*, cujos indícios pude levantar durante os últimos anos, talvez não tanto no que diz respeito a violências coletivas, mas muito mais no que se refere a derivas eleitorais e, sobretudo, ao isolamento de lutas reivindicatórias dos trabalhadores imigrantes.

É preciso tomar diversas precauções, embora, em última análise, elas apenas salientem a gravidade das consequências que o fenômeno comporta. Em primeiro lugar, falar do *racismo de uma classe*, em bloco, é uma expressão destituída de sentido, todas as pesquisas o mostram, quaisquer que sejam os "indicadores" escolhidos (e levando em conta que esses indicadores têm tendência a aumentar o racismo popular, deixando escapar as estratégias de negação dos indivíduos "cultos", habituados com as astúcias do discurso político). De fato, trata-se de um tipo de enunciado projetivo e ele mesmo faz parte de uma lógica que contribui para o racismo. Em contrapartida, faz sentido perguntar sobre a frequência das

---

[9] Aliás, quaisquer que sejam as hipóteses levantadas sobre a evolução da "mistura franco-argelina", segundo a expressão de René Gallissot, *Misère de l'antiracisme* (Paris, Arcantère, 1985), p. 93 e seg. Cf. também Juliette Minces, *La Génération suivante* (Paris, Flammarion, 1986).

atitudes e dos comportamentos racistas em determinadas *situações* características de uma condição ou de uma posição de classe: trabalho, lazer, vizinhança, estabelecimento de laços de parentesco, militância. E, sobretudo, avaliar ao longo do tempo a regressão e a progressão de práticas organizadas que pressupõem uma resistência ou um abandono à tendência racista.

Em segundo lugar, o privilégio concedido, aqui, à questão do racismo popular (ou do racismo das "massas populares") em comparação com as questões do racismo das "elites", das classes dominantes ou do racismo intelectual não significa que eles possam ser isolados nem que o primeiro seja em si mais virulento que os outros, mas que a popularização do racismo, junto com a desorganização das formas institucionais do antirracismo próprias das classes exploradas e, em particular, da classe operária, constitui por si só *um limite* dificilmente reversível no "futuro hegemônico" do racismo. A experiência histórica (do antifascismo ou da resistência nas guerras coloniais) mostrou que, de fato, se por um lado a classe operária não tem o menor privilégio na invenção do antirracismo, por outro ela constitui uma base insubstituível de seu desenvolvimento e de sua eficácia, seja por sua resistência à propaganda racista, seja por sua adesão a programas políticos de fato incompatíveis com uma política racista.

Em terceiro lugar, falar da extensão do racismo na classe operária (ou *à* classe operária) não deve nos incitar a subestimar, mais uma vez, os antecedentes do fenômeno e a profundidade de suas raízes. Todos sabem, para ficar só no exemplo francês, que a xenofobia entre os operários daqui não é novidade e é exercida sucessivamente contra italianos, poloneses, judeus, árabes etc. Ela não é tão ligada à simples existência da imigração estrutural e à concorrência no mercado de trabalho (a França é há muitos séculos um país importador de mão de obra), mas muito mais ao modo como o patronato e o Estado organizaram a hierarquização dos trabalhadores, reservando empregos qualificados e de gerência para os "franceses" mais ou menos jovens e os empregos desqualificados para a mão de obra de imigrantes, optando até mesmo por modelos de industrialização que exigiam uma abundante mão de obra desqualificada para a qual existia a possibilidade de recorrer maciçamente à imigração (estratégia que continua ainda hoje, basta ver a questão da "imigração clandestina")[10]. Assim, o racismo dos operários franceses

---

[10] Cf., entre outros, L'Aerot, "Immigration" da *Revue Travail*, n. 7, 1985; Albano Cordeiro, *L'Immigration* (Paris, La Découverte/François Maspero, 1983); Benjamin Coriat, *L'Atelier et le chronomètre* (Paris, Christian Bourgois, 1979).

estava organicamente ligado aos relativos privilégios da qualificação, à diferença entre exploração e superexploração. Não há, aqui, causalidade unívoca – prova disso é o papel essencial desempenhado pelo internacionalismo dos imigrantes militantes na história do movimento operário francês. No entanto, não é tão improvável que a defesa desses privilégios, por mais insignificantes e frágeis que eles tenham sido, tenha se juntado à força do nacionalismo nas organizações da classe operária (inclusive no Partido Comunista em seus bons tempos, com suas "correias de transmissão" municipais, sindicais, culturais).

Surgem, então, duas questões: quando as sucessivas revoluções industriais da produção em massa e, depois, a automação levam a uma desqualificação maciça do trabalho operário, reunindo em uma mesma forma de exploração e de proletarização os imigrantes e os "nacionais" (de maneira específica, mulheres, jovens desempregados), acabando de forma brutal com as possibilidades de "mobilidade ascendente" coletiva para a classe operária nacional, essa desestabilização se traduziu em uma cisão definitiva da classe operária ou em uma radicalização de suas lutas? A mesma pergunta pode ser introduzida de forma mais incisiva: quando a progressiva crise econômica, com os fenômenos de desindustrialização e de declínio das velhas potências imperialistas que a acompanham, põe em questão a relativa segurança de emprego, de nível de vida, de prestígio, conquistada no decorrer das lutas de classes e que se tornou parte integrante do "compromisso" político, do "equilíbrio" social.

Chegamos, aqui, ao cerne do dilema: uma "reproletarização" como essa desorganiza necessariamente as práticas e ideologias de classe. Mas em que sentido? Como os historiadores da classe operária mostraram, ela se autonomiza construindo uma rede cerrada de ideias e de formas de organização em torno *de um grupo social* hegemônico (por exemplo, o dos operários qualificados da grande indústria). Ao mesmo tempo, essa autonomia continua sempre ambivalente, uma vez que o grupo hegemônico é também o que pode ser reconhecido como componente legítimo da "coletividade nacional" e conquistar benefícios sociais e direitos cívicos[11]. *É particularmente na classe operária que o dilema "racização" dos modos de pensamento e de comunicação ou superação do racismo latente na cultura*

---

[11] Cf. os dois livros de Gérard Noiriel, *Immigrés et prolétaires, Longwy, 1880-1980* (Paris, Presses Universitaires de France, 1985) e *Les Ouvriers dans la société française, XIX$^e$-XX$^e$ siècles* (Paris, Seuil, 1986). Obras úteis como as de Zeev Sternhell, *La Droite révolutionnaire* (Paris, Seuil, 1978); *Ni droite ni gauche* (Paris, Seuil, 1983), que se atêm à simples história das ideias, ocultam este fato fundamental, a posição tomada pelo movimento operário organizado no dreyfusismo (a vitória

*coletiva* – supondo necessariamente certa autocrítica – *ganha ares de uma prova de verdade, de uma questão de vida ou de morte política.* Esse é o motivo pelo qual a questão da fragilidade da esquerda diante da ascensão do racismo, das concessões que ela lhe faz ou das ocasiões em que o provoca, também é decisiva. Na França, no entanto, só houve "esquerda" forte, do ponto de vista político, em torno das ideias do socialismo e do comunismo. Especialmente decisiva é a questão de saber o que resultará da crise das ideologias e das organizações que se dizem proletárias. O pretexto da "desestalinização" conduziria ao mais grave dos erros políticos, se nos levasse a avaliar sem refletir, ou simplesmente considerar como subentendidos, os desvios racistas do comunismo francês, enraizados no aspecto nacionalista de suas tradições políticas, quer elas o encerrem em uma concorrência populista com as organizações fascistas, quer – o que é provável – contribuam para seu declínio histórico e para a oscilação de uma parte das classes populares na esfera de influência do partido Frente Nacional[12].

Essas tendências não só fazem parte das condições de agravamento da crise, como contribuem para que todas as questões de *direitos* sociais e de direitos cívicos sejam transformadas em questões de *privilégios*, seja para proteger ou para reservá-los a alguns beneficiários "naturais". Direitos são exercidos de forma efetiva. Privilégios podem ser, em grande medida, imaginários (é assim que, em geral, eles podem ser conferidos a classes exploradas). Direitos *se ampliam* qualitativamente com o aumento do número (ou da força) dos que deles desfrutam e que os reivindicam. Privilégios só podem ser assegurados por meio da defesa de uma exclusividade o mais restritiva possível. Dessa maneira, parece-me que é possível compreender melhor por que a conjuntura combina nas classes populares uma incerteza (que, às vezes, leva ao pânico) relacionada à "garantia" da existência e uma incerteza no que diz respeito à "identidade" coletiva. A formação do complexo da imigração, de que falei antes, é ao mesmo tempo causa e efeito dessa incerteza, e também da dissolução tendencial da classe operária organizada, em torno da qual se formara uma tradição política em que a defesa de interesses econômicos e sociais se expressava na linguagem dos direitos, não na dos privilégios. Esses dois fenômenos se alimentam de forma recíproca. Existe crise racista e racismo de crise quando eles se tornam politicamente inextricáveis.

---

da "linha Jaurès" sobre a "linha Guesde"); se ela não impediu a xenofobia na classe operária, pelo menos evitou por três quartos de século sua teorização como substituto do anticapitalismo.

[12] Cf. Étienne Balibar, "De Charonne à Vitry", *Le Nouvel Observateur*, 9 abr. 1981.

# Posfácio

*Immanuel Wallerstein*

No Prefácio, Étienne Balibar afirma que esperamos contribuir para o vívido debate sobre a questão das características específicas do racismo contemporâneo. Ao reler os textos aqui reunidos, eu me pergunto em que medida conseguimos discutir bem a questão.

Para início de conversa, a palavra "contemporâneo" é ambígua. Se "contemporâneo" se referir a um período de, no máximo, algumas décadas – digamos, desde 1945 –, penso que tentamos demonstrar que não existem (ou existem muito poucos) aspectos específicos na situação atual; e, ao dizer isso, discordamos de diversos comentaristas e políticos. Mas, se "contemporâneo" for um modo de dizer "do mundo moderno", então, sim – ou, pelo menos, assim argumentamos –, fazemos uma distinção nítida entre o "racismo" do mundo moderno e as várias xenofobias históricas de tempos remotos.

Do começo ao fim, enfatizamos continuamente dois temas, inclusive muitas vezes os repetindo. Em primeiro lugar, as múltiplas comunidades a que todos pertencem, cujos "valores" mantemos, às quais expressamos "lealdades", que definem nossa "identidade social", são todas, sem exceção, construtos históricos. E o que é mais importante, são construtos históricos em permanente reconstrução. Isso não quer dizer que não sejam sólidos ou significativos ou que os consideremos efêmeros. Longe disso! Mas esses valores, lealdades, identidades nunca são primordiais, e, sendo assim, qualquer descrição histórica de sua estrutura ou de seu desenvolvimento durante séculos é necessariamente, acima de tudo, reflexo da ideologia em curso.

Em segundo lugar, costuma-se apresentar o universalismo como um conceito ou um ideal diametralmente oposto às identidades particularistas, sejam elas nacionalistas, culturais, religiosas, étnicas ou sociais. Essa antinomia nos parece uma maneira equivocada, até mesmo falaciosa, de formular a questão. Quanto mais de perto observadas, mais se vê que essas duas ideologias, universalismo e particularismo, existem e se definem uma em função da outra, de tal forma que dão a impressão de serem dois lados da mesma moeda.

No entanto, essas duas afirmativas são preocupantes. Elas chegam, até mesmo, a nos chocar quando pensamos que, há muito tempo, o ensino humanista das chamadas sociedades modernas tem apregoado exatamente o oposto. Costumamos salientar o contraste entre a visão medieval estreita de nossas raízes tradicionais antiquadas e o espírito liberal aberto do mundo moderno. E quando crianças, na escola, ouvíamos com muita atenção sobre todos esses mitos, da maneira mais feroz possível, tremíamos diante das terríveis realidades cruéis do mundo em que vivemos, um mundo que ainda é tão cheio de ódio e opressão.

Aonde chegamos então? De fato, chegamos a uma das duas conclusões possíveis existentes. Ou o racismo, o sexismo, o chauvinismo são males inerentes à espécie humana. Ou são males gerados por determinados sistemas históricos e, assim, estão sujeitos a mudanças históricas. No entanto, mesmo que estejamos convencidos da segunda conclusão, não descobrimos razão alguma para aderir à síndrome de Poliana. Muito pelo contrário! Neste livro, falamos de ambiguidades "intrínsecas" aos próprios conceitos de raça, nação e classe, ambiguidades difíceis de discernir e mais difíceis ainda de superar.

Cada um de nós, separadamente, tentou nestes ensaios analisar essas ambiguidades, e não pretendo repetir aqui as diversas desconstruções que procuramos fazer nem os elementos-chave a que recorremos para tentar esclarecer os mistérios complexos que discernimos.

Eu preferiria discutir o que parecem ser diferenças de pontos de vista entre mim e Balibar. Na realidade, elas mostraram que não passam de variações sutis. Embora diga que não compartilha de várias críticas que outras pessoas fizeram a meus textos, Balibar, não obstante, me acusa de ter grande tendência ao "economicismo". Diz que ele próprio dá mais ênfase ao fato de a confusão entre universalismo e particularismo na economia-mundo capitalista ser produto da ideologia dominante, uma ideologia em grande medida aceita pelos dominados. Essa internalização das ambiguidades, por meio da socialização de massa da população, é para

Balibar um elemento-chave na criação do labirinto em que nos encontramos. Até certo ponto, é claro que ele está certo. Na realidade, quem poderia negar isso? As próprias expressões "formação social", "sociedade" ou "sistema histórico" indicam, necessariamente, uma estrutura unida pela adesão voluntária de seus membros e não apenas por uma força explícita. No entanto, mesmo se a maioria de nós compartilhar sa perspectiva básica de nossos sistemas históricos, há sempre e em todo lugar cínicos, céticos e rebeldes. É óbvio que Balibar não discordaria disso. Por conseguinte, penso ser útil fazer a diferenciação da perspectiva do pequeno grupo de "executivos" e a da grande maioria da população. Penso que eles não se relacionam da mesma maneira com os construtos ideológicos de seus sistemas.

Argumento que o universalismo é um sistema de crenças que objetiva, essencialmente, reforçar os vínculos dos executivos com o sistema. Não se trata apenas de uma questão de eficácia técnica. É também uma maneira de limitar o efeito do próprio racismo e do sexismo que os executivos acham tão úteis para o sistema, uma vez que, se levados às últimas consequências, racismo e sexismo são potencialmente perigosos para o sistema. Assim, o universalismo é um freio no niilismo (exibido, por exemplo, pelo nazismo), que pode enfraquecer o sistema internamente. Na verdade, existem sempre outros executivos, reservas do time, por assim dizer, que, em nome de diversos particularismos, estão prontos para desafiar os que estão no poder. No entanto, em geral, o universalismo como ideologia serve, no longo prazo, mais aos interesses dos executivos que aos interesses opostos.

Meu argumento não é que as atitudes de vários estratos de trabalhadores sejam, na realidade, a face oposta das que têm os executivos. Entretanto, parece que, de fato, elas levam mesmo à direção oposta. Ao adotar uma posição particularista – de classe, de nação ou de raça –, os estratos de trabalhadores estão expressando um instinto de autoproteção contra as devastações de um universalismo que tem de ser hipócrita em um sistema baseado na manutenção da desigualdade, assim como no processo de polarização material e social.

O que me leva à segunda variação sutil. Balibar diz que reluta em aceitar que exista uma burguesia mundial exceto, talvez, como tendência de longo prazo. Ele sugere que não levo em conta especificidades concretas, por usar um modelo global que, de certa forma, é extremamente abstrato. Tentei responder que uma burguesia só pode existir no âmbito mundial, que ser burguês significa com exatidão que a pessoa não pode ser leal a comunidade alguma, não pode adorar outro deus, a não ser o Mammon.

É claro que exagerei, mas não muito. É claro que os burgueses são nacionalistas e até mesmo patriotas. É claro que eles tiram proveito de suas afiliações étnicas. Mas... É sobretudo quando o nacionalismo serve a seus interesses que eles são nacionalistas. Jamais nos esqueçamos dos bons burgueses de Amsterdã, que venderam armas para os opressores espanhóis bem no meio de sua luta pela independência. Não nos esqueçamos de que os que são, de fato, grandes capitalistas nunca hesitaram em exportar seu capital de seu próprio país, se este estivesse passando por um declínio enquanto centro de investimento lucrativo. Talvez as pessoas das camadas populares permaneçam mais leais às outras de seu grupo só porque têm menos margem de manobra; de qualquer modo, a realidade é essa, é o que de fato acontece. Ou seja, a nação, a raça e até mesmo a classe servem como refúgios para os oprimidos nessa economia-mundo capitalista, o que explica por que elas continuam a ser ideias populares. Isso também explica por que os estratos de trabalhadores circulam com rapidez entre esses particularismos que parecem mutuamente incompatíveis. Se, em algum momento, um abrigo não funciona, eles logo buscam outro.

A terceira crítica é que ignoro a importância do "fator sociedade" e me permito ser muito seduzido pela importância da divisão do trabalho. Não me declaro culpado. Meu ponto de vista é basicamente este: a divisão do trabalho na economia-mundo capitalista constitui uma espécie de constrangimento externo que define os limites da sobrevivência. O que Balibar chama de "fator sociedade" é o esforço de pessoas, sobretudo das camadas populares, para acabar com esses constrangimentos, de modo a não serem impedidas de buscar alcançar outros objetivos, diferentes da incessante acumulação do capital.

Às vezes, ou até mesmo com frequência, as camadas populares conseguem restringir os excessos inerentes à busca da acumulação. Mas ainda não tiveram êxito em acabar com o sistema e, assim, se livrar da subordinação aos constrangimentos impostos por ele. Esta é a história, ela própria ambígua, de todos os movimentos antissistêmicos. Balibar pode estar certo ao afirmar que sou exageradamente otimista a respeito das possibilidades de criação de uma aliança "transzonal" de movimentos. Seja como for, meu otimismo é silenciado.

Em suma, penso que as três objeções se resumem a uma. Acredito que sou um pouco "determinista" demais para o gosto de Balibar. Por conseguinte, sinto que devo me explicar a respeito disso. O próprio debate que se dá há muito tempo entre filósofos (pelo menos, entre filósofos ocidentais) defensores do determinismo e defensores do livre-arbítrio me parece um assunto que precisa ser analisado pela ótica da multiplicidade de tempos sociais, de acordo com Braudel.

Quando um sistema histórico está funcionando de forma normal – qualquer que seja o sistema e, portanto, inclusive a economia-mundo capitalista –, parece-me que, quase por definição, ele atua de maneira dominante como algo determinado. O que quer dizer a palavra "sistema" senão que existem restrições à ação? Se essas restrições não funcionassem, não seria um sistema e se desintegraria rapidamente. No entanto, em última análise, todo sistema histórico caminha em direção a seu fim via evolução da lógica de suas contradições. A propósito disso, o sistema entra em "crise", passa por um período de "transição" que leva ao que Prigogine chama de "bifurcação", ou seja, a uma situação altamente flutuante em que um pequeno impulso pode levar a um desvio muito grande. Em outras palavras, trata-se de uma situação em que o livre-arbítrio prevalecerá. É exatamente por esse motivo que se torna quase impossível prever o resultado das transformações.

Portanto, quando analisamos o papel das classes, nações e raças em uma economia-mundo capitalista, considerando-as tanto conceitos como realidades, de fato falamos de forma deliberada de suas ambiguidades intrínsecas, o que significa que elas são estruturas. Por certo, existem diversos tipos de resistência. Entretanto, por um lado, precisamos começar enfatizando, ao contrário, os mecanismos, os constrangimentos, os limites. Por outro, estamos nos aproximando do "fim do sistema" – aquele longo período em que, acredito, de fato já entramos – e, portanto, precisamos pensar sobre os possíveis saltos que podemos dar, sobre quais são as utopias que, pelo menos agora, são concebíveis.

Neste momento, parece-me útil lembrar que o universalismo e o racismo-sexismo não são tese e antítese aguardando sua síntese. De maneira mais precisa, constituem um conjunto inseparável que contém reflexos tanto da dominação quanto da libertação, e a história nos convida a superá-los enquanto problemática. É com esse espírito, acredito, que temos de voltar à história e procurar compreender nossas próprias ambiguidades, uma vez que, apesar de tudo, nós mesmos somos produtos do sistema histórico do qual fazemos parte.

# Referências bibliográficas

AGLIETTA, Michel. *Régulation et crises du capitalisme*. L'expérience des États-Unis. Paris, Calmann-Lévy, 1976.

AKIWOWO, Akinsola A. The Sociology of Nigerian Tribalism? *Phylon*, v. XXV, n. 2, verão de 1964.

ALLEN, V. L. The Meaning and Differentiation of the Working Class in Tropical Africa. Seventh World Congress of Sociology, Varna, Bulgária, 13-19 set. 1970.

ALTHUSSER, Louis. *Réponse à John Lewis*. Paris, François Maspero, 1973.

_____. Idéologie et appareils idéologiques d'État. In: *Positions* (1964-1975). Paris, Éditions Sociales, 1976.

_____. *Positions* (1964-1975). Paris, Éditions Sociales, 1976.

AMIN, Samir et al. *La Crise, quelle crise?* Dynamique de la crise mondiale. Paris, François Maspero, 1982.

AMSELLE, Jean-Loupe; M'BOKOLO, Elikia. *Au Coeur de l'ethnie*. Ethnies, tribalisme et État en Afrique. Paris, La Découverte, 1985.

ANDERSON, Benedict. *Imagined Communities*. Reflections on the Origin and Spread of Nationalism. Londres, Verso, 1983 [ed. bras.: *Comunidades imaginadas*: reflexões sobre a origem e a difusão do nacionalismo. Trad. Denise Bottmann, São Paulo, Companhia das Letras, 2008].

ARENDT, Hannah. Antisemitism. In: *The Origins of Totalitarianism*. Nova York, Harcourt, Brace & World, 1968 [ed. bras.: *Origens do totalitarismo*. Trad. Roberto Raposo, São Paulo, Companhia das Letras, 1989].

_____. L'Impérialisme. In: *Les Origines du totalitarisme*. Paris, Fayard, 1982.

ARIÈS, Philippe. *L'Enfant et la vie familiale sous l'Ancien Régime*. Paris, Points, 2014 [1973], coleção Histoire.

ARRIGHI, Giovanni. L'offerta di lavoro in una perspettiva storica. In: *Sviluppo economico e sovrastrutture in Africa*. Turim, Einaudi, 1969.

_____; HOPKINS, Terence K.; WALLERSTEIN, Immanuel. *Anti-Systemic Movements*. Londres, Verso, 2012 [1989].

ARRIGHI, Giovanni; SAUL, John S. Essays on the Political Economy of Africa. *Monthly Review Press*, Nova York, 1973.

AYÇOBERRY, Pierre. *La Question nazie*. Essai sur les interpretations du national-socialisme, 1922-
-1975. Paris, Seuil, 1979.

BAGEHOT, Walter. *The English Constitution*. Londres, Chapman & Hall, 1964 [1867].

BALIBAR, Étienne. *Cinq études du matérialisme historique*. Paris, François Maspero, 1974.

_____. De Charonne à Vitry. *Le Nouvel Observateur*, 9 abr. 1981.

_____. Classes. In: LABICA, G. (org.) *Dictionnaire critique du marxisme*. Paris, Presses Universitaires de France, 1982.

_____. Longue Marche pour la paix. In: THOMPSON, Edward Palmer et al. *L'Exterminisme*. Armement nucléaire et pacifisme. Paris, Presses Universitaires de France, 1982.

_____. Lutte des classes. In: LABICA, G. (org.) *Dictionnaire critique du marxisme*. Paris, Presses Universitaires de France, 1982.

_____. Après l'autre Mai. In: *La Gauche, le pouvoir, le socialisme*. Hommage à Nicos Poulantzas. Paris, Presses Universitaires de France, 1983.

_____. Sur le concept de la division du travail manuel et intellectuel. In: BELKHIR, Jean et al. *L'Intellectuel, l'intelligentsia et les manuels*. Paris, Anthropos, 1983.

_____. La société métissée. *Le Monde*, 1º dez. 1984.

_____. Sujets ou citoyens? Pour l'égalité. *Les Temps Modernes*: L'Immigration maghrébine en France, n. 452, mar.-abr.-maio 1984.

_____. L'Idée d'une politique de classe chez Marx. In: CHAVANCE, Bernard (org.). *Marx en perspective*. Paris, Éditions de l'École des Hautes Études en Sciences Sociales, 1985.

_____. Propositions sur la citoyenneté. In: WENDEN, Catherine Wihtol de (org.). *La Citoyenneté*. Paris, Edilig-Fondation Diderot, 1988.

_____. (org.) *Actuel Marx 38*. Le Racisme après les races. Paris, Presses Universitaires de France, 2005.

_____; BENOT, Yves. Suffrage universel. *Le Monde*, 4 maio 1983.

BALIBAR, Étienne; TOSEL, André; LUPORINI, Cesare (orgs.). *Marx et sa critique de la politique*. Paris, François Maspero, 1979.

BALIBAR, Renée. *L'Institution du français*. Essai sur le colinguisme des Carolingiens à la République. Paris, Presses Universitaires de France, 1985.

BARKER, Martin. *The New Racism, Conservatives and the Ideology of the Tribe*. Londres, Junction, 1981.

BAUDELOT, Christian; ESTABLET, Roger. *L'École capitaliste en France*. Paris, François Maspero, 1971.

_____; _____; TOISER, Jacques. *Qui travaille pour qui?* Paris, François Maspero, 1979.

BÉJINE, André; FREUND, Julien (orgs.). *Racismes, antiracismes*. Paris, Méridiens-Klincksieck, 1986.

BENEDICT, Ruth. *Race and Racism*. Londres, Routlege/Kegan Paul, 1983 [1942].

BERLE, Adolf; MEANS, Gardiner. *The Modern Corporation and Private Property*. Nova York, Harcourt, Brace & World, 1932.

BERLIN, Isaiah. Nationalism – Past Neglect and Present Power. In: *Against the Current*: Essays in the History of Ideas. Oxford, Oxford University Press, 1981.

BERMAN, Marshall. *All That is Solid Melts into Air*. Londres, Verso, 1983 [ed. bras.: *Tudo que é sólido desmancha no ar*. Trad. Carlos Felipe Moisés e Ana Maria L. Ioriatti, São Paulo, Companhia das Letras, 1986].

BERTAUX, Daniel. *Destins personnels et structure de classe*. Paris, Presses Universitaires de France, 1977.

BIDET, Jacques. *Que faire du Capital?* Matériaux pour une refondation. Paris, Méridiens-Klincksieck, 1985.

BIRNBAUM, Jean. *Un Silence religieux*. La gauche face au djihadisme. Paris, Seuil, 2016.

BOJADŽIJEV, Manuela; KLINGAN, Katrin (orgs.). *Balibar/Wallerstein's Race, Nation, Class*. Rereading a Dialogue for Our Times. Berlim/Hamburgo, Argument/Haus der Kulturen der Welt, 2018.

BOURDIEU, Pierre. *La Reproduction*. Éléments pour une théorie du système d'enseignement. Paris, Minuit, 1970.

_____. *La Distinction*. Critique sociale du jugement. Paris, Minuit, 1979 [ed. bras.: *A distinção*: crítica social do julgamento. Trad. Daniela Kern e Guilherme J. F. Teixeira, Porto Alegre, Zouk, 2011].

_____. *Ce que parler veut dire*. L'économie des échanges linguistiques. Paris, Fayard, 1982 [ed. bras.: *A economia das trocas linguísticas*: o que falar quer dizer. Trad. Sergio Miceli et al., São Paulo, Edusp, 1996].

BOULOT, Serge; BOYSON-FRADET, Danielle. L'Échec scolaire des enfants de travailleurs immigrés. *Les Temps modernes*: L'Immigration maghrébine en France, n. 452, mar.-abr.-maio 1984.

BRAUDEL, Fernand. *Civilisation matérielle, Économie et capitalisme*, v. 2: *Les Jeux de l'échange*; v. 3: *Le Temps du monde*. Paris, Armand Colin, 1979 [ed. bras.: *Civilização material, economia e capitalismo* – v. 2: *Os jogos das trocas*; v. 3: *O tempo do mundo*, trad. Telma Costa, São Paulo, Martins Fontes, 1998].

BRUNHOFF, Suzanne de. *État et capital*. Grenoble/Paris, Presses Universitaires de Grenoble/François Maspero, 1976.

_____. *L'Heure du marché*. Paris, Presses Universitaires de France, 1986.

BUSIA, Kofi Abrefa. *The Position of the Chief in the Modern Political System of Ashanti*. Oxford, Oxford University Press, 1951.

CANARD, Marius. Essai de sémantique: Le mot "Bourgeois". *Revue de Philosophie Française et de Litterature*, n. XXVII.

CARSTENS, Peter. Problems of Peasantry and Social Class in Southern Africa. Seventh World Congress of Sociology, Varna, Bulgária, 13-19 set. 1970.

CHANDRA, Bipan. *Nationalism and Colonialism in Modern India*. Nova Délhi, Orient Longman, 1979.

CHEVALIER, Louis. *Classes laborieuses et classes dangereuses à Paris pendant la première moitié du XIX$^e$ siècle*. Paris, Hachette, 1984, coleção Pluriel.

COLLECTIF "RÉVOLTES LOGIQUES". *L'Empire du sociologue*. Paris, La Découverte, 1984.

COLSON, Elizabeth. Contemporary Tribes and the Development of Nationalism. In: HELM, June (org.). *Essays on the Problem of Tribe*: Proceedings of the 1967 Annual Spring Meeting of the American Ethnological Society. Seattle, University of Washington Press, 1967.

CORDEIRO, Albano. *L'Immigration*. Paris, La Découverte/François Maspero, 1983.

CORIAT, Benjamin. *L'Atelier et le chronomètre*. Paris, Christian Bourgois, 1979.

COUPER, Kristin; SANTAMARIA, Ulysses. Violence et légitimité dans la rue. *Le Genre humain*: La Société face au racisme, n. 11, outono-inverno 1984-1985.

_____. Grande-Bretagne: la banlieue est au centre. *Cahier de Banlieues 89*: Citoyenneté et métissage (supl. *Murs*), n. 11, dez. 1985.

DE GIOVANNI, Biagio. *La teoria politica delle classi nel Capitale*. Bari, De Donato, 1976.

DERRIDA, Jacques. *Marges de la philosophie*. Paris, Les Éditions de Minuit, 1972, coleção Critique [ed. bras.: *Margens da filosofia*. Trad. Joaquim Torres Costa e António M. Magalhães, Campinas, Papirus, 1991].

DRACH, Marcel. *La Crise dans les pays de l'Est*. Paris, La Découverte, 1984.

DUBY, George. *Les Trois Ordres ou L'Imaginaire du féodalisme*. Paris, Gallimard, 1978.

DUCHET, Michèle. *Anthropologie et histoire au siècle des Lumières*. Paris, François Maspero, 1971.

_____. Racisme et sexualité aux VIIIᵉ siècle. In: POLIAKOV, León et al. (org.) *Entretiens sur le racisme*, t. II: *Ni juif ni grec*. Paris/La Haye, Mouton, 1978.

_____. Du Noir au blanc, ou la cinquième génération. In: POLIAKOV, León et al. (org.) *Entretiens sur le racisme*, t. III: *Le Couple interdit*. Paris/La Haye, Mouton, 1980.

_____; REBÉRIOUX, Madeleine. Préhistoire et histoire du racisme. In: COMARMOND, Patrice de; DUCHET, Claude (orgs.). *Racisme et Société*. Paris, François Maspero, 1969.

DUMONT, Louis. *Essais sur l'individualisme*. Une perspective anthropologique sur l'idéologie moderne. Paris, Seuil, 1983 [ed. bras.: *O individualismo*: uma perspectiva antropológica da ideologia moderna. Trad. Álvaro Cabral, Rio de Janeiro, Rocco, 1993].

DURKHEIM, Émile. *Suicide*. Glencoe, Free Press, 1951 [1897] [ed. bras.: *O suicídio* – estudo de sociologia. Trad. Andrea Stahel M. da Silva, São Paulo, Edipro, 2014].

DUROUX, Françoise. *La Famille des ouvriers*: mythe ou politique? Tese de doutorado, Paris, Université Paris-VII, 1982.

EDEL, May. African Tribalism: Some Reflections on Uganda. *Political Science Quarterly*, v. LXXX, n. 3, set. 1965.

EMANUEL, Arghiri. *L'Échange inegal*. Paris, François Maspero, 1969.

ENGELS, Friedrich; KAUTSKY, Karl. Notwendige und überflüssige Gesellschaftsklassen. In: *MEW*, v. 19, Berlim, 1881.

ERTEL, Rachel; FABRE, Geneviève; MARIENSTRAS, Elise. *En Marge*. Les minorités aux États-Unis. Paris, François Maspero, 1974.

ESTABLET, Roger. *L'École est-elle rentable?* Paris, Presses Universitaires de France, 1987.

EWALD, François. *L'État-providence*. Paris, Grasset, 1986.

FANON, Frantz. *The Wretched of the Earth*. Nova York, Grove, 1964 [ed. bras.: *Os condenados da terra*. Trad. Enilce Albergaria Rocha, Juiz de Fora, Editora UFJF, 2006].

FAVRET, Jeanne. Le Traditionalisme par excès de modernité. *Archives Européennes de Sociologie*, v. 8, n. 1, 1967.

FINKIELKRAUT, Alain. *La Défaite de la pensée*. Paris, Gallimard, 1987.

FORSTER, Robert. The Middle Class in Western Europe: An Essay. In: SCHNEIDER, Jürgen (org.). *Wirtschaftskraften und Wirtschaftswege*: Beitrage zur Wirtschaftsgeschichte. Stuttgart, Klett-Cotta, 1978 [1904-1905].

FOSTER, John. *Class Struggle and the Industrial Revolution*. Londres, Methuen, 1977.

FOUCAULT, Michel. *Surveiller et punir*. Naissance de la prison. Paris, Gallimard, 1975 [ed. bras.: *Vigiar e punir* – nascimento da prisão. Trad. Raquel Ramalhete, São Paulo, Vozes, 2014].

_____. *La Volonté de savoir*. Paris, Gallimard, 1976 [ed. bras.: *História da sexualidade*, v. 1: *A vontade do saber*. Trad. J. A. Guilhon Albuquerque e Maria Thereza da Costa Albuquerque, Rio de Janeiro, Paz e Terra, 2014].

FRÉMONTIER, Jacques. *La Vie en bleu*. Voyage en culture ouvrière. Paris, Fayard, 1980.

FREYSSENET, Michel. *La Division capitaliste du travail*. Paris, Savelli, 1977.

FRIED, Morton Herbert. On the Concept of "Tribe" and "Tribal Society". In: HELM, June (org.). *Essays on the Problem of Tribe*: Proceedings of the 1967 Annual Spring Meeting of the American Ethnological Society. Seattle, University of Washington Press, 1967.

FROELICH, Jean-Claude. *Les Musulmans d'Afrique noire*. Paris, l'Orante, 1962.
FROMM, Erich. *Escape from Freedom*. Nova York, Farrar & Rinehart, 1941.
GADET, Françoise; PÊCHEUX, Michel. *L'Anthropologie linguistique entre le droit et la vie*. La Langue introuvable. Paris, François Maspero, 1981.
_____; GAYMANN, Jean-Marc; MIGNOT, Yvan; ROUDINESCO, Élisabeth. *Les Maîtres de la langue*. Paris, François Maspero, 1979.
GALLISSOT, René. *Misère de l'antiracisme*. Paris, Arcantère, 1985.
GAUDEMAR, Jean-Paul de. *La Mobilisation générale*. Paris, Champ Urbain, 1979.
GEERTZ, Clifford. The Integrative Revolution, Primordial Sentiments and Civil Politics in the New States. In: _____. (org.) *Old Societies and New States*. Glencoe, Free Press, 1963.
_____. Politics Past, Politics Present. *Archives Européennes de Sociologie*, v. 8, n. 1, 1967.
GELLNER, Ernest. *Nations and Nationalism*. Oxford, Blackwell, 2006.
GILROY, Paul. *There Ain't No Black in the Union Jack*. The Cultural Politics of Race and Nation. Londres, Hutchinson, 1987.
GOFFMAN, Erving. *Stigma*. Notes on the Management of Spoiled Identity. Londres, Penguin, 1968.
GOODY, Jack. *L'Évolution de la famille et du mariage en Europe*. Paris, Armand Colin, 1985.
GORZ, André. *Stratégie ouvrière et néocapitalisme*. Paris, Seuil, 1964.
GUILLAUMIN, Colette. Aspects latents du racisme chez Gobineau. *Cahiers Internationaux de Sociologie*, v. XLII, 1967.
_____. Caractères spécifiques de l'idéologie raciste. *Cahiers Internationaux de Sociologie*, v. LIII, 1972.
_____. *L'Idéologie raciste*. Genèse et langage actuel. Paris/La Haye, Mouton, 1972.
_____. Les Ambiguïtés de la catégorie taxinomique "race". In: POLIAKOV, Léon (org.). *Entretiens sur le racisme*, t. I: *Hommes et bêtes*. Paris/La Haye, Mouton, 1975.
_____. Nature et histoire. À propos d'un "matérialisme". In: OLENDER, Maurice (org.). *Le Racisme, mythes et sciences*. Bruxelas, Complexe, 1981.
HOBSBAWM, Eric. *Industry and Empire*, v. 3: *The Pelican Economic History of Britain*. Londres, Penguin, 1968.
_____. Some Reflections on the Break-up of Britain. *New Left Review*, n. 105, 1977.
HODGKIN, Thomas. Islam and National Movements in West Africa. *Journal of African History*, v. III, n. 2, 1962.
HOPKINS, Terence Kilbourne. Politics in Uganda: The Buganda Question. In: BUTLER, Jeffrey; CASTAGNO JR., Alphonso Anthony (orgs.). *Boston University Papers on Africa*: Transition in African Politics. Nova York, Praeger, 1967.
HORTON, Robin. Stateless Societies in the History of West Africa. In: AJAYI, Jacob Festus Adeniyi; CROWDER, Michael (orgs.). *A History of West Africa*, v. I. Londres, Longman, 1971.
JAMOUS, Haroun. *Israël et ses juifs*. Essai sur les limites du volontarisme. Paris, François Maspero, 1982.
JESMAN, Czeslaw. *The Ethiopian Paradox*. Oxford, Oxford University Press, 1963.
JONES, Gareth Stedman. *Languages of Class*. Cambridge, Cambridge University Press, 1983.
JÜNGER, Ernst. *Le Noeud gordien*. Paris, Christian Bourgois, 1970.
KANTOROWICZ, Ernst Hartwig. *Mourir pour la patrie et autres textes*. Paris, Presses Universitaires de France, 1985.

KENT, Raymond K. *From Madagascar to the Malagasy Republic*. Nova York, Praeger, 1962.

KOHN, Hans. *The Idea of Nationalism*. A Study of Its Origins and Background. Nova York, Mac--Millan, 1944.

KUPER, Leo. Continuities and Discontinuities in Race Relations: Evolutionary or Revolutionary Change. *Cahiers d'Études Africaines*, v. X, n. 3 (39), 1970.

L'AEROT. Immigration. *Revue Travail*, Paris, n. 7, 1985.

LACLAU, Ernesto; MOUFFE, Chantal. *Hegemony and Socialist Strategy*. Towards a Radical Democratic Politics. Londres, Verso, 1985.

LACOUE-LABARTHE, Philippe. *La Fiction du politique*. Paris, Christian Bourgois, 1988.

LANDES, David. *Prometheus Unbound*. Cambridge, Cambridge University Press, 1969 [ed. bras.: *Prometeu desacorrentado*: transformação tecnológica e desenvolvimento industrial na Europa ocidental, de 1750 até os dias de hoje. Trad. Marisa Rocha Motta, São Paulo, Campus Elsevier, 2005].

LE GOFF, Jacques. *Du Silence à la parole*. Droit du travail, société, État (1830-1985). Quimper, Calligrammes, 1985.

LEFEBVRE, Henri. *De l'État*, v. 3: *Le Mode de production étatique*. Paris, Union Générale d'Éditions, 1977, coleção 10/18.

LEGENDRE, Pierre. *L'Inestimable objet de la transmission*. Paris, Fayard, 1985.

LÉVI-STRAUSS, Claude. *Le Regard éloigné*. Paris, Plon, 1983.

LEWIS, Ioan M. Modern Political Movements in Somaliland, *Africa*, v. XXVIII, n. 3, jul. 1958; *Africa*, v. XXVIII, n. 4, out. 1958.

LINHART, Robert. *Lénine, les paysans, Taylor*. Paris, Seuil, 1976.

_____. *Le Sucre et la faim*. Paris, Minuit, 1980.

LOFCHIE, Michael. Party Conflict in Zanzibar. *Journal of Modern African Studies*, v. I, n. 2, 1963.

LYOTARD, Jean-François. *Le Différend*. Paris, Minuit, 1983.

MARX, Karl. *Le Capital*. Livre I. Paris, Éditions Sociales, 1983 [ed. bras.: *O capital*: crítica da economia politica, Livro I: *O processo de produção do capital*. Trad. Rubens Enderle, São Paulo, Boitempo, 2013].

_____; ENGELS, Friedrich. *The Communist Manifesto* (Nova York, International Publishers, 1948) [ed. bras.: *Manifesto Comunista*, trad. Osvaldo Coggiola, São Paulo, Boitempo, 1998].

MATORÉ, George. *Le Vocabulaire et la société médiévale*. Paris, Presses Universitaires de France, 1985.

MEILLASSOUX, Claude. *Femmes, greniers et capitaux*. Paris, François Maspero, 1975.

MICHALET, Charles-Albert. Economie et politique chez Saint-Just. L'exemple de l'inflation. *Annales Historiques de la Revolution Française*, v. LV, n. 191, 1968.

MILCENT, Ernest. Tribalisme et vie politique dans les États du Bénin. *Revue Française d'Études Politiques Africaines*, n. 18, jun. 1967.

MILIBAND, Ralph. *The State in Capitalist Society*. Londres, Weidenfeld & Nicolson, 1969.

MILLS, Charles Wright. *White Collar*. Nova York, Oxford University Press, 1951.

MILNER, Jean-Claude. *L'Amour de la langue*. Paris, Seuil, 1978 [ed. bras.: *O amor da língua*. Trad. Paulo Sérgio de Souza Júnior, Campinas, Editora da Unicamp, 2012].

_____. *Les Noms indistincts*. Paris, Seuil, 1983 [ed. bras.: *Os nomes indistintos*. Trad. Procópio Abreu, Bauru, Companhia de Freud, 2006].

MINCES, Juliette. *La Génération suivante*. Paris, Flammarion, 1986.

MOERMAN, Michael. Being Lue: Uses and Abuses of Ethnic Identification. In: Helm June (org.). *Essays on the Problem of Tribe*: Proceedings of the 1967 Annual Spring Meeting of the American Ethnological Society. Seattle, University of Washington Press, 1967.

MOORE, Stanley. *Three Tactics*. The Background in Marx. Nova York, Monthly Review Press, 1963.

MORAZÉ, Charles. *Les Bourgeois conquérants*. Paris, Armand Colin, 1957, coleção Destin du Monde.

MOYNOT, Jean-Louis. *Au Milieu du gué*. CGT, syndicalisme et démocratie de masse. Paris, Presses Universitaires de France, 1982.

MURARD, Lion; ZYLBERMAN, Patrick. *Le Petit Travailleur infatigable ou le prolétaire régénéré*: Villes-usines, habitat et intimités au XIX$^e$ siècle. Fontenaysous-Bois, Recherches, 1976.

NAIRN, Tom. The Modern Janus. *New Left Review*, n. 94, 1975.

NEGRI, Antonio. *La Classe ouvrière contre l'État*. Paris, Galilée, 1978.

_____. *Marx au-delà de Marx*. Paris, L'Harmattan, 2000 [1979] [ed. bras.: *Marx além de Marx*: ciência da crise e da subversão. Trad. Bruno Cava, São Paulo, Autonomia Literária, 2016].

NETCHINE, Gaby. L'Individuel et le collectif dans les représentations psychologiques de la diversité des êtres humains au XIX$^e$ siècle. In: POLIAKOV, Léon (org.). *Entretiens sur le racisme*, t. II: *Ni juif ni grec*. Paris/La Haye, Mouton, 1978.

NOIRIEL, Gérard. *Immigrés et prolétaires*. Longwy, 1880-1980. Paris, Presses Universitaires de France, 1984.

_____. *Les Ouvriers dans la société française*: XIX$^e$-XX$^e$ siècles. Paris, Seuil, 1986.

_____. *Le Creuset français*. Histoire de l'immigration (XIX$^e$-XX$^e$ siècles). Paris, Seuil, 1988.

O'CALLAGHAN, Michael; GUILLAUMIN, Colette. Race et race… la mode "naturelle" en sciences humaines. *L'Homme et la société*, n. 31-32, 1974.

OMI, Michael; WINANT, Howard. *Racial Formation in the United States*. From the 1960s to the 1980s. Londres, Routledge/Kegan Paul, 1986.

PAQUES, Viviana. Alcuni problemi umani posti dallo sviluppo economico e sociale: il caso della Republica del Ciad. *Il Nuovo Osservatore*, v. VIII, n. 63, jun. 1967.

POLANYI, Karl. *La Grande Transformation*. Paris, Gallimard, 1983 [ed. bras.: *A grande transformação*: as origens da nossa época. Trad. Fanny Wrobel, São Paulo, Campus Elsevier, 2000].

POLIAKOV, Léon. *Le Mythe aryen*. Paris, Calmann-Lévy, 1971.

_____. *La Causalité diabolique*. Paris, Calmann-Lévy, 1980.

_____. *Histoire de l'antisémitisme*. Paris, Hachette, 1981, coleção Pluriel.

POPPER, Karl. *La Société ouverte et ses ennemis*. Paris, Seuil, 1979.

POULANTZAS, Nicos. *Political Power and Social Classes*. Londres, NLB/Sheed and Ward, 1973 [1968] [ed. bras.: *Poder político e classes sociais*. Trad. Maria Leonor F. R. Loureiro e Danilo Enrico Martuscelli, Campinas, Editora da Unicamp, 2019, coleção Marx 21].

_____. *Les Classes sociales dans le capitalisme aujourd'hui*. Paris, Seuil, 1974.

PRZEWORSKI, Adam. Proletariat into a Class: The Process of Class Formation from Karl Kautsky's The Class Struggle to Recent Controversies. *Politics and Society*, v. 7, n. 4, 1977.

RABINBACH, Anson Gilbert. L'Esthétique de la production sous le III$^e$ Reich. In: MURARD, Lion; ZYLBERMAN, Patrick (orgs.). *Recherches*: Le Soldat du travail, n. 32-33, set. 1978.

REBÉRIOUX, Madeleine. L'Essor du racisme nationaliste. In: COMARMOND, Patrice de; DUCHET, Claude (orgs.). *Racisme et Société*. Paris, François Maspero, 1969.

REICH, Wilhelm. *Les Hommes dans l'État*. Paris, Payot, 1978.

RODINSON, Maxime. *Marxisme et monde musulman*. Paris, Seuil, 1972.

_____. *Peuple juif ou problème juif?* Paris, François Maspero, 1981.

_____. Quelques thèses critiques sur la démarche poliakovienne. In: OLENDER, Maurice (org.). *Le Racisme, mythes et sciences*. Bruxelas, Complexe, 1981.

_____. Nation: 3. Nation et idéologie. In: *Encyclopaedia Universalis*. Paris, Encyclopaedia Universalis, 1968.

ROORDA, Daniel Jeen. The Ruling Classes in Holland in the Seventeenth Century. In: BROMLEY, John Selwyn; KOSSMAN, Ernst Heinrich (orgs.). *Britain and the Netherlands*, v. II. Groningen, J. B. Wolters, 1964.

_____. Party and Faction. *Acta Historiae Nederlandica*, v. II, 1967.

ROTBERG, Robert Irwin. Tribalism and Politics in Zambia. *Africa Report*, v. XII, n. 9, dez. 1967.

ROTHSCHILD, Donald. Ethnic Inequalities in Kenya. *Journal of Modern African Studies*, v. VII, n. 4, 1969.

RUDDER, Véronique de. L'Obstacle culturel: la différence et la distance. *L'Homme et la société*, n. 77-78, 1985.

SALA-MOLINS, Louis. *Le Code noir ou le calvaire de Canaan*. Paris, Presses Universitaires de France, 1987.

SCHÖTTLER, Peter. *Naissance des Bourses du travail*. Un appareil idéologique d'État à la fin du XIX$^e$ siècle. Paris, Presses Universitaires de France, 1985.

SCHUMPETER, Joseph. *Capitalism, Socialism and Democracy*. Nova York, Harper & Brothers, 1942.

SCHWARZ, Walter. *Nigeria*. Londres, Pall Mall, 1968.

SHEPHERD JR., George W. National Integration and the Southern Sudan. *Journal of Modern African Studies*, v. IV, n. 2, 1966.

SHILS, Edward Albert. Primordial, Personal, Sacred and Civil Ties: Some Observations on the Relationships of Sociological Research and Theory. *The British Journal of Sociology*, New Jersey/Londres, Wiley/The London School of Economics and Political Science, v. 8, n. 2, jun. 1957.

SHORTER, Edward. *Naissance de la famille moderne, XVIII$^e$-XX$^e$*. Paris, Seuil, 1977.

SKINNER, Elliot Percival. Strangers in West African Societies. *Africa*, v. XXXIII, n. 4, out. 1963.

_____. Group Dynamics in the Politics of Changing Societies: The Problem of "Tribal" Politics in Africa. In: HELM, June (org.). *Essays on the Problem of Tribe*: Proceedings of the 1967 Annual Spring Meeting of the American Ethnological Society. Seattle, University of Washington Press, 1967.

STASI, Bernard. *L'Immigration*: une chance pour la France. Paris, Robert Laffont, 1984.

STAVENHAGEN, Rodolfo. Estratificación social y estructura de clases: un ensayo de interpretación. *Ciencias Políticas y Sociales*, v. 8, n. 27, 1962.

_____. Clases, colonialismo y aculturación: ensayo sobre un sistema de relaciones interetnicas en Mesoamerica. *America Latina*, v. 6, n. 4, 1963.

STERNHELL, Zeev. *La Droite révolutionnaire*. Paris, Seuil, 1978.

_____. *Ni droite ni gauche*. Paris, Seuil, 1983.

SURET-CANALE, Jean. Tribus, classes, nations. *La Nouvelle Revue Internationale*, n. 130, jun. 1969.

TAGUIEFF, Pierre-André. Les Présuppositions définitionnelles d'unindéfinissable: le racisme. *Mots*, n. 8, mar. 1984.

_____. L'Identité française au miroir du racisme différentialiste. In: ESPACES 89. *L'Identité Française*. Paris, Tierce, 1985.

_____. L'Identité nationale saisie par les logiques de racisation. Aspects, figures et problèmes du racisme différentialiste. *Mots*, n. 12, mar. 1986.

_____. *La Force du préjugé*. Essai sur le racisme et ses doublés. Paris, La Découverte, 1988.

TAYLOR, Frederic Winslow. Principles of Scientific Management. Nova York, Harper & Row, 1911 [ed. bras.: *Princípios da administração científica*. Trad. Arlindo Vieira, São Paulo, Atlas, 1995].

_____. *La Direction scientifique des entreprises*. Verviers/Paris, Gérard et Cie/l'Inter, 1967.

TAYLOR, George Edward. The Paris Bourse on the Eve of the Revolution. *American Historical Review*, v. LXVII, n. 4, jul. 1961.

THERBORN, Göran. L'analisi di classe nel mondo attuale: il marxismo come scienza sociale. In: VV. AA. *Storia del Marxismo*, t. IV. Turim, Einaudi, 1982.

THOMPSON, Edward Palmer. *The Making of the English Working Class*. Londres, Pelican, 1968 [ed. bras.: *A formação da classe operária*. Trad. Denise Bottman, Renato Busatto Neto, Claudia Rocha de Almeida. Rio de Janeiro, Paz e Terra, 2012, 3 v.].

_____. Eighteenth-Century English Society: Class Struggle without Classes? *Social History*, v. 3, n. 2, maio 1978.

_____. *La Formation de la classe ouvrière anglaise*. Paris, Gallimard, 1988.

TODOROV, Tzvetan. Lévi-Strauss entre universalisme et relativisme. *Le Débat*, n. 42, nov.-dez. 1986.

TOURAINE, Alain; WIEVIORKA, Michel. *Le Mouvement ouvrier*. Paris, Fayard, 1984.

TRENTIN, Bruno. *Da sfruttati a produttori*. Lotte operaie e sviluppo capitalistico dal miracolo economico alla crisi. Bari, De Donato, 1977.

VERRET, Michel. *L'Espace ouvrier*, t. I: *L'Ouvrier français*. Paris, Armand Colin, 1979.

VINCENT, Jean-Marie. *Critique du travail*. Le faire et l'agir. Paris, Presses Universitaires de France, 1987.

VOVELLE, Michel; ROCHE, Daniel. Bourgeois, Rentiers and Property Owners: Elements for Defining a Social Category at the End of the Eighteenth Century. In: KAPLOW, Jeffry (org.). *New Perspectives and the French Revolution*: Readings in Historical Sociology. Nova Jersey, John Wiley & Sons, 1965.

WALLERSTEIN, Immanuel. Ethnicity and National Integration in West Africa. *Cahiers d'Études Africaines*, n. 3, out. 1960.

_____. *Africa*: The Politics of Unity. Nova York, Random House, 1967.

_____. The Range of Choice: Constraints on the Policies of Governments of Contemporary African Independent States. In: LOFCHIE, Michael (org.). *The State of the Nations*. Berkeley, University of California Press, 1971.

_____. *The Modern World-System*. Nova York/São Francisco/Londres/Berkeley/Los Angeles, Academic/University of California Press, 1974-2011. 4 v.

_____. *The Capitalist World-Economy*. Essays. Cambridge/Paris, Cambridge University Press/Éd. de la Maison des Sciences de l'Homme, 1979.

_____. *Le Système du monde du XV$^e$ siècle à nos jours*. Paris, Flammarion, 1980 [1975].

_____. *Historical Capitalism*. Londres, Verso, 1983.

_____. *Impenser la science sociale*: pour sortir du XIX$^e$ siècle. Paris, Presses Universitaires de France, 1991.

_____. *Le Capitalisme historique*. Trad. Philippe Steiner e Christian Tutin. Paris, La Découverte, 2011 [ed. bras.: *Capitalismo histórico e a civilização capitalista*. Trad. Renato Aguiar, Rio de Janeiro, Contraponto, 2001].

_____. *La Gauche globale*: hier, aujourd'hui, demain. Paris, Maison des Sciences de l'Homme, 2017.

WATSON, J. H. A. Mauritania: Problems and Prospects. *Africa Report*, v. VIII, n. 2, fev. 1963.

WEBER, Eugen. *La Fin des terroirs*. Paris, Fayard, 1983.

WEBER, Max. *The Protestant Ethic and the Spirit of Capitalism*. Londres, G. Allen & Unwin, 1930 [ed. bras.: *A ética protestante e o espírito do capitalismo*. Trad. José Marcos Mariani de Macedo, São Paulo, Companhia das Letras, 2004].

_____. *Economy and Society*. Nova York, Bedminster, 1968 [ed. bras.: *Economia e sociedade*. Trad. Régis Barbosa e Karen Elsabe Barbosa, Brasília, Editora UnB, 2009, 2 v.].

WILLIAMS, Eric. *Capitalism and Slavery*. Chapel Hill, The University of North Carolina Press, 1944 [ed. bras.: *Capitalismo e escravidão*. Trad. Denise Bottman, São Paulo, Companhia das Letras, 2012].

ZIEGLER, Jean. Structures ethniques et partis politiques au Burundi. *Revue Française d'Études Politiques Africaines*, n. 18, jun. 1967.

## Sobre os autores

**Étienne Balibar**, filósofo marxista francês, nasceu em 1942, na França; em 1961, filiou-se ao Partido Comunista Francês, do qual foi expulso duas décadas depois, após escrever um artigo com críticas a políticas do partido em relação a pessoas imigrantes. Autor de uma lista extensa de publicações, trabalha também como professor emérito na Universidade de Paris-X-Nanterre e na Universidade da Califórnia em Irvine.

**Immanuel Wallerstein** (1930-2019) foi um renomado sociólogo estadunidense. Fez graduação, mestrado e doutorado na Universidade Columbia, onde lecionou até 1971. Deu aulas em diversas faculdades pelo mundo e tornou-se presidente da Associação Internacional de Sociologia, entre 1994 e 1998. Recebeu o título de *doutor honoris causa* pelo Instituto Superior de Ciências do Trabalho e da Empresa (ISCTE) em 1999, pela Universidade de Coimbra em 2006 e pela Universidade de Brasília em 2009.

Immanuel Maurice Wallerstein (1930-2019).

Esta edição ficou pronta em fevereiro de 2021, um ano e meio após a morte de seu coautor Immanuel Wallerstein. Foi composta em Adobe Garamond Pro, corpo 11/14,3, e impressa em papel Avena 80 g/m² pela gráfica Rettec para a Boitempo, com tiragem de 5 mil exemplares.